DIE GIFTSCHLANGEN EUROPAS UND DIE GATTUNG VIPERA IN AFRIKA UND ASIEN

PETER BRODMANN

Text: Peter Brodmann-Kron
Farb- und Schwarzweißfotos: Peter Brodmann-Kron,
ausgenommen die folgenden Farbfotos:
   C. Andrén, Göteborg: Bild 1, S. 14
   M. Förster, Leipzig: Bild 7 und 9, S. 58; Bild 3,
   S. 122
   A. Löw, Ettingen BL: Bild 6, S. 46
   H. Sigg, Egg/Zürich: Bild 4, S. 40; Bild 1, S. 122;
   Bild 4, S. 128; Bild 1, S. 130
Schwarzweißfotos:
   H. P. Haering, Basel: S. 29
   E. Lehner, Unterseen BE: S. 67
   G. Nilson, Göteborg: S. 65
Zeichnungen: Peter Brodmann-Gross, ausgenom-
men die folgenden:
   5: nach PHISALIX (1922), S. 43
   6: nach BOULENGER E. G. (1915): S. 45
   10: Maugeri St. in BRUNO (1977): S. 75
   17: Doering K. in BÖHME & JOGER (1983): S. 105
   18: NILSON & ANDRÉN (1986): S. 134
   19: NILSON & ANDRÉN (1986): S. 136
   20, 21: Garraux O. in KRAMER & SCHNURREN-
   BERGER (1963): S. 140
Umschlaggestaltung: Beat Schenk, Bern
Lithos: Kurt Bütschi, Bufot GmbH, Münchenstein

© 1987 Kümmerly + Frey, Bern
Gedruckt in der Schweiz
ISBN 3-259-06520-2

Inhaltsverzeichnis

Einleitung

Der Sinn des Buches

Dieses Buch verfolgt verschiedene Ziele und wendet sich an unterschiedliche Lesergruppen. Es möchte die Giftschlangen dem Laien näherbringen, der sich über diese äußerst interessante Tiergruppe orientieren will. Es wendet sich an den Naturfreund, der jede Lebensform als lebenswert erachtet, auch die Giftschlangen, und versucht die Fragen des Neugierigen zu beantworten, der nach der Kenntnis der Besonderheiten dieser Tierform strebt, über die so viel Unsinn geschrieben und erzählt wird. Für diese Leser muß das Buch so geschrieben sein, daß jeder es verstehen kann, ohne Lexika wälzen zu müssen. Natürlich sind Fachausdrücke unumgänglich, über deren Bedeutung S. 145 Auskunft gibt.

Auch dem Terrarianer und dem Herpetologen soll das Buch etwas bieten. Sie finden im Bild alle Giftschlangen Europas und alle Formen der Gattung *Vipera* aus Eurasien und Afrika, soweit Aufnahmen überhaupt möglich sind, und dazu kurzgefaßt die wichtigsten Angaben.

Das Buch will auch ein Dokument des jetzigen Standes im Reiche unserer Giftschlangen sein. Tatsächlich ist noch keine bekannte Form im jeweils angegebenen Gebiet ausgestorben. Aber manche Art oder Unterart ist aus weiten Räumen ihres ehemaligen Verbreitungsgebietes verschwunden. Fast in allen Gebieten ist ein Rückgang festzustellen. Der Mensch treibt die Zerstörung der Umwelt und ihrer Bewohner immer noch mit allen Kräften voran. So ist es nur eine Frage der Zeit, wahrscheinlich einer kurzen Zeit, bis die ersten Meldungen vom Aussterben der einen oder anderen Form durchgegeben werden müssen. Daher ist es eine wichtige Aufgabe, den heutigen Zustand so gut wie möglich festzuhalten.

Die ganze Arbeit soll ein Aufruf sein, den Giftschlangen das Überleben zu ermöglichen, auch wenn es sich um eine Tiergruppe handelt, die von einer großen Zahl Menschen verachtet, gefürchtet und gehaßt und dementsprechend verfolgt wird.

Die Tierfotografie

Das Buch will in erster Linie ein Bildband sein. Im Mittelpunkt steht die Fotografie. Der Vorteil der Fotografie besteht darin, daß jedes Bild ein Dokument darstellt, sofern es nicht durch Manipulationen gefälscht wird. «Manipulieren» müssen hat man hier und da die nähere Umgebung der Schlangen, wenn eine Aufnahme direkt in ihrem Lebensgebiet nicht möglich gewesen ist. Dabei ist vielfach das Material aus dem Biotop verwendet worden. Zwischen den vielen Aufnahmen aus der Natur habe ich keine auf neutralen Stoff oder Papier fotografierte Schlangen einschieben wollen.

Ein großer Nachteil der Fotografie besteht darin, daß immer nur ein bestimmtes Tier abgebildet werden kann. Da Vertreter der gleichen Art oder Unterart oft sehr verschieden aussehen können, müßte man eine fast unendliche Anzahl von Bildern anfertigen, was natürlich unmöglich ist. Im Gegensatz zur Fotografie kann eine Zeichnung abstrahieren, das heißt die Besonderheiten mehrerer Tiere zusammenfassen.

Die Aufsplitterung der Reptilien in Arten und Unterarten ist heute sehr weit fortgeschritten. Man kann sich fragen, ob es sinnvoll ist, jede einigermaßen erfaßbare Unterart darzustellen und darüber hinaus auch einige, die wahrscheinlich nie anerkannt sein werden. Vor allem jüngere Herpetologen werden sich diese Frage stellen. Für sie ist das Verhalten der Schlangen in ihrem Lebensraum viel beobachtenswerter. Aber da nun hier das Bild im Mittelpunkt steht, müssen möglichst viele Formen erfaßt werden. Dabei kann für manches Gebiet gerade jene Unterart dargestellt werden, die in ihm vorkommt. Das sollte mithelfen, jede einzelne Form zu schützen. Es muß eine große Zahl von Zentren entstehen, von denen jeweils die Bestrebung ausgeht, ihre eigenen Arten und Unterarten zu schützen und zu retten.

Bei den Merkmalen wird vor allem auf solche geachtet, die fotografisch darstellbar sind. Doch vieles läßt sich nicht oder doch nur beschränkt abbilden. Die Stars unserer Aufnahmen sind Schlangen, und zwar sehr lebendige und aktive Giftschlangen. So wird zum Beispiel wenig über die Unterseite gezeigt. Die Arbeit, die der Wissenschaftler in den Sammlungen an seinen Präparaten leistet, wird voll anerkannt. Die Resultate ihrer Forschungen müssen auch verwendet werden, weil es sich oft um wichtige, sogar um die einzigen guten Unterscheidungsmerkmale handelt. Dies gilt etwa für die Anzahl der Bauchschilder oder der Reihen der Rückenschuppen. Doch muß der Wissenschaftler im Museum heute bestrebt sein, möglichst keine Tiere mehr zu töten, um sie zu präparieren. Es dürften beispielsweise viel mehr Wiesenottern in Sammlungen vorhanden sein, als es lebende in den weiten Steppen Osteuropas noch gibt.

Wenn neben den Fotografien noch Zeichnungen beigefügt sind, so vor allem deshalb, um bestimmte Punkte hervorzuheben und Schilder und Schuppen zu bezeichnen, ohne daß man die Fotografien mit Zahlen und Pfeilen verunstalten muß. Gegenstand der Zeichnungen sind aber vor allem die Fragen der Anatomie.

Verhaltensforschung

In den letzten Jahren hat man begonnen, sich ernsthaft mit der Lebensweise und dem Verhalten der Giftschlangen zu beschäftigen. Ethologen und Ökologen haben großartige Arbeit geleistet. Einige der Ergebnisse sind auch in diesem Buch anzutreffen, eigene Erfahrungen und solche verschiedener Feld-Herpetologen. Sehr viel hätte ich in dieser Hinsicht nicht erarbeiten können, da der Zeitaufwand zu groß ist und man immer im richtigen Augenblick für Beobachtungen bereit sein müßte. Es handelt sich um eine Aufgabe für Wissenschaftler. Allzuviele Angaben über das Verhalten der Giftschlangen würden auch den Rahmen dieses kleinen Werkes sprengen, das der bildlichen Darstellung der Formen gewidmet ist. Das Literaturverzeichnis lädt jeden Interessenten ein, sich in den vielfältigen Wissensschatz zu vertiefen. Es sind auch einige Monographien über europäische Arten entstanden, die auf engem Raum sehr viel Wissenswertes enthalten.

Der Beginn

Am frühen Morgen des 8. Mai 1972 stand ich in den südfranzösischen Montagnes de Lure auf etwa 1600 m Höhe an einer aperen Stelle der Bergwiese zwischen breiten Flächen des Zwergwacholders und einem Geröllhaufen. Die Luft war kalt, doch die Sonne schien vom wolkenlosen Himmel. Vor mir lag ein Paar der Karstotter, das Weibchen noch im Kleid, in dem es überwintert hatte, das Männchen frisch gehäutet, im schönsten Gewand, bereit, sein wichtigstes Tun zu beginnen: nämlich dafür zu sorgen, daß es im Spätsommer wieder junge Karstottern geben würde. Damals kannte ich aus eigener Beobachtung im Freien nur Aspisvipern und Kreuzottern. Die winzigen Otterchen haben mich so beeindruckt, daß ich den Entschluß faßte, das zu unternehmen, was jetzt in diesem Buche vorliegt. Ich wollte alle Vipern in ihrer Schönheit erfassen und die Merkmale auf Bildern festhalten. Unterdessen sind fünfzehn lange und erlebnisreiche Jahre vergangen. Hunderttausende von Kilometern sind zurückgelegt, weit über zehntausend Aufnahmen sind belichtet worden. Alles mußte in der Freizeit geschehen. Die meiste Kraft und Zeit verschlang der Dienst in der Schulstube. Das gab mir aber zugleich die Möglichkeit, viel von dem Großen und Schönen, das mir draußen begegnete, weiterzugeben an junge Menschen. Dadurch wurde die Beglückung, welche die Natur mir bot, vertieft, aber auch die Zeit bis zum Erscheinen des Buches erheblich verlängert.

Dank

Allein hätte ich die Arbeit nicht zustande gebracht. Immer wieder mußte ich um Hilfe ersuchen, die mir auch großzügig gewährt worden ist. Daher ist es mir eine angenehme Pflicht zu danken. Unmöglich kann ich alle anführen, die mitgeholfen haben. Ihre Reihe wäre viel zu lang.

Zu Beginn habe ich ein Vierteljahr Urlaub erhalten. Dafür danke ich den Schulbehörden des Kantons Basellandschaft und des Kreises Therwil.

Wenn ich die wichtigsten Lebensräume der Vipern in Europa besucht und Landschaft und Schlangen fotografiert habe, so ist mir doch nicht alles auf Anhieb gelungen. Für die oft vielfachen Wiederholungen habe ich Mithilfe gebraucht. Es ist mir auch nicht immer möglich gewesen, im Gelände die Tiere ohne die Angabe von guten Kennern zu finden.

Der erste Dank soll ins Ausland gehen. Es betrifft die Herren Dr. Jon E. Fuhn, Bukarest, Miklos Janis, Budapest, Silvio Bruno, Rom, und Dr. Wolfgang Böhme, Bonn. In der Schweiz danke ich den Herren Herbert Billing, Zürich, Peter His, Basel, Donald Kaden, Frauenfeld, Peter Kern, Zürich, Dr. Eugen Kramer, Novaggio TI, Jürg Kretz, Bern, Beat Schätti, Winterthur, Dr. Jürg Meier, Pfeffingen/Basel, Hans Triet, Bern, und Dr. Heiner Thommen, Basel. Einige dieser Herren haben mir auch bei der Beschaffung der Literatur geholfen.

Danken darf ich auch den Begleitern auf vielen Reisen, den Herren Alfons Bubendorf, Therwil, Albert Löw, Ettingen, und meinen beiden Söhnen Markus und Peter. Ebenso gilt mein Dank Tatjana und Franci Koritnik, Postojna, die mir durch ihre Gastfreundschaft, die Sprachkenntnisse und ihren großen Bekanntenkreis das Tor zum Balkan weit geöffnet haben.

Nicht vergessen darf ich die häufigste Begleiterin, meine liebe Gattin Margret, die auch jede Zeile und jedes Bild als erste begutachtet hat. Ihr zolle ich einen besonderen Dank, weil sie ihre positive Einstellung zur Giftschlange immer bewahrt hat, obwohl in ihr eine urtümliche Furcht stets lebendig geblieben ist, die sich mehr und mehr gesteigert hat, je kleiner der Abstand zwischen Fotograf und Giftschlangenkopf jeweils geworden war. Und dieser Abstand ist gewiß unzählige Male sehr gering gewesen.

Eigentlich hatte ich selbst alle Bilder aufnehmen wollen. Das hat sich als unmöglich herausgestellt. Von den 315 Farbbildern stammen neun, von den sechs Schwarzweißaufnahmen drei von anderen Autoren. Auch ihnen gebührt mein Dank. Ihr Name ist in der Legende bei den entsprechenden Bildern aufgeführt. Meinem jüngeren Sohn Peter spreche ich den Dank aus für die schöne und sehr sorgfältige Ausführung der Zeichnungen.

Dem «Schweizer Tierschutz» gilt ein ganz besonderer Dank. Ohne ihn wäre das Buch nicht zustande gekommen. Vor allem muß ich das Entgegenkommen und das Verständnis anerkennen, das ich vom Vorstand habe erfahren dürfen, vom Präsidenten Richard Steiner, Zürich, und vom Geschäftsführer Hanspeter Haering, Basel. Es ist nicht selbstverständlich, daß die Leitung des Tierschutzes neben ihren vielen, schweren Sorgen um die Leiden der Heim- und Versuchstiere noch die Kraft aufbringt, sich um Giftschlangen zu kümmern. Und selbstverständlich ist es auch nicht unbedingt, daß ein Geschäftsführer des Tierschutzes sich in dieser Tiergruppe so gut auskennt, daß er eine Kreuzotter mit runder Pupille (Aufnahme S. 29) und eine schwarze Kreuzotter (S. 62) mit blauen Lippen entdeckt.

Herrn Kurt Bütschi und seiner Firma Bufot, Münchenstein, gilt zuletzt noch mein spezieller Dank für ihr freundliches Entgegenkommen.

Ettingen,
im Juni 1987   Peter Brodmann-Kron

1–3 Die Schlangenfamilien Europas ohne die Familie der Viperidae

4–6 Die Trugnattern Europas

1–3 Die Schlangenfamilien Europas ohne die Viperidae

1 *Typhlops vermicularis,* das «Blödauge», ist der einzige Vertreter der **Typhlopidae** oder Wurmschlangen in Europa. Es ist dem Leben im Boden ausgezeichnet angepaßt. Beachtenswert sind die feinen Zungenspitzen, die den «Wurm» als Schlange kennzeichnen. Die Wurmschlange kommt auf dem Balkan, auf einigen Inseln im östlichen Mittelmeer und in Westasien vor (S. 9).

2 *Eryx jaculus turcicus,* die Sandboa, ist die einzige Art der Riesenschlangen oder **Boidae,** die in Europa vorkommt. Sie wird höchstens 80 cm lang. Die quergestellte Schnauzenkante ist bei ihrem zum großen Teil unterirdischen Leben recht nützlich. Sie lebt auf dem Balkan, einigen Inseln und in Westasien (S. 11).

3 *Coluber ravergieri* ♂ kommt im Kaukasusgebiet knapp an Europa heran. Sie wird hier als Vertreterin der **Colubridae** oder Nattern abgebildet, weil sie in unserem Gebiet die einzige giftzahnlose Natter ist, von der Giftbisse bekannt geworden sind (S. 37).

4–6 Die Boiginae oder Trugnattern gehören zur Familie der Nattern. Sie sind Giftschlangen, aber die europäischen Arten werden dem Menschen nicht gefährlich. Ihre Giftzähne stehen am hinteren Ende des Oberkieferknochens (S. 39 und 81).

4 *Malpolon monspessulanus monspessulanus,* die Eidechsennatter, die bis 2 m lang wird, lebt in zwei Unterarten in den Ländern rund um das Mittelmeer. Das Bild zeigt die westliche Nominatrasse.

5 *Macroprotodon cucullatus,* die nur halbmeterlange Kapuzennatter, kommt im Süden der Iberischen Halbinsel, auf den Balearen und in Nordwestafrika vor.

6 *Telescopus fallax fallax,* die bis 1 m lange Katzennatter, lebt in mehreren Unterarten auf dem Balkan, auf vielen Inseln des östlichen Mittelmeers und in Westasien.

Warum gibt es Giftschlangen?

Die Frage mag eigenartig anmuten. Doch dürfte sie schon von manchem gestellt worden sein, vor allem natürlich, wenn er selbst oder jemand aus seinem Bekanntenkreis mit der Tatsache auf schmerzliche oder gar lebensgefährliche Weise hat Bekanntschaft machen müssen. Ja, warum gibt es eine Mamba, eine Sandrasselotter, eine Tropenklapperschlage? Weshalb muß es in der Natur so schweres Leiden und einen derart schrecklichen Tod geben? Bei solchen Fragen gehen wir immer vom Menschen aus, vom Menschen als dem bedrohten Opfer. Dabei ist der gegen den Menschen gerichtete Biß eigentlich ein Irrtum, denn diese Gifteinrichtung ist ja gar nicht gegen den Menschen geschaffen. Bei keiner Giftschlange gehört der Mensch in den Beutebereich, und er ist auch kein natürlicher Feind der Schlange, wenn wir einmal davon absehen, daß er sich als Feind aller Lebewesen aufführt. In einigen Gebieten der Erde werden Schlangen, auch Giftschlangen, verzehrt. Hier ist der Mensch ihr natürlicher Feind. Daß man aber diese gefährlichen Tiere fängt, um sie in den Handel zu bringen, in Terrarien zu halten oder ihre Haut als Luxusleder zu verwenden, ist eine neuere Erscheinung und sicher kein Grund, daß vor Millionen von Jahren ein Giftapparat entwickelt worden ist.

Wir gehen das Problem immer nur von uns aus an. Betrachten wir es einmal vom Standpunkt der Schlange. Dann wird die Giftschlange zum folgerichtigen Ziel einer Entwicklung. Auf dem langen Wege der Evolution der Wirbeltiere, der fast über eine halbe Milliarde Jahre geführt hat, zeigt sich von Anfang an die Tendenz, vier Extremitäten, zwei Arme und zwei Beine, zu bilden. Doch verschiedene Gruppen haben im Laufe dieser Entwicklung Arme und Beine wieder zurückgebildet, sind also nachträglich oder sekundär fußlos geworden. Dabei handelt es sich stets um langgestreckte Formen, die entsprechende Muskeln beibehalten haben, welche ein seitliches Hin- und Herbewegen, ein «Schlängeln» erlauben. Die Rückbildung der Extremitäten ist begünstigt worden durch ein dichteres Medium als Luft, in dem die Tiere gelebt haben, im Wasser, im Schlamm oder in lockerer und in sandiger Erde. Hier hat der umgebende Stoff auf vorstehende Organe wie Schultern, Becken und Extremitäten hemmend gewirkt, anderseits aber der Schlängelbewegung den für das Vorwärtskommen benötigten Widerstand geboten. Wenn also ein langgestrecktes, mit den entsprechenden Seitenmuskeln versehenes Tier im Wasser, im Schlamm oder im lockeren Boden lebt, kann der Verzicht auf Arme und Beine von Vorteil sein und wird innerhalb langer Zeiträume auch eintreten. Bei den Fischen sind es die Muränen, die absolut keine Brust- und Bauchflossen aufweisen, die den Armen und Beinen entsprechen. Interessant ist es auch, daß gerade diese schlangenähnlichen Fische wärmerer Meere ihren Beutetieren und den Feinden Giftbisse austeilen können, die bei einigen Arten sogar für den Menschen lebensgefährlich sind. Unter den Amphibien sind die Blindwühlen oder Gymnophiona beinlos, die im sumpfigen Boden, im Schlamm, seltener auch im freien Wasser leben. Diese äußerlich einem Regenwurm gleichenden Amphibien kommen im Tropengürtel vor. Bei den Reptilien sind eine Anzahl Echsen, wie Blindschleiche und Scheltopusik, und natürlich alle Schlangen beinlos.

Wie alle Wirbeltiere ohne Extremitäten stammen auch die Schlangen von beintragenden Formen ab. Dies zeigen die Riesenschlangen durch ihre sogenannten «Afterklauen», die ein Überbleibsel der Hinterbeine darstellen und im Innern des Körpers mit einem winzigen knöchernen Rest des Beckens zusammenhängen. Von den ursprünglichsten Schlangen, den Blindschlangen oder **Typhlopidae** und den Riesenschlangen oder **Boidae,** haben wir auch in Europa Vertreter. Die Wurmschlange *Typhlops vermicularis* (Bild 1, S. 8), die auf dem Balkan und auf Ägäischen Inseln lebt, gleicht eher einem etwa

1

3

2

4

Merkmale der Gattung *Vipera* 1. Teil

1 *Vipera berus berus* ♂, eine Kreuzotter aus den Bündner Alpen zur Paarungszeit. Die meisten Vipern zeigen ein auffälliges Muster als Rückenzeichnung. Im Frühjahr, nach der ersten Häutung, welche die Bereitschaft der Männchen zur Paarung anzeigt, ist das Kleid besonders kontrastreich und auffällig (S. 61 und 65).

2 *Vipera berus berus* ♂, das gleiche Männchen wie auf Bild 1 im Sommer. Die Zeichnung ist immer noch markant, doch ist der Kontrast viel schwächer.

3 *Vipera aspis zinnikeri* ♂, eine Aspisviper aus dem Vorland der französischen Pyrenäen mit kaum angedeuteter Zeichnung. Fast oder ganz zeichnungslose Tiere kommen als Ausnahmen bei verschiedenen Arten der europäischen Vipern vor. Eine Verwechslung mit einer harmlosen Schlange ist in diesem Falle leicht möglich.

4 *Natrix maura* ♂: Die völlig harmlose Vipernatter führt ihren Namen, weil ihre Rückenzeichnung einer Vipernart sehr ähnlich sieht. In Südwesteuropa, wo die Vipernatter lebt, können wirkliche Vipern auch am Wasser vorkommen, also im Lebensraum dieser Wassernatter. So ist die Gefahr einer Verwechslung immer vorhanden. Eine Viper kann sogar schwimmen, nur fängt sie dabei keine Fische wie die Natter.

---

30 cm langen, glatten Wurm als einer Schlange. Die kleinen Augen, die wahrscheinlich nur Hell und Dunkel unterscheiden können, sind von einem Hautschild bedeckt. Diese Art Augenschutz führt bei höherentwickelten Schlangen zu den immer geschlossenen und durchsichtigen Lidern, die für Bodentiere als ständiger Augenschutz von großer Bedeutung sind. Der Schädel der Blindschlangen ist viel kompakter gebaut als jener anderer Schlangen und zum Stoßen im Boden geeignet. Dazu kommt, daß der Mundspalt zurückversetzt ist und ein großer Schild von der Kopfoberseite bis zum Lippenrand die runde Schnauze schützend umgibt. Rechts und links davon liegen die beiden ebenfalls großen Nasenschilder. So weist der sonst nur mit kleinen glatten Schuppen bedeckte Schlangenkörper am Vorderende eine helmartige Kapsel zum Schutz beim Durchbohren des Bodens auf. Auch bei «unserer» Riesenschlange, der höchstens 80 cm messenden Sandboa *Eryx jaculus turcicus* (Bild 2, S. 8), die man im Balkan und auf den Kykladen antreffen kann, handelt es sich um ein unterirdisch lebendes Tier, das sein Reich meist nur in der Nacht verläßt. Die Schnauze überragt das Maul und bildet eine Art querliegenden Meißel, der für das Graben im Boden natürlich sehr nützlich ist. So zeigen unsere ursprünglichsten Schlangen, daß sich die Schlangengestalt offensichtlich durch den ständigen Aufenthalt unter der Erde entwickelt hat. Der lange Körper, die Beinlosigkeit und der Schutz der Augen durch die Körperhaut sind am besten als Anpassung an die unterirdische Lebensweise zu verstehen. Wahrscheinlich kann man hier auch den Verlust des Gehörs anschließen, das ersetzt worden ist durch die Möglichkeit, mit dem der umgebenden Erde überall anliegenden Körper die allerfeinsten Erschütterungen direkt aufzunehmen. Der Vollständigkeit halber soll noch erwähnt werden, daß das vom durchsichtigen Lid geschützte Auge auch bei einzelnen Echsen vorkommt, die normal entwickelte Beine haben und nicht unterirdisch leben, wie etwa beim Schlangenauge (*Ophisops elegans*) im östlichen Balkan und auf den Sporaden.

Der Gehirnschädel der Schlangen bildet eine geschlossene solide Kapsel, die das empfindliche Organ gut schützt. Die übrigen Schädelteile sind zu Knochenspangen umgebildet und nur lose miteinander verbunden. Dieser Bau des Freßschädels mit dem außerordentlich weiten Mundspalt und das Fehlen des Brustbeins ermöglichen es der Schlange, sehr große Beutetiere zu packen und unzerteilt zu verschlingen. Mit ihren kegelförmigen, nach hinten gebogenen Zähnen vermag die Schlange die Beute nur festzuhalten. Es ist ihr unmöglich, etwas zu zerkleinern. Der Schlange steht also für den Angriff auf die Beute und den Kampf gegen Feinde nur der Kopf zur Verfügung, der die empfindlichsten Teile, das Gehirn und die wichtigsten Sinnesorgane trägt, wo jede Verletzung zur Katastrophe werden kann. Keine Kralle kann zupacken, keine abwehrende Hand schützt das Gesicht. Und gejagt werden müssen im Verhältnis sehr große, oft starke und wehrhafte Tiere. Schlangen mit kräftigem Körper, wie die Riesenschlangen und unsere Landnattern, packen die Beute mit den Zähnen und blockieren sie durch Umschlingen. Große Schlangen können ihr Opfer auf diese Art augenblicklich töten, die kleinern aber kaum. So hält etwa die Schlingnatter (*Coronella austriaca*) eine Eidechse in ihren Schlingen fest und muß ihre Beute, von der sie regelmäßig kräftig gebissen wird, ganz- oder halblebend verschlingen. Unsere Wassernattern der Gattung *Natrix*, die Ringel-, Würfel- und Vipernattern, haben einen weniger muskulösen Körper. Die Beute muß lebend verschlungen werden und stirbt erst nach einiger Zeit im Magen. Dabei handelt es sich fast immer um Tiere, die sich nur durch Zappeln wehren können, um Lurche oder Fische. Bei vielen an sich harmlosen Nattern ist ein Teil der Oberlippendrüse auf besondere Art ausgebildet und mit einem Ausführgang für das Sekret versehen. Tatsächlich scheiden diese Drüsen Gifte aus, die aber nur in Ausnahmefällen in die Blutbahn gelangen und so eine Wirkung erzielen können, weil Giftzähne fehlen (vgl. S. 37 ff.). Es ist umstritten, ob das ausgeschiedene Gift der *Natrix*-Arten, das mit dem Frosch oder Fisch in den Magen gelangt, das verschlungene Tier hier rascher sterben läßt. Wenn aber die Schlange ein wehrhaftes Tier, eine Maus oder gar eine Ratte packen muß, kann die Jagd für den Jäger lebensgefährlich werden. Da tut nun

Merkmale der Gattung *Vipera* 2. Teil

Merkmale der Gattung *Vipera* 2. Teil und der Vergleich mit Nattern

1 *Vipera berus berus* ♀: Die Kreuzotter ist durch den senkrechten Pupillspalt und die Reihe Schildchen zwischen Augen und Oberlippen, die Subocularia, als Viper gekennzeichnet. Die Beschilderung der Kopfoberseite zeigt Bild 3, S. 58.

2 *Coluber najadum dahlii* ♂, die Schlanknatter aus dem Balkan, läßt die Merkmale unserer Nattern erkennen: runde Pupille, keine Subocularia; die Kopfoberseite, der Pileus, ist durch neun große Schilder bedeckt.

3 *Telescopus fallax fallax*, die Katzennatter aus Süd-osteuropa, besitzt auch eine Spaltpupille. Der Spalt dreht sich beim Heben des Kopfes mit und steht daher immer senkrecht auf dessen Längsachse (S. 27).

4 *Coluber hippocrepis*, die Hufeisennatter, die auf der Pyrenäenhalbinsel, auf Pantelleria und Sardinien und in Nordwestafrika vorkommt, hat als einzige in Europa lebende Natter Subocularia. Die übrigen Merkmale kennzeichnen sie aber eindeutig als Natter.

5 *Vipera berus berus* ♂: Auf der Unterseite erkennen wir oberhalb der quergestellten Kloake das ungeteilte Analschild. Bei Nattern besteht es aus zwei Teilen.

6–8 *Vipera ammodytes ruffoi* ♀, die Südtiroler Sandotter, bei der man die Stellung des Pupillenspaltes beim Heben und Senken des Kopfes verfolgen kann (S. 29):

6 Der Kopf steht in der Normallage, der Pupillenspalt ist senkrecht.

7 Der Kopf hebt sich, der Pupillenspalt bleibt senkrecht bis zu einer Erhebung von etwa 25 Winkelgraden.

8 Der Kopf senkt sich. Der Pupillenspalt geht mit dem Kopf. Das Auge dreht sich nicht oder nur ganz wenig um die eigene Achse, so daß der Spalt senkrecht zur Längsachse des Kopfes bleibt.

der Giftapparat seine Schuldigkeit. Im Bruchteil einer Sekunde wird dem Opfer der tödliche Tropfen eingespritzt, ohne daß der Angreifer als solcher erkannt werden kann. Da die Schlange anschließend reglos verharrt, wird sie nicht weiter beachtet. Das erschreckte Beutetier flieht noch eine Strecke weit vor dem ihm unbekannten Feind. Es hinterläßt aber die besondere Duftspur des tödlich getroffenen Wildes, die von der Schlange später leicht mit Hilfe der Zunge und des ausgezeichneten Geruchsinnes in den Gaumengruben, dem Jacobsonschen Organ, verfolgt werden kann.

Der Weg führt also vom Kriechtier, das in der Erde wühlt und aus praktischen Gründen einen langgestreckten und beinlosen Körper entwickelt hat, zu der auf dem Boden kriechenden oder auf Büschen und Bäumen kletternden Schlange mit der Spezialisierung auf große Beutetiere. Da sie keine krallenbewehrten Beine zur Abdeckung ihres Körpers und für den zupakkenden Angriff besitzt, sondern Verteidigung und Beutefang mit dem Kopf allein leisten muß, ist sie erst durch den Giftapparat in die Lage gekommen, ohne große Selbstgefährdung wehrhafte Beutetiere zu jagen. Die wehrhaften Nager, deren Gebiß durch vier gefährliche, als scharfe Meißel ausgebildete Nagezähne gekennzeichnet ist, bilden weltweit die Hauptbeute jener Schlangen, die mit Giftzähnen und -drüsen versehen sind. Die Giftschlangen sind daher das folgerichtige Endprodukt einer Tierreihe, die erst im Boden gewühlt hat

und dann auf die Erdoberfläche zurückgekehrt ist. Die Natur läßt zu jedem Tisch, den sie reichlich deckt, jene Spezialisten entstehen, die ihn nutzen und abräumen. Die Nager bilden mit ihrer gewaltigen Fortpflanzungskraft ein sehr reiches Nahrungsangebot, das verwendet werden muß, damit das Gleichgewicht nicht aus den Fugen gerät. Tagsüber tun sich unzählige Vogelarten am Überfluß gütlich, nachts aber, während der Hauptaktivitätszeit der meisten Nagetiere, sind es nebst vielen fleischfressenden Säugern auch die Schlangen, vor allem die Giftschlangen, die hier ausgleichend eingreifen müssen. Die schlanken Kriechtiere können außerdem, im Gegensatz zu vielen Säugern und allen Vögeln, die Jagd auch auf die unterirdischen Wohn- und Nestbauten der Nager ausdehnen und so deren Junge erreichen. Auf die nächtliche Aktivität vieler Giftschlangen weist die Spaltpupille hin, wenn auch die Vipernarten in Mittel- und Nordeuropa und in den Gebirgen wegen der tieferen Temperaturen die Nachtzeit wenig ausnützen können, obwohl sie den gleichen Sehspalt wie ihre südlicheren Verwandten haben. Für die nächtliche Jagd kommt dem Raubsäuger und der Schlange der sehr empfindliche Geruchssinn zugute. Die Natur hat viele Jäger noch mit besonderen Empfindungsorganen ausgerüstet. Unter den Säugern haben einige Insektenfresser und die Fledermäuse eine Art Sonar entwickelt, ein akustisches Suchgerät von unglaublicher Leistungsfähigkeit in der vollen Finsternis. Eine

Gruppe der Giftschlangen, die Grubenottern oder **Crotalinae** (S. 143 ff.), können dank ihrer Sinnesgrube zwischen Auge und Nasenloch, die ein äußerst empfindliches Wärmesinnesorgan darstellt, bei völliger Dunkelheit ein vorübereilendes Beutetier mit großer Sicherheit treffen und ihm den Giftbiß beibringen.

Die Viperartigen, und unter ihnen vor allem die Grubenottern, die den besten Giftapparat ausgebildet haben, stellen einen Höhepunkt in der Entwicklung der Schlangen, ja der Reptilien überhaupt dar. So darf uns die Tatsache, daß es Giftschlangen gibt, nicht nur in ein Angst- und Abwehrverhalten drängen, sondern muß in uns auch Bewunderung und Staunen vor der Größe der Schöpfung erwecken.

1

2 3

Paarungsverhalten

14

1 Kommentkampf von zwei ♂ ♂ der *Vipera berus berus:* Bei dieser Auseinandersetzung, die in erster Linie um ein ♀ ausgetragen wird und seltener um eine Beute, verwenden die Rivalen nicht die eigentlichen Waffen der Giftschlange; es werden keine Bisse ausgeteilt. Nur auf Körperkraft und Gewandtheit kommt es an. Der Kampf stellt eine Art Turnier dar und dient wohl der Auslese der stärkeren und schwereren ♂ ♂ für die Fortpflanzung (Text S. 65). Aufn. Claes Andrén, Göteborg.

2 Eine Paarung von *Vipera aspis aspis* im April. Auf dem Bild ist das ♂ kleiner als das ♀; in der Regel wird es aber größer. Während sich die Körperenden, durch Pflanzen leider etwas verdeckt, umschlungen halten, gleitet das ♂ mit Kopf und Vorderkörper zuckend über das ♀.

3 Beginn der Paarung bei *Vipera aspis aspis* im September: Die eigentliche Begattung ist noch nicht vollzogen, der Hemipenis noch nicht eingedrungen. Bei *Vipera aspis* findet die Spermiogenese im Sommer statt. Daher kommt es im Herbst und dann wieder im Frühling zu Paarungen. Die Befruchtung der Eier findet aber auf alle Fälle erst Anfang Juni statt. Das ♀ bewahrt den Samen bis zur Eireifung im Körper.

Feinde

Giftschlangen haben viele Feinde, die vor allem den kleineren Arten und deren Jungen nachstellen. Zuerst wird immer der Igel genannt. Das stammt wohl aus jener Zeit, als der Igel dem Menschen um so sympathischer gewesen ist, je mehr Kreuzottern er gefressen hat. Natürlich greift der Igel die Kreuzotter an, wenn er sie antrifft. Nur dürfte dieses tödliche Stelldichein nicht so häufig sein, wie man uns mit gestellten Aufnahmen weismachen will, die einen Kampf der beiden ungleichen Gegner zeigen. Der Igel jagt in der Nacht. Kreuzotter und Viper sind in Mitteleuropa fast ausschließlich tagaktiv. Beide Schlangen kennen ihre Verstecke sehr gut und verschwinden, wenn sie einen Feind spüren. Am Tage würden sie normalerweise dem ziemlich plumpen Igel entgehen, der ihnen nicht in die Löcher und Spalten folgen kann. Wenn es aber einmal zu einem Kampf kommen sollte, siegt der Igel nicht dank einer Immunität, die er nicht besitzt, sondern durch seine Technik, den Kopf mit den tief gestellten Stacheln zu schützen. Man kann annehmen, daß alle kleinen Raubtiere auch Giftschlangen angreifen, wenn sie ihnen begegnen, vom Wiesel über den Iltis bis zum Dachs. Das Fell schützt vor Bissen, aber auch die Flinkheit und die Erfahrung im Kampfe mit wehrhaften Feinden, wie es etwa bei den Ratten der Fall ist. Wildschweine vertilgen Schlangen, die sie erwischen. Sie werden durch die dicke Haut und das Borstenkleid geschützt. Rabenvögel fangen sich Giftschlangen, auch Reiher und Storch sowie Greifvögel, etwa der Milan oder im Süden der Schlangenadler, der selten geworden ist. Das Federkleid schützt die Vögel und die harten Hornplatten, die ihre Stelzbeine oder Fänge bedecken. Junge Vipern sind vielen Vögeln ausgesetzt und werden sogar von Fasanen vertilgt, die sie wohl für Würmer halten. Einige Nattern stellen den Vipern nach. Die Schlingnatter nimmt junge Kreuzottern und Aspisvipern an. Sie ist nach eigener Beobachtung offensichtlich immun gegen das Gift. Zornnattern und ihre Verwandten verschlingen auch erwachsene Vipern. Von der Eidechsennatter heißt es, daß dort, wo sie ziemlich häufig auftritt, die Sandotter nicht vorkommt, weil sie von der gefräßigen Natter ausgerottet worden ist.

Auf und in den Schlangen finden sich auch Parasiten. Südlich der Alpen sind sie oft von Milben befallen, die hinter den Schuppen sitzen und ihre Wirte nicht nur durch Blutsaugen schädigen, sondern auch durch die Übertragung von Krankheiten.

Im Freien dürften die Milben für die Schlangen nicht so schlimm sein, da sie immer wieder abgestreift werden, besonders bei der Häutung. Im Terrarium sind Milben und Schlangen stets auf einem kleinen Platz beisammen. Der Befall wird so stark, daß die Reptilien eingehen. Doch kennt jeder Terrarianer genügend Mittel aus der Veterinärmedizin, so daß derartige Unglücksfälle kaum mehr vorkommen. Einige schmarotzende Würmer finden sich auch bei Schlangen, wie bei den meisten Wirbeltieren. Es sind Spul- und Bandwürmer. Die einen pflanzen sich direkt fort, indem Wurmeier von der infizierten Schlange aus dem Darm abgehen und in eine weitere Schlange gelangen; andere durchwandern in verschiedenen Formen einen Kreislauf über ein Beutetier.

Aus dem Reich der Mikroben sind es die Amöben und Salmonellen, welche die Schlangen plagen, was dank der intensiveren Ansteckungsmöglichkeit im Terrarium gefährlich werden kann.

Mit diesen natürlichen Feinden sind die Schlangen fertig geworden. Gegenüber ihrem Hauptfeind, dem Menschen, gelingt es ihnen nicht. Er tötet sie aus Unverstand oder weil er sie fürchtet. Er verwendet ihre Haut zu Luxusartikeln. Vor allem aber vernichtet er ihre Lebensgrundlagen, ihre Nahrung und ihre Wohnräume.

Eine Bemerkung zum Wetter sollte doch noch angefügt werden. In den letzten Jahren ist der Frühling meist zu kühl gewesen. In den Bergen blieb der Schnee lange liegen. Eine Wiederholung des Wetterge-

1

4

7

2

5

8

3

6

9

Absetzen lebender Junger oder Legen von
Eiern

16

1–4 Die Geburt eines Kreuzotter-Männchens. Das Weibchen hat auf 1850 m Höhe im Engadin gelebt. Die Geburt hat am 24. August eines günstigen Jahres stattgefunden. (Text S. 75)

1 Trächtige Kreuzotter, *Vipera berus berus*, kurz vor dem Absetzen von fünf Jungen.

2 Die durchsichtige Eihülle tritt aus der Kloake hervor.

3 Die Eihaut ist geplatzt. Das Junge erscheint – in diesem Falle Schwanz voran. Durch heftige Bewegungen unterstützt es den Geburtsvorgang.

4 Das Kreuzottermännchen ist geboren. Zwischen Mutter und Sohn besteht keine Beziehung mehr. Bald wird sich das Junge häuten und ganz selbständig das Leben einer Giftschlange beginnen.

5–9 Die zwei Unterarten der Levanteotter, *Vipera lebetina schweizeri* und *Vipera lebetina obtusa*, sind die einzigen Vipern, die in Europa vorkommen und Eier legen. (Text S. 77)

5 Zwei Eier der *Vipera lebetina obtusa*, ungefähr in natürlicher Größe.

6 Die junge Viper hat mit dem Eizahn, der nun schon abgefallen ist, ein paar Schnitte in die lederartige Ei-haut gezogen. Sie atmet das erste Mal Luft. Siebenfach vergrößert.

7 Während ein bis zwei Tagen schaut die Schlange immer wieder aus dem Ei und zieht sich bei Störungen zurück. Dreifach vergrößert.

8 Die Schlange ist aus dem Ei geschlüpft. Die Nabelschnur verbindet sie mit dem Dottersack aus dem Ei, der nur noch wenig Dotterreste enthält. Sie dorrt bald ab. Natürliche Größe.

9 Erst nach 17 Tagen hat sich die junge Viper gehäutet. Sie kann in zehn oder mehr Jahren zu einem Riesen von über 1,5 m heranwachsen. Jetzt mißt sie etwa 30 cm. Dreifach vergrößert.

schehens mit Dauerregen und Schnee in den Bergen, wie es Mai und Juni 1987 der Fall war, könnte für die Vipern mindestens in den Grenzgebieten ihrer Verbreitung gefährlich werden.

Schutz der Giftschlangen

Täglich sterben Pflanzen- und Tierarten aus. Rücksichtslos zerstört der Mensch die Umwelt, die für ihn und seine Mitgeschöpfe geschaffen ist. Längst kann es der Tierschutz nicht mehr als seine einzige Aufgabe betrachten, Leiden und Elend des einzelnen Tieres, vor allem der Haus-, Nutz- und Versuchstiere, zu lindern. Er muß sich auch um die freilebende Tierwelt kümmern und sich mit anderen Organisationen zusammen für das Weiterbestehen gefährdeter Arten einsetzen. In klarer Weise hat sich der «Schweizer Tierschutz» nach dem Inkraftsetzen des «Bundesgesetzes über den Natur- und Heimatschutz» am 1. Januar 1966 zu dieser Aufgabe bekannt. Er hat das Plakat herausgegeben «Sollen diese Tiere aussterben?», das Vertreter der damals neu geschützten Tiergruppen zeigt, der Fledermäuse, Lurche und Kriechtiere. Da finden wir auch die Bilder von Kreuzotter und Aspisviper, den beiden Giftschlangen der Schweiz. Das Plakat dokumentiert, daß die Schweiz das erste Land ist, das seine Giftschlangen im ganzen Gebiet unter Schutz gestellt hat. Der Vogelschutzgedanke ist ins Unterbewußtsein der ganzen Bevölkerung eingegangen. Die Idee, die Lurche zu schützen, beginnt durchzudringen und Allgemeingut zu werden. Für die Kriechtiere trifft das noch nicht zu. Sogar für viele Tierfreunde und Tierschützer sind die Schlangen, vor allem die Giftschlangen, keine Mitgeschöpfe, die unserer Sorge würdig sind. Für einen nassen Frosch oder eine warzige Kröte kann man sich gerade noch einsetzen; doch die beinlose, unheimliche Schlange, die sogar eine lebensgefährliche Waffe besitzen kann, findet keine Gnade. Manchem macht es Mühe, alles, was er an Ekelhaftem und Schrecklichem über diese Unwesen gehört hat, von dem natürlich der allergrößte Teil Unsinn ist, zu überwinden und ein vernünftiges Verhältnis zur Schlange zu finden. Wir müssen ja auch an unsere Urmutter Eva denken, die ausgerechnet durch die Schlange verführt worden ist und unseren Stammvater Adam und dadurch auch uns um das Paradies gebracht hat. Der jahrhundertlange Kampf um die Ausrottung der Schlangen, in dem der Staat durch Ausschüttung von Prämien für abgeschlagene Köpfe bis vor wenigen Jahrzehnten eifrig mitgewirkt hat, hat in uns seine Spuren hinterlassen. Was durch Tradition und Erziehung im Menschen festgelegt worden ist, kann nur mit zielbewußten Anstrengungen überwunden werden. Da möchte dieses Buch mithelfen.

Jagen und Fressen (8: Giftentnahme)

Jagen und Fressen einer Otter (Text S. 73)

Ein ♀ von *Vipera ammodytes ruffoi* jagt und verschlingt eine Rötelmaus, *Clethrionomys glareolus*.

1 Die Schlange beobachtet ihr ahnungsloses Opfer.

2 Beim Biß schnellt die Viper mit Wucht nach vorn. Sie hat im Schwung die Maus in den Rücken gebissen und dabei gedreht. Die Maus hat die Schlange am Halse gepackt.

3 In zwei, drei Minuten ist die Maus tot. Die zuerst ruhig daliegende Viper hat mit Hilfe der Zunge die Spur der Maus gesucht und sie gefunden. Die Viper spürt nun den Kopf auf. Dabei benutzt sie die Zunge.

Immer wieder drückt sie das geschlossene Maul ins Fell der Maus.

4 Die Viper beginnt beim Schlingen normalerweise am Kopf der Maus.

5 Die Viper hangelt sich mit den Kieferhälften abwechselnd über die gewaltige Beute. Der Unterkiefer ist ausgehängt und seine Hälften treten weit auseinander.

6 Die Maus wird hinuntergewürgt. Unter dem Mauseschwanz sieht man eine Art fleischiges Rohr, die Luftröhre, die im Augenblick geschlossen ist. Sie kann während des Schlingaktes zum Luftholen bis über den Unterkieferrand herausgestreckt werden. Die eingespritzten Fermente, die in der sterbenden Maus durch

ihren Kreislauf noch verteilt worden sind, beginnen nun im Innern der toten Maus mit der Verdauung.

7 Nach dem Biß und nach dem Fressen werden die Kieferspangen durch «Gähnen» in Ordnung gebracht. Die Giftzähne werden dabei, wie hier, oft einzeln aufgestellt. Der große Giftzahn auf der rechten Seite liegt auch aufgerichtet in der Hauttasche. Die Tasche wird beim Eindringen des Zahns in Beute oder Feind zurückgeschoben.

8 Eine *Vipera aspis atra* wird «gemolken»: Mit einem sanften Druck auf die Gegend der Giftdrüsen wird das Gift durch eine Membran in eine Glasschale massiert. Die Viper wird sofort wieder freigelassen. Das Gift wird für Untersuchungen verwendet. Gift verwendet man auch zur Herstellung von Serum.

Seit undenklichen Zeiten sind Tiere in fernen Gegenden gefangen und in sogenannte zivilisierte Länder verschleppt worden, um Staunen und Verwunderung bei den Menschen zu erregen. Was einst Schaustellern und Tiergärten vorbehalten war, hat auf einmal den Weg in unsere Stuben gefunden. Als nach dem Zweiten Weltkrieg das Wirtschaftswunder die Geldbeutel gefüllt und fast jeden Wunsch erfüllbar gemacht hatte, als aus den Trümmern Europas ein Wohlstandsgebiet aus Asphalt, Stahl und Beton gewachsen war, ist die Sehnsucht nach der Natur wieder wach geworden. Man hat auch die Natur besitzen wollen, wie alles, was einem verlorengegangen ist – und zwar daheim, ganz privat für sich und auch, damit man sie den anderen hat zeigen können. Der Tierhandel ist ins Unermeßliche angewachsen. Ein elender, stummer Leidensstrom von Abertausenden lebender Tiere, von Fischen, Lurchen, Reptilien, aber auch von Vögeln und Säugern, ja sogar von Wirbellosen ist aus den tropischen Zonen und aus dem Mittelmeergebiet in die reichen Länder geflossen, ein Einwegstrom ohne Wiederkehr. Ein großer Teil der Tiere ist beim Fang verendet, andere auf dem qualvollen Transportweg. Der Rest ist zum Teil, arg mitgenommen und krank, durch den Handel in die Hände eines ungeeigneten Besitzers gekommen. Das Ende des langen Weges ist ein unnützer und schlimmer Tod gewesen, ein Leichenhaufen auf dem Abfallberg. Wenige Tiere haben das Glück gehabt, zu einem verständnisvollen und

tüchtigen Pfleger zu gelangen, der ihnen ein neues Leben ermöglicht hat, wenn auch in Gefangenschaft.

Auf solche Art sind weite Gebiete ihrer Fauna beraubt worden, ihrer Flora natürlich auch. Zur gleichen Zeit ist die weltweite Zerstörung der Lebensräume fortgeschritten. Diese hat man sogar als Entschuldigung vorgeschützt: Man hat sich gesagt, es ist besser, die Tiere zu fangen und so zu retten. Aber leider geschieht das Fangen fast immer da, wo es sich rentiert, in Gebieten, die noch intakt sind und die vielleicht auch in Zukunft nicht zerstört worden wären.

Die immer schlimmer werdenden Berichte haben so etwas wie ein Weltgewissen wachgerufen. Ein Signal hat das «Washingtoner Abkommen» (WA) gesetzt, das «Übereinkommen über den internationalen Handel mit gefährdeten Arten freilebender Tiere und Pflanzen», abgeschlossen in Washington am 3. März 1973 (Eidg. Bundeskanzlei, Bern 1986). Das WA gilt weltweit und ist bis heute von mehr als 90 Staaten unterzeichnet worden. Es befaßt sich nur mit den gefährdeten Arten und stellt je nach der Größe der Bedrohung drei Kategorien auf, die in den Anhängen I bis III die entsprechenden Formen aufzählen. In Anhang I sind nur Tiere und Pflanzen aufgeführt, die vor dem Aussterben stehen, in Anhang II und III die stark und die gebietsweise gefährdeten Arten. Nur im Anhang III findet sich eine Giftschlange der Gattung *Vipera*, nämlich *Vipera russelli*, wahrscheinlich weil diese Schlange ih-

rer Größe und ihrer schönen Musterung wegen zu Luxusleder verarbeitet wird. Von der Gefährdung her verdiente *Vipera ursinii* die Aufnahme, vor allem die Unterart *V. u. rakosiensis*.

Am 19. September 1979 ist durch den Europarat die «Berner Konvention» zustande gekommen, das «Übereinkommen über die Erhaltung der europäischen wildlebenden Pflanzen und Tiere und ihrer natürlichen Lebensräume» (Eidg. Dep. des Innern, Bern, 1982). In den europäischen Staaten sind «Rote Listen der gefährdeten Tiere und Pflanzen» herausgegeben worden (Beispiel: Schweizer Bund für Naturschutz, 1982), welche die arge Bedrohung der Natur für jedermann verständlich gemacht haben. Die Berner Konvention ist gewissermaßen eine Rote Liste für Europa mit entsprechenden Schutzmaßnahmen und -empfehlungen. Wichtig bei ihr ist das Einbeziehen der Lebensräume, deren Zerstörung tatsächlich für eine Art schlimmere Folgen hat als der Fang von Einzeltieren. Die meisten Länder Europas haben sich der Konvention angeschlossen. Eine besondere Abteilung, der Anhang I, nennt die streng geschützten Pflanzen. In Anhang II sind die streng geschützten, in Anhang III die geschützten Tierarten aufgeführt. Auf diesen Listen findet man nun alle Vipernarten, die in Europa und in der westlichen Türkei vorkommen. Zu den geschützten Arten von Anhang III zählen *Vipera berus* und *aspis*, zu den streng geschützten von Anhang II *Vipera ursinii, latasti, ammodytes, xanthina, lebetina* und *kaznakovi*.

Unterschiede zwischen
Vipera ursinii und *Vipera berus*

Die Unterschiede zwischen *Vipera ursinii* und *Vipera berus*

1 *Vipera ursinii ursinii* ♂: Das kleine Nasenloch liegt unterhalb der Mitte des Nasale. Das oberste Praeoculare verbindet Auge und Nasale.

2 *Vipera kaznakovi* ♂ (als Vergleich beigefügt): Das Nasenloch ist größer. Das oberste Praeoculare verbindet meist das Auge mit dem Nasale.

3 *Vipera berus berus* ♀: Das große Nasenloch liegt in der Mitte des Nasale. Das oberste Praeoculare ist meist durch ein Schildchen vom Nasale getrennt. Dieses Individuum zeigt eine erhöhte Anzahl Schildchen um das Auge und die Tendenz, eine zweite Rei-

he von Unteraugenschildchen zu bilden, was man als «progressiv» bezeichnen kann.

1–3 Vergrößerung fünffach. Zu 1 und 2 vgl. die Zeichnungen S. 89.

4 *Vipera ursinii ursinii*, ♀ aus den Abruzzen: Das ♀ ist fast immer gleich kontrastreich gezeichnet wie das ♂. Die Grundfarbe der Flanken ist dunkler als jene des Rückens.

5 *Vipera berus berus* ♀: Die Färbung beim ♀ ist fast immer Braun auf Hellbraun, beim ♂ aber Schwarz auf Grau. Das Farbkleid ist bei der Kreuzotter, im Gegensatz zur Wiesenotter, geschlechtsgebunden. Die

Grundfarbe der Flanken ist bei beiden Geschlechtern kaum dunkler als die des Rückens.

Neben den grenzüberschreitenden Abkommen regeln die Staaten und manchmal daneben auch deren Kantone, Bundesländer, Provinzen usw. den Schutz durch eigene Erlasse. Dabei trifft man manchmal die etwas eigenartige Einstellung, daß man die heimischen Tiere höher einschätzt als die fremden. So darf in die Schweiz, deren Frösche seit 1966 geschützt sind, jede Menge fremder Frösche oder deren Schenkel zu kulinarischen Zwecken eingeführt werden. 1985 sind es 100 t Frösche und fast 150 t Froschschenkel gewesen, von denen 40 t aus dem Nachbarland Frankreich stammen, wo eigentlich die Frösche auch geschützt sein sollten.

Seit dem Inkrafttreten der beiden erwähnten Abkommen werden wesentlich weniger lebende Reptilien gehandelt. Einige Zahlen sollen zeigen, was 1985 in die Schweiz eingeführt worden ist. Aus Anhang I des WA sind es 8, alles seltene Riesenschlangen, aus Anhang II 3373, darunter 2054 Griechische Landschildkröten und 680 Königspythons, und 20 aus Anhang III. Dazu kommen noch 13 383 durch kein Abkommen geschützte Kriechtiere, zum Beispiel junge, gezüchtete Rotwangenschildkröten. Ebenfalls in der letzten Summe eingeschlossen sind 336 Vipern aus Europa und aus der westlichen Türkei. Diese Zahlen stellen einen kleinen Teil dessen dar, was vor einigen Jahren in die Schweiz gekommen ist.

Leider müssen noch ganz andere Zahlen erwähnt werden. Auch diese Zahlen stammen aus der Schweiz. Für die umliegenden Staaten darf man sie wahrscheinlich den Einwohnerzahlen entsprechend verwenden. Nach dem Bericht des Eidgenössischen Veterinäramtes (1985) sind im Jahre 1985 558 Häute von Reptilien von Anhang I des WA, also vom Aussterben bedrohter Kriechtiere, eingeführt worden, von den gefährdeten des Anhangs II 164 291 Häute, 182 639 Seitenteile, also nochmals 91 320 Tiere, 304 103 Uhrarmbänder, 21 000 Paar Schuhe und dazu noch eine Reihe von Artikeln, aus Anhang III 35 500 Häute und 8000 Paar Schuhe und weitere Artikel. Beim Anhang III befinden sich Gürtel, Handtaschen und Schuhe aus der Haut von *Vipera russelli*.

Den Tierhaltern wird in einigen Staaten schon manches Hindernis in den Weg gelegt. Die gesetzlichen Bestimmungen können recht rigoros sein. So sind etwa in der Bundesrepublik Deutschland seit Anfang 1987 eine neue Fassung des «Bundesnaturschutzgesetzes» und eine neue «Bundesnaturschutzverordnung» in Kraft, die sehr streng sind, weniger in bezug auf die Biotoperhaltung als vielmehr gegenüber den Tierhaltern. Diese Leute müssen nun das Gesetz genau studieren, wenn sie nicht straffällig werden wollen. Aus dem Freien geholte europäische Amphibien und Reptilien zu halten, ist in der Bundesrepublik schon längere Zeit verboten.

Die obengenannten Zahlen aus der kleinen Schweiz geben vielleicht einen Begriff, wie der Mensch heute die Reptilien und natürlich auch die anderen Lebewesen dieser Welt vernichtet. Die toten Zahlen müssen wir mit unserer Phantasie in Eidechsen, Warane, Schlangen – vor allem Riesenschlangen – und Krokodile umsetzen. Dazu dürfen wir auch noch die über 12 t Schildkrötensuppe rechnen, die ein so kleines Land in einem Jahre verbraucht hat. Da sind wir konfrontiert mit einem weltweiten Morden für unnötigen Luxus, übertriebene Feinschmeckerei und viel Geld.

Es ist begreiflich, daß beim Lesen solcher Zahlen ernsthafte Tierhalter sich aufregen und die Verbote, die man ihnen auferlegt, als reine Alibiübung betrachten, um eine starke Lobby zu decken.

Vom Standpunkt des Tierschutzes aus ist jede Beschränkung im Halten und Töten von Wildtieren erstrebenswert. Vor allem muß der Handel von Luxusgütern und Delikatessen auf Kosten der Reptilien stark eingeschränkt oder noch besser aufgehoben werden. Auch der Handel mit lebenden Reptilien zeigt noch zu große Zahlen. Was man verhindern muß, ist das Halten von Kriechtieren als «Heimtiere». Man gibt nicht dem Kinde statt des Meerschweinchens eine Schildkröte, auch keine gezüchtete junge Schmuckschildkröte. Der Schüler muß heute auf die Eidechse oder die Ringelnatter im Terrarium verzichten, ganz abgesehen von der Kreuzotter. Wenn gewissenhafte Leute sich mit viel Hingabe und großem Arbeitsaufwand der Pflege ihrer Echsen und Schlangen widmen, wertvolle Beobachtungen anstellen, Nachzuchten anstreben und auch erreichen, ist nicht viel dagegen einzuwenden.

Die Unterarten von *Vipera ursinii* I
Vipera ursinii ursinii

Vipera ursinii rakosiensis

Vipera ursinii renardi

10

11

12

13

14

15

16

17

18

Die Unterarten von *Vipera ursinii* II
Vipera ursinii eriwanensis

Merkmale von *Vipera ursinii*
Legenden 13–18 siehe S. 25

1–3 Karstotter, *Vipera ursinii ursinii* ♀

4–6 Wiesenotter, *Vipera ursinii rakosiensis* ♂

} Zum Unterschied zwischen Karst- und Wiesenotter siehe Zeichnungen 14 und 15 sowie Text S. 91.

7–9 Steppenotter, *Vipera ursinii renardi* ♀: Diese Schlange verdient am ehesten den Namen «Spitzkopfotter». Die Kopfzeichnung ist sehr kontrastreich. Text S. 97.

10–12 Südliche Steppenotter, *Vipera ursinii eriwanensis* ♂: Siehe Text S. 99.

Aber es muß darauf geachtet werden, daß der Bedarf wirklich durch Nachzuchten und nicht durch stets sich wiederholende Fänge in der Natur gedeckt wird. Herpetologische und terraristische Organisationen, aber auch die zoologischen Gärten achten heute darauf, daß die Tiere nicht einzeln, sondern in Zuchtgruppen gehalten werden oder daß die Fortpflanzung durch Austausch von Tieren erreicht wird. Die Zuchterfolge müssen erfaßt, diskutiert und zur Verbesserung der Kenntnisse veröffentlicht werden. Wichtig ist eine eingehende Kontrolle, um die unseriösen Halter auszuschließen, die ihre Tiere in gesetzwidrigen Behältern einsperren, sie mangels Pflege eingehen lassen oder die Nachbarschaft mit einer entflohenen Kobra schrecken. Ob es unbedingt notwendig ist, die allergefährlichsten Giftschlangen in der Stube zu halten, ist eine andere Frage.

Was können wir aber für unsere freilebenden Vipern tun? Das erste ist eine Bestandesaufnahme. Für die Amphibien ist diese in vielen Ländern Europas weitgehend durchgeführt und bedarf natürlich einer ständigen Ergänzung und Korrektur. Bei den Reptilien, besonders bei den Schlangen, ist ein solches Unternehmen viel schwieriger und aufwendiger. Aber es muß durchgeführt werden und ist in vielen Gebieten auch im Gange. Bei der Bestandesaufnahme wird auch das Biotop erfaßt. Bestehende Lebensräume, in denen eine oder gar mehrere Populatioen von Reptilien leben, normalerweise auch in verschiedenen Arten, sollten unbedingt geschützt werden. Die Bestimmungen der Naturschutzgesetze und -abkommen enthalten Aussagen über den Schutz der Lebensräume. Das Schweizerische Bundesgesetz über den Natur- und Heimatschutz von 1966 besagt: «Dem Aussterben einheimischer Tier- und Pflanzenarten ist durch die Erhaltung genügend großer Lebensräume und andere geeignete Maßnahmen entgegenzuwirken. Bei diesen Maßnahmen ist schutzwürdigen land- und forstwirtschaftlichen Interessen Rechnung zu tragen.» Es heißt auch von den Biotopen, sie sind «nach Möglichkeit» zu erhalten. Demzufolge kann man jeden Lebensraum zerstören, wenn es um finanzielle Interessen geht.

Die einzelnen Lebensräume dürfen nicht zu klein sein oder zu weit auseinander liegen. Ein Hin- und Herwandern muß möglich sein, damit ein Gen-Austausch stattfindet, der die Degeneration durch eine Inzucht vermeidet. Für Schlangen, vor allem für Vipern, ist dieses Ziel nicht leicht zu erreichen. Gerade die Kleinbiotope können, wenn sie durch weite Anbaugebiete oder stark befahrene Straßen zerschnitten sind, auf einmal ohne Schlangen und Echsen sein, auch wenn sie selbst noch recht intakt aussehen. Für die Aspisviper, die sonnige Südhänge benötigt, ist das Überwachsen eine Gefahr. Bis vor etwa einem halben Jahrhundert ist das fast wertlose Holz an trockenen Hängen für den Herd und den Ofen geschlagen worden. Heute kümmert sich niemand mehr um diese Stockausschläge, und der Platz wächst zu. Aufforstungen am falschen Ort, wo keine wertvollen Stämme gedeihen, werfen Schatten über beliebte Sonnenplätze. Manches Biotop kann man erhalten, wenn man hier und da das Holz etwas zurückschneidet – selbstverständlich mit Erlaubnis des Försters, der heute seine Zustimmung geben sollte. Geröllhalden werden manchmal auch abgetragen.

Vor allem sind die Sonnenplätze in Gefahr, überbaut zu werden, besonders durch Ferienhäuser. Die Schlangen schlägt man dann tot, weil «sie ja sogar in den Garten kommen». Zweitwohnungen an Waldrändern und sonnigen Hängen, oft auch ungesetzlich erstellt, sind für die Natur eine große Belastung und ein schwerer Schaden.

Im Gebirge sind Standorte der Aspisviper und der Kreuzotter in Gefahr, durch die Bauten für den Wintersport, vor allem durch die Planierungen für die Skipisten. Man möchte wenigstens annehmen, daß der Touristenstrom, der abgelegene Bergtäler erreicht, heute nicht mehr zu vermehrtem Totschlagen der Schlangen führt. Aber die Infrastrukturen für den Menschen, die in einsamen Gegenden errichtet werden, harmonieren meist nicht mit den Naturgegebenheiten, auf welche die Tierwelt angewiesen ist.

Die Kreuzottern lieben zwar Orte zum Sonnen, aber im ganzen ein eher kühles Klima. Sie leben daher zum Teil in den Alpen, vor allem aber in den Mittelgebirgen und im Tiefland, wo das noch möglich ist, am

13–18 Merkmale von *Vipera ursinii* (zu S. 23)

13 *Vipera ursinii ursinii* ♂ aus Südfrankreich ist als *Vipera ursinii wettsteini* beschrieben worden.

14 *Vipera ursinii ursinii* ♀ aus dem Balkan ist als *Vipera ursinii macrops* beschrieben worden. Auf dem Bild spreizt die Schlange die Rippen. Die Ähnlichkeit der Vipern auf Bild 13 und 14 ist überraschend. Dabei stellt Bild 13 ein ♂ aus Südfrankreich, Bild 14 ein ♀ aus Montenegro dar. Dazwischen liegen über 1000 km. KRAMER (1961) hat die drei europäischen Formen zusammengefaßt, SAINT GIRONS (1978) hat *Vipera ursinii anatolica* dazugenommen, so daß nun alle vier Karstottern für viele Herpetologen *Vipera ursinii ursinii* heißen.

15 *Vipera ursinii rakosiensis* ♂ aus Ungarn weist eine dunkle, fast schwarze Unterseite mit wenigen hellen Flecken auf.

16 *Vipera ursinii ursinii* ♀ aus den Abruzzen zeigt eine hellere graue Unterseite.

17 *Vipera ursinii rakosiensis* ♂ aus Ungarn: Die Kopfschilder sind meist regelmäßig, Frontale und Parietalia voll ausgebildet. Hier sind ausnahmsweise zwei Apicale vorhanden wie bei der Kreuzotter.

18 *Vipera ursinii ursinii* ♂ aus dem Balkan: Die Kopfbeschilderung ist meist weniger regelmäßig. Über der Schnauze liegt bei diesem Tier ein einziges Apicale, wie es für *Vipera ursinii* die Regel ist.

Rande von Hochmooren oder sogar an festeren Stellen mitten in solchen Mooren. Diese wertvollen, aber auch überaus empfindlichen Naturgebiete, die einzigartige Überreste aus der Eiszeit darstellen, sind zum weitaus größten Teil zerstört worden durch Austrocknen und die Torfgewinnung. Die Ausbeutung, die immer noch weitergeht, muß gestoppt werden.
Vor allem tut Aufklärung not. Jede Lebensform hat auch ein Lebensrecht, und zwar dort, wo sie in langen Zeiträumen entstanden ist und eine wichtige Aufgabe im Kreislauf der Natur zu erfüllen hat.

Merkmale der Vipern oder Ottern

Die Namen «Viper» oder «Otter» bedeuten dasselbe und benennen die gleichen Tiere. Otter leitet sich vom Wort Natter her, aus dem es durch Verlust des «n» entstanden ist («Fischotter» geht auf einen anderen Stamm zurück). Viper wiederum geht auf den lateinischen Ausdruck Vipera zurück, einer Verkürzung von vivipara. Dieses Wort, das als Bezeichnung der Gattung verwendet wird, bedeutet «die lebend Gebärende». Tatsächlich bringen die europäischen Vipern, mit Ausnahme der Levanteotter, lebende Junge zur Welt, im Gegensatz zu unseren Nattern, die alle, außer der Schlingnatter, Eier legen. An sich können wir jede europäische **Viperide** als Otter oder als Viper bezeichnen. Doch verlangt der Sprachgebrauch, daß wir jene Arten, die im deutschen Sprachraum altbekannte Schlangen sind, mit dem deutschen, seit Jahrhunderten verwendeten Wort benennen. So heißt eben jene Schlange, die von jeher im größten Teil von Deutschland allgemein bekannt gewesen ist, «Kreuzotter». «Wiesenotter» nennen wir das Kriechtier, das man bis in die ersten Jahrzehnte unseres Jahrhunderts in den tiefer gelegenen Teilen Österreichs fast überall hat antreffen können. Die Aspis, die vor allem in den Ländern des romanischen Sprachraums vorkommt, bezeichnet man als «Viper» und spricht von Aspisviper, Juraviper oder Alpenviper. In der Schweiz können die Namen Otter und Viper auch zur Unterscheidung der beiden Schlangenarten verwendet werden; denn kein anderes Land beherbergt Aspisviper und Kreuzotter in einem so ausgeglichenen Verhältnis. Wir sagen also immer Kreuzotter, Wiesenotter und Aspisviper. Dagegen haben wir die Wahl zwischen Sandotter und Sandviper, Levanteotter und Levanteviper.
In Europa können nur Vertreter der Gattung *Vipera* dem Menschen gefährlich werden. Dabei sehen wir vorerst ab von der Halysotter, der einzigen Grubenotter, die in der Kaspischen Senke von Asien her unseren Erdteil knapp erreicht. Es wäre von großem Vorteil, wenn man eindeutige und auf größere Entfernung leicht erkennbare Merkmale hätte, um Vipern oder Ottern von den harmlosen Nattern zu unterscheiden. Solche Merkmale gibt es aber nicht. Diese Tatsache braucht auch ein ängstliches Gemüt nicht zu erschrecken. In Europa kommt bestimmt keine Giftschlange vor, der es einfallen könnte, einen Menschen von sich aus anzugreifen. Sie wird bei seiner Annäherung fliehen oder vielleicht auch einmal liegen bleiben an ei-

1

3

4

2 5

Italienische Karstotter
Vipera ursinii ursinii

Italienische Karstotter, *Vipera ursinii ursinii*
(Text S. 93)

1 Dieser Lebensraum der Italienischen Karstotter liegt in etwa 2000 m Höhe im Gebiet des Monte Velino in den Abruzzen. Die Ottern leben in einer meist baumlosen, verkarsteten, subalpinen Graslandschaft mit rauhem Klima, häufigen Nebeln und viel Schnee im Winter. Die Büsche des Zwergwacholders trifft man an den Hängen etwas tiefer an, wo die Schlange auch vorkommt. Aber sie ist nicht auf den Schutz durch diesen meist einzigen Strauch in den kahlen Gebieten angewiesen.

2 Die Farben dieses ♂ sind kontrastreich, die Flanken auffallend dunkel. Dank den kurzen, gekielten Schuppen wirken Karstottern ziemlich «struppig».

3 Dieses ♀ zeigt die unregelmäßige Beschilderung des Pileus.

4 Das gleiche ♀ wie auf Bild 3 weist deutlich abgehobene Flanken auf mit sehr schwachen Seitenflekken.

5 *Italopodisma fiscillana* ist eine in den Abruzzen endemische, flügellose Heuschrecke. Sie bildet neben jungen Mäusen und Mauereidechsen die Hauptnahrung der Karstottern. Wie TRIET an Ottern, die er am Fundort bis zur Kotabgabe gefangengehalten und später wieder freigelassen hat, durch Kotuntersuchungen hat feststellen können, fressen diese kleinen Schlangen sogar im Hochsommer mehr Mäuse als Insekten, zu einer Zeit, da es sehr viele Heuschrecken gibt (mündliche Mitteilung). Hier sitzt die Heuschrecke auf einem Zweig des Zwergwacholders, *Juniperus nana,* der breite, niedrige Gebüsche bildet, auf und unter denen die Vipern Schutz finden.

---

nem viel begangenen Weg, wo sie sich an Passanten gewöhnt hat, die eine Schlange regelmäßig übersehen und daher auch nicht belästigen. Wer unversehens nahe an eine Schlange herankommt, bleibe ruhig stehen und freue sich über das unerwartete Erlebnis. Das Tier wird sich zurückziehen, sobald es sich bedroht fühlt.

Vorerst seien ein paar Kennzeichen erwähnt, von denen man immer wieder spricht, die aber wenig helfen oder nur Verwirrung stiften. Die Rückenschuppen der **Viperiden** sind stets durch einen Kiel gekennzeichnet, eine erhöhte Längsrippe auf der Oberseite der Schuppe. So kann man zum einen, wenn man nahe genug ist, eine Schling- oder Glattnatter (*Coronella austriaca*) von der Kreuzotter oder der Aspisviper unterscheiden. Viele Nattern besitzen glatte Schuppen, aber längst nicht alle. Die Schuppen der *Natrix*-Arten, also der Ringel-, Würfel- und Vipernatter, sind sogar sehr deutlich gekielt. Man spricht auch von schlanken Nattern und von untersetzten oder plumpen Vipern. Als allgemeines Unterscheidungsmerkmal kann man eine solche Behauptung bis zu einem gewissen Grade gelten lassen. Aber in der Natur anwenden läßt sie sich kaum. Zudem ist wohl meist ein Männchen der Kreuzotter behender und schlanker als eine trächtige Natter. Bei den Nattern ist der Schwanz im Verhältnis zum Körper wesentlich länger als bei den Vipern. Er nimmt bei Nattern ein Viertel bis ein Drittel der Körperlänge ein, bei den Vipern nur etwa ein Achtel. Aber wo fängt bei einer sich bewegenden Schlange, von der man zudem nur den Rücken und nicht die Bauchseite mit der Kloake sieht, der Schwanz an? Immer wieder wird als Merkmal der Vipern der «dreieckige Kopf» betont. Dies hat für die höherentwickelten Arten seine Berechtigung. Der Kopf der Kreuzotter ist aber mehr oval und wenig vom Hals abgesetzt. Dagegen weisen verängstigte Ringel- oder Vipernattern, beides völlig harmlose Schlangen, einen ausgesprochen dreieckigen Kopf auf.

Ein besseres Kennzeichen ist die fast immer auffällige Rückenzeichnung der **Viperinen,** ein Zickzack- oder Wellenband (Bild 1, S. 10), manchmal eine mehr oder weniger unterbrochene Längsreihe von Flecken oder Querstreifen. Aber eindeutig ist auch dieses Merkmal nicht. Bei mancher Otter mag die Rückenzeichnung blaß sein, bei einzelnen Tieren fehlt sie vollständig (Bild 3, S. 10). Zudem gibt es schwarze Tiere, sogenannte melanotische Schlangen. An einigen Orten, etwa im Berner Oberland, leben schwarze Vipern und schwarze Ringelnattern beisammen.

Man trifft auch harmlose Schlangen, wie Schling-, Würfel- und vor allem Vipernattern (Bild 4, S. 10), die mit einer Otternart verwechselt werden können. Natürlich ist das auch umgekehrt möglich und kann zu einem Biß führen. So mag im warmen südwestlichen Europa eine Aspisviper an einem Gewässer leben, wo die ähnlich aussehende, aber ganz ungefährliche Vipernatter (*Natrix maura*) vorkommt. Sogar ein Kenner muß sich gut in acht nehmen, bevor er mit raschem Griff die flinke Natter faßt, daß er dabei nicht in unnötiger Hast die langsamere Aspis erwischt und einen Biß einfängt.

Es gibt eindeutige Merkmale, die alle Vipern von den europäischen Nattern unterscheiden. Sie sind aber unauffällig und können nur aus der Nähe wahrgenommen werden.

Die Pupille der Vipern ist spaltförmig und erweitert sich bei schwachem Licht zu einem Oval. Pupillenspalt oder -oval stehen bei normaler Kopfhaltung senkrecht. Europäische Nattern besitzen eine runde Pupille. Ein weiteres Merkmal der Vipern bilden die Unteraugenschilder oder Subocularia. Zwischen Auge und Oberlippenschildern liegt bei Wiesen- und Kreuzotter normalerweise nur eine einzige Reihe Subocularia, bei höherentwickelten Vipern sind es meist zwei Reihen oder mehr. Dagegen grenzen die Augen der europäischen Nattern direkt an die Oberlippenschilder (Bild 2+3, S. 12).

Zwei europäische Nattern müssen noch erwähnt werden, da jede zu einem der beiden genannten Merkmale eine Ausnahme bildet. Die auf dem Balkan und auf den Inseln der Ägäis lebende Katzennatter (*Telescopus fallax*) besitzt eine Spaltpupille (Bild 3, S. 12). Diese steht im Gegensatz zur Pupille des Vipernauges immer senkrecht zum Maulspalt und macht so die Bewegungen des Kopfes ohne eigene Drehung mit. Die Kopfbeschilderung weist die Katzennatter eindeutig als Natter aus. Sie ist zwar eine Trugnatter und als solche ei-

Balkan-Karstotter *Vipera ursinii ursinii*
(Vipera ursinii macrops)

Balkan-Karstotter, *Vipera ursinii ursinii*
(Text S. 93)

Die Otter ist 1911 von MÉHELY als eigene Art *Vipera macrops* **beschrieben worden. 1924 hat sie BOLKAY als** *Vipera ursinii macrops* **bezeichnet. 1961 ist sie von KRAMER zur Nominatform gestellt worden.**

1 Dieses ♂ weist ein breites und geschlossenes Rückenband auf.

2 Dieses ♀ im gleichen Lebensraum liegt zwischen Karstfelsen und Seggen auf Moos. Es gleicht eher einer Kreuzotter und macht deutlich, warum es in dieser Beziehung auch in der Literatur zu Verwechslungen gekommen ist. Die Otter ist mit ihren ziemlich blassen Brauntönen «weibchenfarbig» wie ein ♀ der Kreuzotter, was bei Orsini-Vipern eine Ausnahme darstellt.

3 Ein Lebensraum der Balkan-Karstotter, der in etwa 1800 m Höhe in den einsamen Bergen im Grenzgebiet von Montenegro und Herzegowina liegt. Neben den Karstrippen wachsen fußhohe Seggen. Weidetiere kommen normalerweise nicht bis hier herauf. Das Gebiet gehört sozusagen ganz unserer ursprünglichsten Viper, die sich überraschend schnell durch die Seggen schlängelt. Bei einer Belästigung verteidigt sie sich heftig und beißt auch zu, was aber kaum viel Schaden anrichten dürfte. Schon kurz nach Sonnenaufgang macht sie Jagd auf Heuschrecken, die hier in unermeßlichen Scharen leben und in der Frühe noch so unbeholfen sind, daß sie sich leicht fangen lassen.

4 Das Bild zeigt das gleiche Tier wie Bild 2. Auffallend ist der breite, fast klotzige Kopf. Das Apicale ist winzig klein und liegt ganz abnormal hinter den nach vorne gerückten Canthus-Schildern.

5 Auch diese Otter ist am gleichen Platz angetroffen worden. Vergleichen wir die Bilder 4 und 5, so müssen wir feststellen, daß sich Ottern im gleichen Lebensraum stärker unterscheiden können als solche, die durch Meere und weite Landstriche getrennt sind (vgl. Bilder 13 und 14 auf S. 23).

---

gentlich eine Giftschlange, kann aber dem Menschen nicht schaden (S. 83). Auch bei der anderen kleinen Trugnatter, der Kapuzennatter *(Macroprotodon cucullatus),* die auf der Iberischen Halbinsel, den Balearen und in Nordwestafrika vorkommt, kann man Exemplare mit ovaler Pupille finden. Diese Pupille sieht aber auch nicht wie jene einer Viper aus. Zudem weisen die übrigen Merkmale die kleine Schlange eindeutig als Natter aus. Die Hufeisennatter *(Coluber hippocrepis),* die auf der Iberischen Halbinsel, auf Südsardinien und Pantelleria und in Nordwestafrika lebt, besitzt eine Reihe von Subocularia, also Unteraugenschildern, wie sie bei der Kreuzotter vorkommt. Die runde Pupille und die übrige Beschilderung des Kopfes zeigen, daß es sich um eine Natter handelt. Die Hufeisennatter ist eine ungefährliche, aber bissige und schnelle Schlange (Bild 4, S. 12).
Zur Spaltpupille der **Viperiden** muß noch beigefügt werden, daß auch ein Vertreter dieser Familie ausnahmsweise einmal eine runde Pupille aufweisen kann. Dabei handelt es sich um eine krankhafte Erscheinung, die wohl meist nur auf einer Kopfseite auftritt. Eine solche Pupille ist starr und kann sich nicht zusammenziehen (BRODMANN, 1972). Diese Erscheinung habe ich bei Kreuzotter, Aspisviper und Sandotter angetroffen. Der Vergleich von Pupille und Subocularia, wenn wir europäische Nattern und Vipern unterscheiden wollen, weist uns den Weg, den wir beim Bestimmen von Arten und Unterarten immer wieder gehen müssen: Man verläßt sich, wenn immer möglich, nicht auf ein einziges Kennzeichen, sondern verwendet alle, die einem zur Verfügung stehen.
Bei Vipern oder Ottern wird immer wieder auf die senkrechte Stellung des Pupillenspaltes hingewiesen. Nimmt dieser Spalt stets eine senkrechte Lage ein? Worauf bezogen steht er eigentlich senkrecht? Die drei Bilder 6 bis 8, Seite 12, zeigen den Kopf eines Weibchens der Südtiroler Sandotter *(Vipera ammodytes ruffoi)* in drei Stellungen. Auf Bild 6 nimmt der Kopf die normale waagrechte Haltung ein: Die Pupille steht senkrecht. Auf Bild 7 hebt die Viper den Kopf: Der Pupillenspalt bleibt senkrecht bis zu einem bestimmten Winkel der Kopfstellung. Dieser kann etwa 25° betragen. Erst bei noch stärkerem Heben des Kopfes dreht sich der Pupillenspalt mit und folgt der Bewegung des Kopfes. Auf Bild 8 hält die Schlange den Kopf nach unten: Der Spalt folgt weitgehend der Kopfbewegung und dreht sich nicht oder höchstens sehr wenig gegen die senkrechte Lage zurück. Der Winkel, um den der Kopf sich heben kann, bis der Augenspalt – also das Auge – mitgedreht wird, mag je nach Art, wahrscheinlich sogar individuell etwas verschieden sein.
Das Auge der Vipern dreht sich also beim Heben des Kopfes so, daß der Pupillenspalt innerhalb des normalen Bewegungsbereiches senkrecht bleibt. Bei runden Pupillen spielt das Heben und Senken des Kopfes keine Rolle. Man kann sich aber vorstellen, daß es für die Aufnahme des Bildes auf der Netzhaut von Vorteil ist, wenn eine Spaltpupille ihre senkrechte Stellung beibehält. Für das Senken des Kopfes ist die eventuelle Veränderung im Bild von geringer Bedeutung. Ein Bodentier nimmt eine solche Haltung weniger oft ein, vor allem nicht, wenn es eine Beute ins Auge faßt oder einen Feind fixiert.
Ein weiteres Unterscheidungsmerkmal zwischen den europäischen Nattern und Vipern besteht in der Bedeckung der Kopfoberseite, des Pileus. Bei den Nattern besteht dieser aus neun größeren Schildern (Bild 2, S. 12). Bei den Arten der Gattung *Vipera* ist aber immer zum mindesten ein Teil der Schilder in kleine Schildchen oder Schuppen aufgelöst. Bei ursprünglichen Arten wie Wiesen- und Kreuzotter, die noch am meisten unaufgeteilte Schilder

Juvenile Kreuzotter mit runder Pupille am rechten Auge.
Aufn. HP. HAERING aus Salamandra, 3/4 1972 (BRODMANN)

1 3

2 4

Französische Karstotter *Vipera ursinii ursinii (Vipera ursinii wettsteini)*

Französische Karstotter, *Vipera ursinii ursinii*
(Text S. 95)

Diese Otter ist 1955 von KNOEPFLER & SOCHUREK als *Vipera ursinii wettsteini* beschrieben und 1961 von KRAMER wieder zur Nominatform umgeteilt worden.

1 Ein Paar der Karstotter: Rechts das frisch gehäutete ♂, links das ♀, das noch das Kleid trägt, in dem es überwintert hat. Wenn das ♂ gehäutet ist, beginnt die Paarungszeit. Das ♀ häutet sich später (S. 63).

2 Ein anderes, ebenfalls noch nicht gehäutetes ♀ sonnt sich im Geröll. Um diese Jahreszeit bleiben die Ottern gewöhnlich liegen, bis man sie berührt. Dann zeigen sie sich sehr beweglich. In der Entfernung von ca. 1 m hat eine juvenile *Vipera aspis aspis* gelegen, die bei der Annäherung sofort geflohen ist.

3 Dieses ♂ der Karstotter weist ein gezacktes Rückenband auf, das in der Mitte aufgehellt ist. Die westlichen Formen zeigen auf dem Hinterkopf einen V-Flecken, dessen Schenkel einen großen Winkel bilden. Bei den östlichen Formen ist der Winkel kleiner.

4 Im Lebensraum der Karstotter in den Basses Alpes zieht der Frühling ein. Immer noch liegt Schnee zwischen den aperen Flächen. Die Vipern sonnen sich schon im Freien. Wir befinden uns auf einer Höhe von 1600 m. Der Vordergrund zeigt weite Flächen des Zwergwacholders, *Juniperus nana*. Die Ottern liegen in oder auf den Wacholderbüschen, im dürren Gras, das vom Schnee zu Boden gepreßt worden ist, oder in einem Geröllhaufen.

---

aufweisen, sind immer die zwei Überaugenschilder, die Supraocularia, und fast stets ein Stirnschild, das Frontale, und die zwei Scheitelschilder, die Parietalia, vorhanden (Zeichnung 23, S. 145 und Bild 3, S. 58). Je höher eine Vipernart entwickelt ist, um so mehr sind die Schilder des Pileus aufgelöst. Bei unserer höchstentwickelten Viper, der Levanteotter, besteht die ganze Kopfbedeckung, auch der Teil über den Augen, aus kleinen Schildchen und Schuppen (Bild 1, S. 112). Einzelne Individuen der ursprünglichen Ottern zeigen sich «progressiv», indem sie Auflösungen von Kopfschildern aufweisen, wie es eigentlich den höherentwickelten zukommt; anderseits verhalten sich diese höherentwickelten Arten, wie die Aspisvispern, Stülpnasen- und Sandottern, «konservativ» in manchen Einzeltieren, indem sie als «Anachronismus» unaufgelöste Frontale oder Parietalia tragen. Unsere einzige europäische Grubenotter, die Halysschlange *(Agkistrodon halys caraganus)* von der Nordseite des Kaspischen Meeres, besitzt wie die Nattern noch alle neun Kopfschilder (S. 120). Sie gehört zu den einfachsten Grubenottern oder **Crotalinen,** die auf dem Weg zu den höherentwickelten Arten, den Klapperschlangen der Gattung *Crotalus*, dieselbe Tendenz zur Auflösung der Kopfschilder zeigen wie unsere Vipern.

Es gibt noch ein gutes Unterscheidungsmerkmal zwischen unsern Nattern und Vipern. Doch um das zu erkennen, muß man die Schlange von unten ansehen. Bild 5, S. 12, zeigt die Unterseite eines Kreuzotter-Männchens, das in der durch feste Lederhandschuhe geschützten Hand liegt. Links oben erkennen wir die langen und schmalen Bauchschilder, rechts unten die in zwei Reihen angeordneten Schilder der

Abgestreifte Haut einer Alpenviper *(Vipera aspis atra)*

Schwanzunterseite; dazwischen liegt die quergestellte Körperöffnung, die Kloake. Oberhalb der Kloake liegt das letzte Bauchschild, das Anal- oder Kloakenschild. Es ist ungeteilt. Es gibt allerdings Populationen von Kreuzottern, bei denen einzelne Individuen ein geteiltes Kloakenschild aufweisen, wie man es sonst bei **Colubriden** findet. Bekannt sind solche Fälle aus der Innerschweiz. Auch habe ich nie von einem geteilten Analschild einer anderen Art der Gattung *Vipera* gehört.

Findet man eine ziemlich unversehrte Schlangenhaut, so kann man oft auf die entsprechende Art schließen. Das beigefügte Bild einer abgestreiften Haut aus dem Berner Oberland zeigt ein ungeteiltes Analschild; also handelt es sich um eine Vipernart. Zwischen den beiden Augenschalen sind kleine Schildchen vorhanden, woraus folgt, daß die Schlange eine Aspisviper ist. Das noch matt angedeutete Zeichnungsmuster und vor allem der Fundort lassen mit Sicherheit auf eine *Vipera aspis atra* schließen, also auf eine Alpenviper.

Wiesenottern in Ungarn
Vipera ursinii rakosiensis

32

1 Dieser Lebensraum der Wiesenotter liegt südlich von Budapest in einer Puszta, im Alföld, in der Ungarischen Tiefebene. Sanfte, sandige Erhebungen überragen die Ebene um wenige Meter. Flache, oft feuchte Senken unterbrechen die ebenen Wiesen. Die Puszta kann nur als extensive Weide genutzt werden, wenn sie nicht zerstört werden soll. Sie ist samt ihren Tieren und der besonderen Pflanzenwelt stark bedroht und damit auch die Wiesenotter, die seltenste und am meisten gefährdete Viper Europas. Im Vordergrund des Bildes liegt die kleine, für den Menschen ziemlich harmlose Schlange. Hier wimmelt es von Grillen und Heuschrecken. Über die flachen Hü-

gel huscht die Sandechse, *Podarcis taurica taurica.* Aber auch die Smaragdeidechse und die Zauneidechse, besonders in der rotrückigen Variante, kommen vor. Eine Menge Mäuse sind auch da. Der Tisch ist für die Ottern reichlich gedeckt, wenn der Mensch sie weiterleben läßt und die Puszta-Reste nicht unter den Pflug nimmt. Einige Gebiete sind gesetzlich geschützt.

2 Dieses schön gefärbte ♂ stammt aus der Umgebung von Bugaz.

3–5 Ein ♂ der Wiesenotter erbeutet ein grünes Heupferd, *Tettigonia viridissima.*

3 Die Heuschrecke wird regelrecht gebissen und

vergiftet. Dabei wird sie im Maul festgehalten und stirbt innerhalb einer Minute. Freigelassen, würde sie mit zwei, drei letzten Sprüngen verschwinden und kaum eine verfolgbare Duftspur hinterlassen.

4 Die Otter legt die tote Beute auf den Boden. Der rechte Giftzahn hat gut getroffen. Durch die Einstichwunde tritt ein sichtbarer Tropfen Körperflüssigkeit heraus.

5 Die sperrige, für eine ausgewachsene Giftschlange ungewöhnliche Beute wird verschlungen.

Die Giftorgane der Schlangen

Jeder Biß eines Tieres kann Infektionen erzeugen und daher auf gewisse Art giftig sein. Diese Infektionen beruhen aber auf Mikroorganismen, die sich mehr oder weniger zufällig im Maul des Beißenden befinden. Sie sind artfremd. In dieser Hinsicht dürften Bisse «harmloser» Schlangen weniger gefährlich sein als solche anderer an sich ungiftiger Fleischfresser. Schlangen verschlingen ihre Beute unzerkaut, so daß wenigstens keine sich zersetzenden Fleischreste zwischen den Zähnen hängenbleiben. Aber auch Bisse ungiftiger Schlangen können zu Infektionen führen, besonders wenn dabei tiefe Wunden entstehen, wie etwa beim Biß einer Riesenschlange.
Wir beschäftigen uns mit Giftbissen, deren Wirkung durch Stoffe hervorgerufen wird, die das beißende Tier in seinen Organen, in den Giftdrüsen, bildet. Im Stamm der Wirbeltiere sind außer bei den Reptilien Giftorgane nicht häufig, die solche Bisse erlauben. Sie kommen bei einigen Fischen

und unter den Säugern bei ein paar Insektenfressern vor. In der Klasse der Reptilien können außer vielen Schlangen nur noch zwei miteinander nahe verwandte Echsen giftig beißen: das Gilatier *(Heloderma suspectum),* das von Süd-Nevada bis Nord-Mexiko vorkommt, und die Skorpions-Krustenechse *(Heloderma horridum)* aus West-Mexiko. Im Gegensatz zu den Schlangen liegen bei diesen Echsen die Giftdrüsen im Unterkiefer und sind aus den Unterlippen-Speicheldrüsen entstanden. Durch mehrere Ausführgänge fließt das Gift zwischen den Kieferrand und die Basis der Zähne. Diese weisen auf ihrer Vorderseite Längsrillen auf, durch welche das Gift aufsteigt und in die Wunde gelangt. Die treibende Kraft ist die Kapillarattraktion, das Bestreben von Flüssigkeiten, feste Stoffe zu benetzen, das so stark ist, daß die Flüssigkeit in engen Röhrchen oder Rillen, den Kapillaren, gegen die Schwerkraft in die Höhe steigt. Wenn diese Vergiftungseinrichtung auch weit entfernt ist von den ausgeklügelten Organen der Schlangen, kann sie doch recht wirksam sein. Die erwähnten, plump wirkenden Echsen, die über einen halben Meter lang werden, packen blitzschnell zu, lassen nicht mehr los und kauen auf dem gebissenen Glied herum, so daß doch eine Menge Gift ins Blut gelangt. Für einen unvorsichtigen Menschen kann der Biß einer *Heloderma* tödlich enden.
Die Giftschlangen besitzen im Oberkiefer Giftdrüsen, einen Giftkanal und Giftzähne, die den verderblichen Tropfen, der in der

Drüse gebildet und im Kanal hergeleitet worden ist, in das Blut des Beutetieres oder des Feindes überführen. Da die verschiedenen Gruppen von Schlangen sich durch den Bau der Giftzähne und durch deren Stellung auf dem Oberkieferknochen, dem Maxillare, unterscheiden, teilt man sie nach diesen beiden Kriterien ein.

A) Aglyphe Schlangen weisen nur glatte, ungefurchte und nichtdurchbohrte Zähne auf.
Für uns handelt es sich um die aglyphen **Colubridae,** die giftzahnlosen Nattern, die weitgehend als harmlos betrachtet werden.

B) Opisthoglyphe Schlangen besitzen auf jeder Oberkieferseite am hinteren Ende des Maxillare einen oder mehrere gefurchte Zähne. Die opisthoglyphen **Colubridae,** die man als Trugnattern oder **Boiginae** bezeichnet, muß man zu den Giftschlangen zählen, auch wenn viele von ihnen für den Menschen harmlos sind.

C) Proteroglyphe Schlangen haben auf jeder Oberkieferseite am vorderen Ende des Maxillare gefurchte Zähne, wobei diese Furchen bei höherentwickelten Formen zu Röhren verwachsen sind. Im Querschnitt läßt sich aber die Naht noch erkennen. Die Giftzähne sind verhältnismäßig kurz und lassen sich nicht zurückklappen. Diese **Elapidae** oder Giftnattern sind ausnahmslos gefährliche Giftschlangen. Manche Arten werden besonders gefürch-

Wiesenotter aus Ungarn
Vipera ursinii rakosiensis

Wiesenotter, *Vipera ursinii rakosiensis*

Das ♀ dieser schönen kleinen Otter lebt im ungarischen Teil des Haniság.

---

tet, weil sie ihre große Giftigkeit mit der Flinkheit der Nattern verbinden. Die Familie der **Elapidae** wird in zwei Unterfamilien eingeteilt: **Elapinae** oder Landgiftnattern und **Hydrophiinae** oder Seeschlangen. In Europa kommen keine **Elapidae** vor.

D) Solenoglyphe Schlangen haben ein kurzes Maxillare, das an seinem Hinterende nur den Giftzahn und die Ersatz-Giftzähne trägt. Die Giftzähne sind verhältnismäßig lange und durchbohrte Röhrenzähne. Wenn das Maxillare in der normalen Lage ruht, ist der Giftzahn in eine Schleimhautfalte eingeschlagen und dem Gaumendach angelegt. Durch Drehung des Maxillare nach vorn kann der Giftzahn aufgestellt werden.
Die Träger dieser Zähne, die **Viperidae,** die Vipern oder Ottern, sind alle gefährliche Giftschlangen. Man teilt die Familie der **Viperidae** in zwei Unterfamilien: **Viperinae,** die Eigentlichen Vipern oder Ottern, die hier immer nur als Vipern oder Ottern bezeichnet werden, und **Crotalinae,** die Grubenottern.
Die europäischen **Viperidae** gehören fast alle zu den **Viperinae.** Nur ein Vertreter der **Crotalinae,** die Halysotter, erreicht in der Kaspischen Senke knapp unseren Kontinent.
Außer den Giftzähnen sind alle Schlangenzähne aglyph, weisen also weder eine Furche noch eine Durchbohrung auf. Die Blindschlangen und Riesenschlangen tragen nur aglyphe Zähne. Es fehlt ihnen auch die Giftdrüse.

Sprachliches: Das griechische Wort Glyphä (γλυφή) bedeutet Rille oder Furche. Aglyph heißt daher ohne Furche, ungefurcht. Opisthos bedeutet hinten, proteros vorne und solenon Höhle; das ergibt für opisthoglyph «hinten gefurcht», für proteroglyph «vorne gefurcht», und solenoglyph heißt etwas eigenartig «höhlenfurchig». Die Ausdrücke werden für die Zähne und für die Schlangen gebraucht, die entsprechende Zähne tragen. So haben also die opisthoglyphen Nattern opisthoglyphe Zähne, die nicht etwa hinten gefurcht sind, sondern am hinteren Ende des Maxillare stehen. Die Furche befindet sich vorne am Giftzahn.

A) Aglyphe Colubriden, die giftzahnlosen Nattern

Zu dieser Gruppe gehören mit Ausnahme von drei Arten alle europäischen Nattern. Doch besitzen viele dieser Nattern, die keine Giftzähne aufweisen, eine Art Giftdrüsen. Bei den Schlangen erstreckt sich jederseits entlang dem Rand der Oberlippe eine Speicheldrüse, die Oberlippenspeicheldrüse. Diese Drüsen scheiden zusammen mit den Unterlippenspeicheldrüsen einen schleimigen Speichel aus, der die großen Beutebrocken gleitfähig macht und sie für die Verdauung vorbereitet. Die Öffnungen dieser Drüsen sind sehr zahlreich und auf die ganze Länge der Organe verteilt. Solche Verhältnisse treffen wir zum Beispiel bei *Elaphe*-Arten, also bei unserer Äskulapnatter *(Elaphe longissima),* die daher eine wirklich vollständig ungiftige Schlange ist.

Bei manchen Nattern, so bei der Ringelnatter *(Natrix natrix),* ist im hinteren Abschnitt der Oberlippenspeicheldrüsen ein Teil des Gewebes besonders ausgebildet. Er ist histologisch anders aufgebaut und besitzt einen eigenen Ausführgang. Das Sekret ist kein schleimiger Speichel. Es enthält Eiweißstoffe, die sich mindestens zum Teil als giftig erwiesen haben. Dieser Teil der Drüse wird als Paratoiddrüse oder nach ihrem Entdecker als Duvernoy'sche Drüse bezeichnet (DUVERNOY, 1832).
Bei der aglyphen Ringelnatter ist die Duvernoy'sche Drüse verhältnismäßig groß und produziert ein ziemlich starkes Gift, das dem einer Aspisviper nicht viel nachstehen soll. Die Ringelnatter hat aber keine Giftzähne und kann die Beute nicht töten. Sie ist gezwungen, ihren Frosch lebend zu verschlingen. Dem Frosch werden durch die Zähnchen der Schlange feine Stiche beigebracht. Zudem ist die nackte Haut des Lurches durchlässig und kann Giftstoffe aufnehmen. Wir können uns daher vorstellen, daß der Frosch während des langen Schlingaktes, der zehn Minuten und länger dauert, so viel Gift erhält, welches aus der Duvernoy'schen Drüse quillt und ihn zusammen mit dem Speichel umgibt, daß er im Magen, den er auf alle Fälle lebend erreicht, schneller sterben kann. Der äußerst wirksame Magensaft dringt natürlich auch sofort auf den Frosch ein. Es ist eine Streitfrage, ob das Gift überhaupt eine Wirkung hat, und was eigentlich zum Tod der Beute führt. Da beobachtet man eine Ringelnatter, die mühsam einen gro-

35

Steppenotter
Vipera ursinii renardi

Steppenotter, *Vipera ursinii renardi*
(Text S. 97)

Steppenotter, *Vipera ursinii renardi*
(Text S. 97)

1 Dieses Schutzgebiet liegt in Valea lui David in der rumänischen Moldau. Der Wiesenhang stellt eine osteuropäische Steppe dar. Die hellen Flecken werden durch das Federgras, *Stipa pennata*, gebildet, eine charakteristische Steppenpflanze. Die Vipern, die hier leben, stellen eine Übergangsform von der westlichen *Vipera ursinii rakosiensis* zur östlichen *Vipera ursinii renardi*, der Steppenotter, dar.

2 Juveniles ♂ von *Vipera ursinii rakosiensis/renardi* aus diesem Gebiet. In Rumänien ist *Vipera ursinii* zu einer großen Seltenheit geworden.

3 Der Lebensraum von *Vipera ursinii renardi* im südlichen Donaudelta; den Horizont bildet das Schwarze Meer. Auf solch kahlen, mit Binsenstöcken bewachsenen, sanften Hügeln haben die Steppenottern gelebt. Es wimmelt von Heuschrecken, und der Boden ist von Kleinnagern durchwühlt. Doch ca. 1977 hat man die Steppenotter im Donaudelta als mehr oder weniger ausgestorben betrachtet. Heute hat sie sich an verschiedenen Stellen wieder erholt. Auch eine Zauneidechse lebt hier, nämlich *Lacerta agilis euxinica* FUHN & VANCEA 1964. Auf dem Bild beschäftigt sich Dr. Ion E. Fuhn mit «seiner» Eidechse.

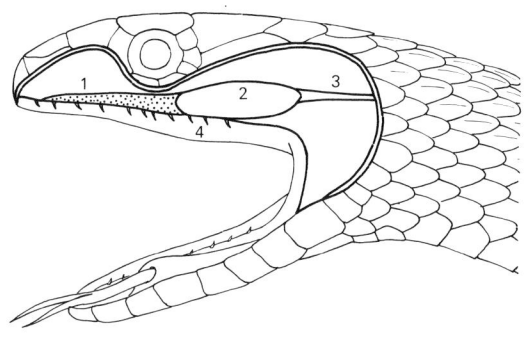

Zeichnung 1
Giftapparat einer aglyphen Natter *(Natrix natrix,* Ringelnatter)
1 Oberlippenspeicheldrüse: scheidet den schleimigen Speichel aus
2 Duvernoy'sche Drüse: scheidet giftige Proteine aus
3 Ligament, Halteband der Drüse
4 Aglyphe Zähne: stehen auf dem Maxillare oder Oberkieferknochen (die Gaumenzähne am Pterygoid und am Palatinum stehen weiter innen und sind nicht eingezeichnet)

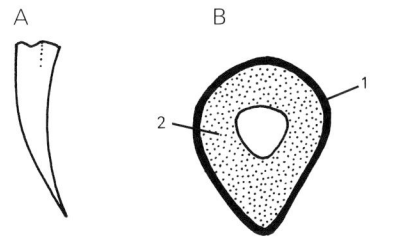

Zeichnung 2 Aglypher Zahn
A total, vorne links
B im Querschnitt
1 Schmelzschicht
2 Zahnbein, Dentin
3 Zahnhöhle, Pulpa

ßen Grasfrosch hinunterwürgt. An den Bewegungen am Schlangenbauch können wir erkennen, daß der Frosch noch lebt. Tritt eine Störung ein, so wird der Frosch in kurzer Zeit wieder ausgespien. Einmal nahm ich einen solchen Frosch, der gut zwei Minuten im Magen der Natter zugebracht hatte, mit nach Hause. Es verging längere Zeit, bis ich das Tier, das auf Rükken und Bauch je zwei schwach blutende Stichreihen aufwies, waschen konnte. Zwei Wochen später entließ ich den munteren Frosch in die Freiheit, vielleicht noch einmal dem gleich Schicksal entgegen.
Wir müssen annehmen, daß die europäischen aglyphen Nattern für den Menschen harmlos sind. Bei der umstrittenen, sicher nur schwachen Gifteinwirkung auf Beutetiere fragen wir uns, weshalb diese Giftdrüsen ohne die Giftzähne überhaupt da sind, weshalb es eine Munition gibt ohne das dazu gehörende Gewehr. Vielleicht sind die aglyphen **Colubriden,** welche die größte Gruppe unter den Schlangen repräsentieren, im Begriffe, sich zu Giftschlangen zu entwickeln. Eventuell werden einige von ihnen in Hunderttausenden von Jahren dieses Ziel erreichen, falls ihnen der Mensch eine Überlebenschance gibt. Heute sieht es nicht danach aus.
Und doch kann es sogar bei einer solchen Natter zu einem richtigen Giftbiß kommen, der auch beim Menschen sehr unangenehme Wirkungen zeigt. Von den europäischen Nattern hat man zwar noch nichts Derartiges vernommen, jedoch von einer asiatischen Art, der Ravergieri-Zornnatter

(Coluber ravergieri). Im westlichen Kaukasus kommt sie nahe an Europa heran und erreicht es vielleicht. Georg MAMONOV, Kiew (1977), berichtet von Bißfällen russischer Ravergieri-Nattern. Am 24. August 1972 biß eine etwa 80 cm lange Natter den Pfleger in zwei Finger der linken Hand und blieb längere Zeit hängen. Die Folge waren prickelnde Schmerzen, Anschwellen von Finger und Hand, Juckreiz, Gefühllosigkeit und Schwierigkeiten beim Bewegen des Armes. Nach vier Stunden war die Hand blau, arg geschwollen und ließ sich nicht mehr bewegen. Die Wunde blutete stark, die Gerinnungsfähigkeit war erheblich herabgesetzt. Die Schmerzen strahlten bis zur Schulter aus. Die Vergiftungserscheinungen ließen nach vier Tagen allmählich nach. In den kleinen Wunden wurden abgebrochene Zahnspitzen gefunden. Weitere Fälle erwähnen ISHUNIN (1950) und DAREVSKY (1966). Die Autoren vergeichen die Bißwirkung mit jener einer *Vipera ursinii,* was sich in diesem Falle auf die Steppenotter beziehen muß, welche die Größe einer durchschnittlichen Kreuzotter erreicht.
Über gefährliche Bißfälle durch die südostasiatischen Arten *Rhabdophis subminiatus* und *Rabdophis tigrinus* schreibt MEBS (1985). Diese Nattern haben bis vor kurzem den Gattungsnamen *Natrix* geführt und sind eindeutig aglyphe **Colubriden.** Der zweitletzte Zahn im Oberkiefer ist zwar verlängert, aber nicht gefurcht. Mit der nahen Verwandten unserer Ringelnatter ist man sicher recht sorglos umgegangen. In

Steppenotter aus der Ukraine
Vipera ursinii renardi

Steppenotter, *Vipera ursinii renardi*
(Text S. 97)

Dieses ♀ der Steppenotter stammt aus dem Gebiet Tschernomorski in der Südukraine. Die kräftig gefärbte Viper ist etwa 60 cm lang, hat also die Größe einer Kreuzotter.

letzter Zeit sind aber Bißfälle vorgekommen, die sich als schwerwiegend erwiesen haben. Vor allem wird die Gerinnungsfähigkeit des Blutes aufgehoben. Durch *Rhabdophis tigrinus* ist es sogar zu einem Todesfall gekommen.

Die Beispiele zeigen, daß wir auch aglyphen Nattern nicht unbedingt trauen dürfen. Arten mit der Duvernoy'schen Drüse haben unter unglücklichen Umständen die Möglichkeit zu vergiften, wenn ihre Drüsenausscheidung wirklich giftig ist, die Zähne ziemlich lang sind, wenn sie besonders kräftig zupacken, am gebissenen Glied hängenbleiben und es eine Zeitlang bearbeiten. So etwas macht auch unsere Zornnatter *(Coluber viridiflavus)*. Doch von ihr ist kein Bißfall mit Vergiftungsfolgen bekannt geworden, obwohl immer wieder Leute stark gebissen werden, wenn sie die Schlange in den Händen halten. In der Natur braucht man solche Bisse nicht zu befürchten. Um sich von einer Zornnatter beißen zu lassen, muß man die flüchtige und schnelle Schlange festhalten. Aber eine Zornnatter zu fangen ist eine gute sportliche Leistung! Die langsamere und viel kleinere Schling- oder Glattnatter *(Coronella austriaca)* beißt auch zu und kaut in der Wunde herum. Doch sind ihre Zähnchen zu klein und haben außer ein paar Blutstropfen noch nie einen Schaden angerichtet. Unsere Wassernattern, die *Natrix*-Arten, beißen selten. Und wenn sie es einmal tun, handelt es sich um ein schnelles Schnappen, das höchstens zu schwach blutenden Kratzern führt.

B) Opisthoglyphe Colubriden, die Trugnattern oder Boiginae

Die Schlangen dieser Gruppe sehen wie harmlose Nattern aus. Vorne im Maul haben sie auch keine Giftzähne, wie man es von wirklichen Giftschlangen erwartet. Sie tragen aber hinten am Maxillare gefurchte Zähne, und viele sind nicht so ungefährlich, wie sie aussehen. Daher hat man sie als «Trugnattern» bezeichnet und als eigene Unterfamilie, die **Boiginae,** von den aglyphen Nattern abgetrennt. Heute mißt man den gefurchten Zähnen als Merkmal keine solche Bedeutung mehr zu, daß es gerechtfertigt wäre, eine besondere Unterfamilie abzutrennen. Aber die Namen Trugnattern und **Boiginae** sind für diese Schlangen erhalten geblieben.

Die Giftzähne stehen einzeln oder zu mehreren nacheinander auf jeder Kopfseite am hinteren Ende des Oberkieferknochens, des Maxillare. Die Vorderseite dieser Zähne, die sich auch durch ihre Länge auszeichnen, weist eine Rille oder Furche auf. Vor den gerillten Zähnen stehen die normalen aglyphen Oberkieferzähne. Das Organ, das die mehr oder weniger giftigen Proteine liefert, ist wiederum ein Teil der Oberlippenspeicheldrüse, die Duvernoy'sche Drüse. Ein Giftkanal leitet das Sekret an die Basis der gefurchten Zähne. Hautfalten, die diese Zähne umgeben, sorgen dafür, daß das Gift wirklich in die Furche und beim Biß dieser entlang in die Blutbahn des Beutetieres gelangt.

Das Opfer wir gepackt und tief in den Rachen hineingezogen, so daß es mit den

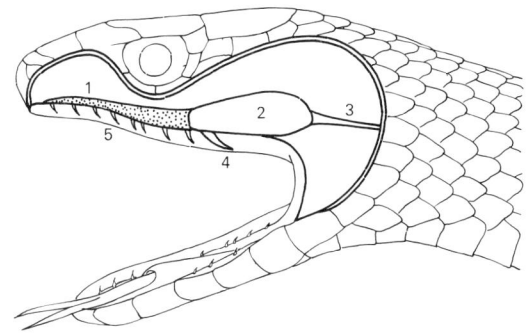

Zeichnung 3
Giftapparat einer opisthoglyphen Natter *(Malpolon monspessulanus,* Eidechsennatter)
1 Oberlippenspeicheldrüse
2 Duvernoy'sche Drüse: scheidet Gift aus
3 Ligament
4 Opisthoglypher Giftzahn: der Zahn mit der Giftrinne steht am Ende des Maxillare
5 Aglyphe Zähne des Maxillare (die Gaumenzähne am Pterygoid und am Palatinum stehen weiter innen und sind nicht eingezeichnet)

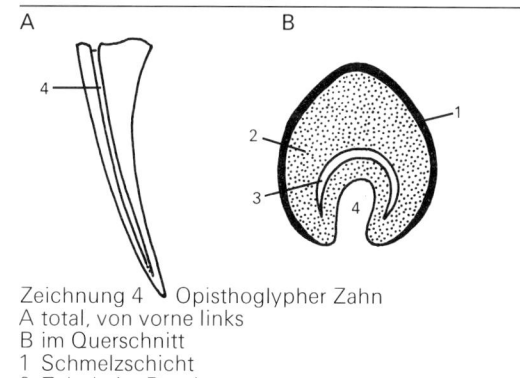

Zeichnung 4 Opisthoglypher Zahn
A total, von vorne links
B im Querschnitt
1 Schmelzschicht
2 Zahnbein, Dentin
3 Zahnhöhle, Pulpa
4 Giftrinne

Kaukasusotter
Vipera kaznakovi

40

Kaukasusotter, *Vipera kaznakovi*
(Text S. 99)

1 Die gelbe Grundfarbe wird bei diesem ♂ durch das breite Rückenband und das Band, zu welchem die Seitenflecken verschmolzen sind, fast verdrängt. Mit der Zeit kann sich die Viper zu einem vollständigen Schwärzling entwickeln.

2, 3 *Vipera kaznakovi* ♀: die Subocularia bilden beinahe zwei Reihen; doch ist die zweite Reihe nicht ganz vollständig. Das oberste Praeoculare berührt das Auge nicht, wie es bei einer Kreuzotter normal ist. Ebenfalls wie bei der Kreuzotter sind zwei Apicale vorhanden. Die Schilder der Kopfbedeckung sind

weitgehend aufgelöst, bis auf den letzten Rest des Frontale. Dieses Individuum könnte man daher als «progressiv» bezeichnen; solche Tiere finden sich häufig bei der Kaukasusotter. Der große schwarze Fleck auf dem Kopf geht ohne Unterbrechung in das Rückenband über, was ein typisches Merkmal dieser Otter darstellt.

4 Der Lebensraum der *Vipera kaznakovi* an der Schwarzmeerküste in der östlichen Türkei ist ein warmfeuchtes Gebiet mit einem sehr üppigen Pflanzenwuchs. Die Ottern sonnen sich an lichten Stellen und verschwinden bei einer Störung im Gewirr von Gestrüpp und Farnen. Man hat hier auch Teeplantagen angelegt, in denen Lichtungen entstehen, die ebenfalls Ottern anlocken. Aufn. Harry Sigg, Egg/Zürich.

5 Bei der jungen Kaukasusotter sieht die Zeichnung noch vipernähnlich aus. Das Rückenband zeigt schon seine spätere Form, ist aber noch heller. Die Seitenflecken sind noch blaß. Sie dunkeln erst später nach und verschmelzen zu einem Band.

Giftzähnen erreicht werden kann. Mit kauenden Bewegungen preßt die Schlange das Gift in das Opfer hinein. Man ist überrascht, wie schnell eine Eidechsennatter *(Malpolon monspessulanus)* eine große Echse wie die Smaragdeidechse tötet. Es dauert nur ein paar Minuten. Die Eidechsennatter hat zudem die Möglichkeit, mit Windungen ihres muskulösen Körpers besonders große Beutetiere zu umschlingen.

Es ist sicher unpraktisch, daß die Giftzähne so weit hinten im Rachen stehen. Doch ist ihre Ausbildung direkt unter der Duvernoy'schen Drüse verständlich. Diese Organe der Trugnattern stellen die erste und einfachste Gifteinrichtung bei Schlangen dar. So befinden sich eben die Giftzähne in nächster Nähe der Giftdrüsen. Die Giftnattern und vor allem die Vipern weisen sehr stark vervollkommnete Giftapparate auf.

Die europäischen Trugnattern können dem Menschen nicht wirklich gefährlich werden. Die beiden kleineren Arten, die Katzennatter *(Telescopus fallax)* aus dem östlichen Mittelmeergebiet (Bild S. 8 und 12) und die Kapuzennatter *(Macroprotodon cucullatus)* aus westlichen Mittelmeerländern (Bild S. 8), haben keinen so großen Maulspalt, daß er einen Menschen irgendwo weit genug umfassen könnte, um ihm die Furchenzähne ins Fleisch zu drücken. Auch die Eidechsennatter, mit einer Körperlänge bis zu zwei Metern eine der größten Schlangen Europas, wird selten einen richtigen Biß anbringen. Sie schnappt eher schnell zu und zieht sich

wieder zurück, was bei diesen Schlangen nicht für eine Vergiftung ausreicht. Ihr lautes Zischen macht mehr Eindruck als ihr Beißen. Und falls sie doch einmal richtig zupackt, wenn jemand ungeschickt mit ihr umgeht, so dürfte das mit einigen schmerzenreichen Stunden, einem Anschwellen des gebissenen Körperteiles und eventuell mit Erbrechen, vielleicht auch mit Fieber sein Bewenden haben.

Es gibt aber auch sehr gefährliche Trugnattern. Die ostasiatische wunderschöne Mangroven-Nachtbaumnatter, der Ularburong der Malaien, deren wissenschaftlicher Name *Boiga dendrophila* zur Bezeichnung **Boiginae** für die Trugnattern geführt hat, kann unter Umständen gefährlich vergiften. Afrikanischen Trugnattern sind zwei weltbekannte Schlangenforscher zum Opfer gefallen. Professor Karl Patterson Schmidt ist von einer «Boomslang» *(Dispholidus typus)* gebissen worden, die ihm zur Bestimmung ins Museum in Chicago geschickt worden war. 24 Stunden nach dem Biß ist der Tod durch Atemstillstand eingetreten. Diese Trugnatter weist ein stark verkürztes Maxillare auf, so daß die Furchenzähne ziemlich weit vorn im Maul stehen, wenn sie sich auch auf dem hinteren Teil des Oberkieferknochens befinden. So kann die Trugnatter mit ihren Zähnen Beute oder Feind gut erreichen. Karl Schmidt hat seine letzten Lebensstunden dazu benützt, einen genauen Rapport über den Verlauf der Vergiftung aufzuzeichnen. Eine andere afrikanische Trugnatter ist Professor Mertens aus

Frankfurt am Main zum Verhängnis geworden. Die Vogelnatter *(Thelotornis kirtlandii)* hatte ihn schon einmal in Abwehr gebissen, ohne daß schlimme Folgen eingetreten wären. Nun hatte ihn aber die Schlange beim Füttern irrtümlich am Daumen gepackt. Das war nun allerdings ein Beutebiß, der das Opfer, eine Eidechse, hätte töten sollen. Bei diesen Bissen wird meist mehr Gift verwendet als bei bloßen Abwehrreaktionen. Robert Mertens, einer der größten Herpetologen unserer Zeit, starb nach 18 Tagen am 23. August 1975 im 81. Lebensjahr.

Kaukasus-Otter aus der Nordosttürkei
Vipera kaznakovi

42

Kaukasusotter, *Vipera kaznakovi*
(Text S. 99)

Die ♀♀ sind oft rot, können aber auch eine gelbe Grundfarbe haben. Typisch für die Otter sind auch das intensive Weiß an den Lippenschildern und die aufgehellte Kopfkante. Die Kaukasusotter ist wohl die schönste Viper unseres Gebietes. Leider verschwinden die prächtigen Farben allmählich in den Nachzuchten.

C) Proteroglyphe Schlangen, die Giftnattern oder Elapidae

Die Giftnattern fehlen in Europa vollständig. Wie es der wissenschaftliche Name **proteroglyph** ausdrückt, stehen die Giftzähne am vorderen Ende des Maxillare. Dieses kann mehr oder weniger verkürzt sein und trägt außer den Gifthaken wenige oder keine Zähne mehr. Da das Maxillare nicht gedreht werden kann, befinden sich die Giftzähne immer in bißbereiter Stellung und können nicht umgeklappt werden. Sie müssen daher klein sein. Die Giftzähne ei-

ner Kobra von anderthalb Meter Länge sind kaum größer als jene einer Aspisviper von einem halben Meter, nämlich fünf bis sechs Millimeter. Das Gift der Elapiden ist aber sehr wirksam.

Bei den afrikanischen Mambas, die in bezug auf den Giftapparat zu den höchstentwickelten Giftnattern gehören, ist das Maxillare im hinteren Teil nach unten gebogen. Wenn durch Muskelzug die lange Knochenspange, die aus Pterygoid und Palatinum besteht, nach vorne geschoben wird, überträgt das am Pterygoid befestig-

Zeichnung 5, nach PHISALIX (1922), verändert
Bißmechanik einer proteroglyphen Giftnatter *(Dendroaspis angusticeps,* Grüne Mamba)
1+2 Pterygoid und Palatinum mit kleinen aglyphen Zähnen, den Gaumenzähnen
3 Transversum oder Ectopterygoid
4 Maxillare, Oberkieferknochen
5 Proteroglypher Giftzahn
6 Ersatzzahn
7 Praefrontale
8 Nasale, Nasenbein
9 Praemaxillare
10 Quadratum, Quadratbein
11 Articulare, Gelenkknochen
12 Dentale, Unterkieferknochen, mit aglyphen Zähnchen und einem großen aglyphen Fangzahn

Beim Zubeißen wird die Knochenspange, die aus dem Pterygoid und dem Palatinum besteht, samt dem daran befestigten Transversum nach vorne gezogen. Das Transversum drückt auf das hintere Ende des Maxillare und stellt den Giftzahn ein wenig auf. Diese Möglichkeit gibt es innerhalb der Elapiden nur bei den Mambas. Die Hauptmuskeln für die Bewegung sind der Vor- und der Rückziehmuskel des Pterygoids, Musculus protractor pterygoidei und Musculus retractor pterygoidei.

te Transversum die Bewegung auf den hinteren Teil des Maxillare. Dadurch wird dieses nach unten gedrückt. So werden die Giftzähne doch etwas aufgestellt und legen sich nach dem Biß wieder zurück. Sie sind daher auch länger als bei anderen Giftnattern. Die schnellen und äußerst giftigen Mambas sind die am meisten gefürchteten Schlangen Afrikas.

D) Solenoglyphe Schlangen, die Vipern und Ottern oder Viperidae

Der Giftapparat der **Viperiden** stellt den Höhepunkt der Entwicklung dar. Er ist der vollkommenste Vergiftungsmechanismus, den die Natur ausgebildet hat. Hergeleitet wird dieses Organsystem von der Bißeinrichtung der Trugnattern (Zeichnung S. 39), bei denen der Giftzahn am Ende des Maxillare steht. Davor befindet sich eine Reihe nichtgefurchter Zähnchen. Untersucht man eine größere Zahl von Trugnattern, so trifft man Tiere, die nur noch wenige Zähnchen vor dem Giftzahn und ein entsprechend verkürztes Maxillare zeigen. Das geht bis zur zentralafrikanischen Natter *Miodon,* die nur noch zwei aglyphe Zähne im Oberkiefer aufweist. Stellen wir uns nun das Maxillare so stark verkürzt vor, daß es nur noch den Giftzahn und die nachwachsenden Ersatzzähne am Hinterende tragen kann, so haben wir die Situation bei den Vipern erreicht.
Wie die Drehung des Maxillare mit einem langen Zahn geschehen kann, zeigt uns

1
2
3

Kreuzotter I
Vipera berus berus

Kreuzotter, *Vipera berus berus* I
(Text S. 101)

1 Dieser Lebensraum der Kreuzotter liegt auf etwa 800 m Höhe im Südschwarzwald am Rande eines Flachmoores. Die Böschung zwischen den Fichten, ein überwachsener alter Lesesteinhaufen, ist der beliebteste Sonnenplatz im Gebiet. Den Vordergrund bildet der Sumpf mit Wasserlachen. Nicht weit entfernt liegt auch ein Hochmoor, ein Eiszeitrelikt, dessen Umgebung den Kreuzottern auch zu passen scheint. *Vipera berus* zieht ein kühleres Klima vor, wenn sie günstige Plätze findet, um sich zu sonnen.

2 Das noch ungehäutete ♂ sonnt sich in den ersten Frühlingswochen. Die gespreizten Rippen machen den Körper flach und breit, damit er möglichst viel Wärme aufnehmen kann. Das trockene Gras isoliert gegenüber dem noch kalten Boden. Die wenigen Grasblätter geben Deckung, ohne viel Sonne abzuhalten. In dieser Zeit muß die Sonnenwärme die Spermiogenese ermöglichen. Die Frühjahrshäutung der ♂♂ zeigt das Ende der Spermienreifung und den Paarungsbeginn an.

3 a–d, Beginn oben links, Drehung im Sinne des Uhrzeigers.

a Das ♀ stammt aus dem Biotop von Bild 1. Bei fast allen Kreuzottern fällt die rote Iris auf.

b Dieses ♀ stammt aus den Innerschweizer Alpen, in einer Höhe von 1900 m. Die Aufnahme entspricht der Zeichnung 25 auf S. 145, wo die Namen der Schilder angegeben sind. Zwischen Schnauzen- und Kinnschild befindet sich eine kleine Aussparung, damit die Schlange züngeln kann, ohne das Maul weit zu öffnen.

c Ein ♂ von der Südseite der Bernina mit abnormaler Zeichnung: Der große schwarze Kopffleck geht ohne Unterbrechung in das Rückenband über wie bei einer Kaukasusotter.

d Diesem ♂ aus dem Lebensraum von Bild 1 fehlen ausnahmsweise die Parafrontalia, so daß Frontale und Supraoculare sich berühren.

Bei allen vier Aufnahmen erkennt man die zwei Apicale, ein Kennzeichen der Kreuzotter gegenüber den Orsini-Vipern, die meist nur ein einziges derartiges Schildchen zeigen.

---

die eigenartige südamerikanische Haubennatter *Xenodon merremi.*

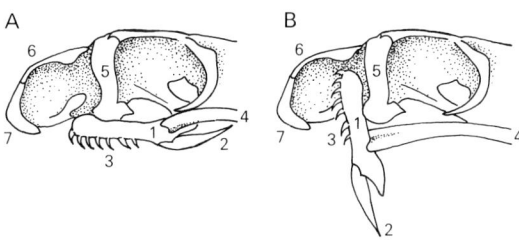

Zeichnung 6, nach BOULENGER, E. G. (1915)
Einmalige Bißmechanik einer aglyphen Natter *(Xenodon merremi,* Haubennatter aus S-Amerika)
A Maxillare und großer Zahn in Ruhelage
B Maxillare gedreht, großer Zahn aufgestellt
1 Maxillare
2 Großer aglypher Zahn hinten am Maxillare
3 Aglyphe Zähnchen vorne am Maxillare
4 Transversum, bewegt das Maxillare
5 Praefrontale, dient als Widerlager
6 Nasale ⎰ Im Hohlraum unter Nasale und
7 Praemaxillare ⎱ Praemaxillare findet beim Aufrichten des Zahns der vordere Teil des Maxillare Platz.

Vor dem Biß wird durch das Vorziehen des Pterygoids auch das Transversum nach vorne geschoben, wobei es das Maxillare nach vorne und oben drückt: Diese Natter besitzt also die entsprechende Einrichtung wie eine Viper, nur daß das lange Maxillare noch Zähnchen trägt und der «Beißzahn» kein Giftzahn ist.

Der rundliche dicke Kopf weist auf dem Nacken eine Art Kamm auf. Das Überraschende ist aber ihr Oberkieferknochen. Dieser trägt an seinem Hinterende einen langen Zahn. Vor ihm stehen noch einige Zähnchen. Wenn die Schlange beißen will, drückt sie mit Hilfe des Transversums das Maxillare nach unten und vorne, um das Widerlager herum, das durch das Praefrontale gebildet wird. Der bezahnte Vorderteil des Maxillare wird in die geräumige Höhlung unter dem Nasale geschoben. Der lange Zahn, der aber weder gefurcht noch durchbohrt und daher gar kein Giftzahn ist, ist aufgerichtet und zum Beißen bereit. Entdeckt worden ist dies durch E. G. BOULENGER (1915), der eine beißwillige *Xenodon* mit aufgestellten Zähnen in der Hand gehalten hat. Den Menschen kann die Schlange offenbar nicht vergiften, sondern nur verletzen. Auf die Beute, Frösche und Kröten, wirkt der Biß vergiftend (TRUTNAU, 1979). Man nimmt sich wohl besser in acht vor der Schlange, die eine mechanische Einrichtung wie eine Viper besitzt.
Bei den Vipern besteht das Maxillare nur noch aus einem kurzen Knochen, auf dessen Hinterende in horizontaler Lage der Giftzahn und die Ersatzzähne stehen. Seitlich hinter den Oberlippen liegen die langgestreckten Speicheldrüsen, die wie ihr Gegenstück im Unterkiefer durch viele Ausführkanälchen den Speichel liefern, der die Beute gleitend macht. Über dem hinteren Teil der Oberlippenspeicheldrüse befindet sich die große Giftdrüse, die von der Speicheldrüse vollständig getrennt ist. Der Giftkanal führt nach vorne auf der Außenseite um das Maxillare herum zur Vorderseite der Zahnbasis. Da, wo der Kanal endigt, liegt die basale Öffnung des Giftzahnes. Die Hauttasche sorgt dafür, daß das Gift durch den Zahn gespritzt werden kann. Die Austrittstelle am Giftzahn liegt

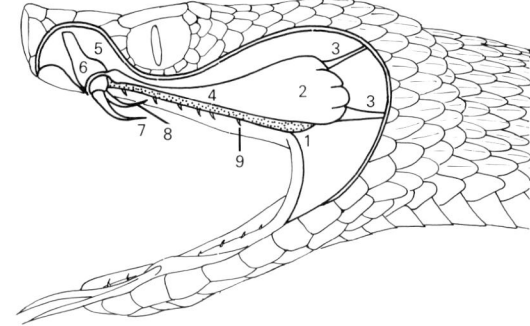

Zeichnung 7
Giftapparat einer solenoglyphen Viper *(Vipera aspis,* Aspisviper)
1 Oberlippenspeicheldrüse
2 Giftdrüse: scheidet das Gift aus
3 Ligamente
4 Giftkanal: leitet das Gift zum Zahn
5 Schwellung des Giftkanals mit einer Drüse
6 Maxillare, Oberkieferknochen: wird gedreht und stellt so den Giftzahn auf
7 Solenoglypher Giftzahn: durch dessen Höhlung gelangt das Gift in die Wunde
8 Ersatzzahn: tritt nach Verlust des Giftzahns an dessen Stelle
9 Aglyphe Gaumenzähne am Pterygoid und am Palatinum

---

nicht an der Spritze, wo sie beim Einschlagen durch Gewebeteile verstopft werden könnte, sondern etwas unterhalb auf der Außenseite des gebogenen Giftzahnes. In der Nähe des Giftzahns zeigt der Giftkanal eine Schwellung, die eine weitere Drüse beherbergt, welche die Giftwirkung der Ausscheidung der Hauptdrüse verstärkt.
Das Aufstellen des Giftzahns erfolgt dadurch, daß das Pterygoid samt dem Trans-

45

4   5

6   7

Kreuzotter II
Vipera berus berus

Kreuzotter, *Vipera berus berus* II

4 Dieses ♂ aus den Bündner Alpen hat die Frühjahrshäutung hinter sich und ist nun paarungsbereit. – Die Otter zeigt ein auffällig eng gezacktes Rückenband, das stellenweise in Querflecken aufgelöst ist. Die schwarzen Zeichnungen weisen einen feinen orangefarbenen Saum auf. So schön wie nach der Frühjahrshäutung ist die Kreuzotter das Jahr hindurch nie mehr.

5 Dieses Biotop liegt in den Bündner Alpen in einer Höhe von 1900 m. Zwischen Stein und unterem Bildrand sehen wir die gleiche Otter liegen, die auf Bild 4 abgebildet ist. Erst die günstigsten Teile des Hanges sind aper. Das Leben eines wechselwarmen Reptils in dieser unwirtlichen Höhe ist sicher hart. Und doch überleben die Schlangen hier viel besser als im Tiefland, wo der Mensch sie totschlägt und ihre Lebensgrundlagen zerstört. An diesem Morgen Mitte Mai bedeckte eine leichte Neuschneedecke das ganze Gebiet. Bis 10 Uhr war der Schnee geschmolzen, obwohl das Thermometer nur wenige Grad über Null zeigte und die Sonne nicht schien. Die Schlangen kamen hervor. Der Heideboden fühlte sich trocken und ziemlich warm an. In dieser Höhe haben die Sonnenstrahlen auch bei einer schwachen Wolkendecke eine intensive Wirkung.

6 Im Engadin auf etwa 1800 m lebt dieses Kreuzotternpaar. Zur Paarungszeit können wir die Tiere beisammen antreffen. Das ♂ ist frisch gehäutet, das ♀ trägt noch sein altes Kleid. Vergleicht man die beiden Köpfe, so erkennt man, daß er beim ♂ eine ovale, beim ♀ eine mehr dreieckige Form hat. Dreieckige Köpfe zeigen die ♀♀ vor allem bei den Kreuzottern im Gebirge. Eigenartig ist auch die stark in Flecken aufgelöste Rückenzeichnung des Weibchens, die fast an eine Bosnische Kreuzotter denken lässt. Aufn. Albert Löw, Ettingen.

7 Dieses ♂ stammt aus den Bergen der Zentralschweiz, wo sich Populationen finden, bei denen das Grau der Grundfarbe ins Gelbe spielt.

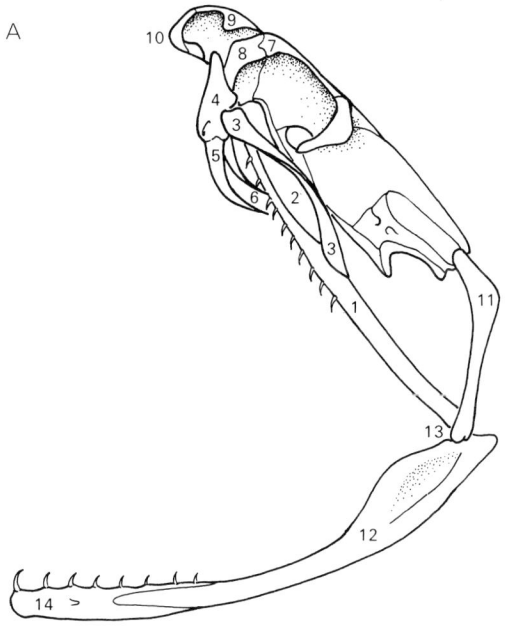

Zeichnung 8
Schädel einer solenoglyphen Viper (*Vipera aspis*, Aspisviper)
1 Pterygoid mit kleinen aglyphen Zähnen
2 Palatinum mit kleinen aglyphen Zähnen
3 Transversum oder Ectopterygoid
4 Maxillare, Oberkieferknochen
5 Solenoglypher Giftzahn
6 Ersatzzahn
7 Frontale, Stirnbein
8 Praefrontale
9 Nasale, Nasenbein
10 Praemaxillare
11 Quadratum, Quadratknochen
12 Articulare, Gelenkknochen
13 Kiefergelenk, wird bei den Reptilien durch Quadratum und Articulare gebildet
14 Dentale, Unterkieferknochen mit kleinen aglyphen Zähnen

A Das Maul ist weit aufgerissen. Der Giftzahn am Hinterende des Maxillare liegt noch zurückgeschlagen in der Stellung, in welcher ihn die Schleimhautfalte einhüllen würde.
Die Viper muß die Zähne nicht aufstellen, wenn sie das Maul öffnet.

B Die Knochenspange, die aus Pterygoid und Palatinum besteht, wird von Muskeln nach vorne gezogen. Das mit dem Pterygoid fest verbundene Transversum macht diese Bewegung mit und stößt dabei das Maxillare nach vorne, das sich um das Praefrontale als Widerlager dreht und durch diese Drehung den Giftzahn aufstellt. Die Vor- und die Rückwärtsbewegung des Pterygoids besorgen vor allem der Vor- und der Rückziehmuskel des Pterygoids.

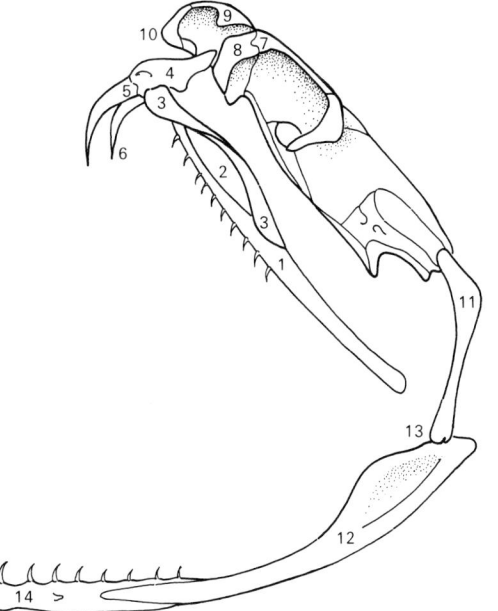

versum nach vorne geschoben wird und das Maxillare aus der horizontalen Ruhelage in eine vertikale Stellung bringt und sogar noch weiter nach vorne schiebt. Die Muskeln, die diese Veränderungen besorgen, sind vor allem der Vor- und der Rückzieher des Pterygoids, Musculus protractor pterygoidei und M. retractor p. Die Giftdrüse, die von einer zähen Bindegewebshaut umgeben ist, wird von Ligamenten oder Bändern in der Lage gehalten. Ein Teil des Kaumuskels, Musculus adductor mandibulae superficialis, setzt an der Giftdrüse an und bildet einen Musculus compressor glandulae, der beim Biß das Gift aus der Drüse preßt.

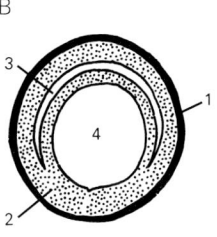

Zeichnung 9
Solenoglypher Giftzahn
A Total, von vorne links
B Im Querschnitt

1 Schmelzschicht
2 Zahnbein, Dentin
3 Zahnhöhle, Pulpa
4 Giftkanal
5 Stelle des Gifteintrittes
6 Stelle des Giftaustrittes

1

3

2

4

Balkan-Kreuzotter I
Vipera berus bosniensis

Bosnische Kreuzotter, *Vipera berus bosniensis* I
(Text S. 103)

1 Die Bosnische Kreuzotter kommt in zwei grundsätzlich verschiedenen Biotoparten vor. Die eine ist die feuchte Auenlandschaft im jugoslawischen Save-Tal, wo die Otter an Wiesenböschungen, Wald- und Heckenrändern lebt. Das Bild gibt einen Eindruck von der Landschaft. Leider wird sie immer mehr durch menschliche Eingriffe, sogar durch geplante Stauseen bedroht.

2 Ein trächtiges ♀ sonnt sich auf einem Pfad in den slowenischen Bergen. Trotz seiner Körperfülle versucht es sich durch Spreizen der Rippen breit zu machen. Die Rückenzeichnung entspricht nicht ganz dem Bild, das man sich von der *Vipera berus bosniensis* macht. Das Rückenband ist stellenweise noch deutlich ausgebildet. Die Schlange lebt an der Grenze zwischen dem Verbreitungsgebiet der Nominatform und dem der bosnischen Rasse. Sie wird von einigen Herpetologen als Übergangsform betrachtet.

3 Eine zweite Art der Biotope finden wir in den Bergen Bosniens, wie hier auf der Jahorina bei Sarajevo. Es sind verkarstete subalpine Gebirgslandschaften, die dank hoher Niederschlagsmengen für Kreuzottern feucht genug sind und eine reiche Pflanzenwelt aufweisen.

4 Dieses typische ♂ der Bosnischen Kreuzotter trägt ein aufgelöstes Rückenband. Es gleicht folglich einer Aspisviper. SCHREIBER (1912) hat ihr deswegen den Namen *Vipera berus pseudaspis* (falsche Aspis) gegeben, und zwar für die Populationen im Tiefland. Allerdings laufen die Querflecken im Gegensatz zur wirklichen Aspis mehr spitz aus, und der schmale Kopf kennzeichnet sie eindeutig als Kreuzotter.

Fühlt sich eine Viper bedroht, so legt sie den Hals in eine S-Schleife, damit sie durch Strecken dieses Doppelbogens vorschnellen kann. Im allgemeinen warnt sie durch lautes Zischen, das beim Einziehen und vor allem beim Ausstoßen der Luft erzeugt wird. Dabei stehen ihr zur Abwehr eines Feindes folgende Möglichkeiten zur Verfügung:

1. Sie schlägt mit geschlossenem Maul ein oder mehrere Male gegen den Feind.
2. Sie reißt beim Vorstoßen das Maul weit auf, läßt aber die Giftzähne in den Taschen eingeschlagen.
3. Sie reißt das Maul auf, stellt die Giftzähne und schlägt sie in den Feind, spritzt aber kein Gift.
4. Sie spritzt beim Einschlagen der Zähne ihr Gift in die Wunde, wobei eine Dosierung des Giftes möglich ist.

Nur im letzten der vier Fälle kommt es zu einer Vergiftung. Man hat den Eindruck, die Schlange wolle durch diese verschiedenen Möglichkeiten ihren Giftapparat schonen und vor allem das Gift sparen. Zur Abwehr genügt es wohl oft – besonders dem Menschen gegenüber – wenn sie sich nur so benimmt, als würde sie beißen. Bei Beutebissen will die Schlange ihr Opfer töten und bringt viel Gift zur Anwendung. Bei einem Bekannten habe ich Gelegenheit gehabt, die Bißfolgen einer melanotischen Alpenviper zu beobachten. An der Hand hat man die beiden Einstiche deutlich gesehen. Irgendeine Reaktion ist nicht erfolgt, obwohl keine Behandlungen durchgeführt worden sind. Die Viper hatte gebissen und kein Gift gespritzt. Immer muß man damit rechnen, daß die Schlange auch bei einem Abwehrbiß Gift spritzt; denn dies ist sicher der häufigste Fall. Zum vornherein sich darauf zu verlassen, daß man zu den Glücklichen gehört, die einen giftlosen Biß erhalten, wäre ein frevelhafter Übermut.

In Wirklichkeit laufen die hier ausführlich geschilderten Bißbewegungen außerordentlich rasch ab. Die Viper liegt reglos da, den Hals vorstoßbereit eingezogen. Sie pumpt zur Warnung zischend Luft ein und aus. Plötzlich schnellt sie vor und liegt im nächsten Augenblick wieder in der Ausgangshaltung da. Einzelheiten der Bewegung können nicht wahrgenommen werden. Man erkennt nur verschwommen die hellen Hautfalten über den aufgestellten Giftzähnen. Befindet sich die Hand zu nahe bei der Schlange, kann sie nicht mehr zurückgezogen werden.

Der gebogene, durchbohrte, dünne und glasharte Giftzahn ist vielen Gefahren und der Abnutzung ausgesetzt. Er wird nicht nur in den Körper der Beute oder des Feindes eingeschlagen, sondern versehentlich auch in Holz und auf Steine. Bei unseren Vipern wird er automatisch alle sechs bis acht Wochen ausgewechselt. Dabei wird die Schlange kaum je wehrlos. Rechter und linker Zahn werden nicht zur gleichen Zeit gewechselt. Auch rückt sofort der nächste Ersatzzahn an die Stelle seines Vorgängers. Der Giftzahnwechsel dauert lebenslang, manchmal über ein Jahrzehnt hinweg. Dieser Zahn bleibt wohl meistens in der Beute stecken und passiert den Verdauungstrakt. Wenn er mit dem Kot wieder erscheint, ist er ohne Gift, da dieses verdaut worden ist. Auch das Gift wird beim Beißen aufgebraucht. Nachdem eine Aspisviper drei Feldmäuse hintereinander gebissen hatte, vergingen fünf, zehn beziehungsweise sechzehn Minuten bis zum Tode der Mäuse in der Reihenfolge der Bisse. In einigen Stunden, sicher in wenigen Tagen ist das verbrauchte Gift in der Drüse wieder neu gebildet.

Daß die Vipern das Maul aufreißen können, ohne die Giftzähne aufzustellen, und daß sie nach Belieben diese Zähne zu bewegen vermögen, läßt sich nach einem Beutebiß oder nach dem Schlingakt beobachten. Der Freßteil des Schädels besteht bei Vipern sozusagen nur aus beweglichen Knochenspangen, dehnbaren Sehnen und vielen Muskeln. Beim Beißen oder Schlingen gerät die Einrichtung etwas durcheinander und muß wiederhergerichtet werden. Zu diesem Zwecke gähnt die Schlange. Sie reißt das Maul weit auf, läßt dieses Mal die Giftzähne eingeklappt in den Hauttaschen und bringt den rechten oder den linken oder auch beide abwechslungsweise in die aufgerichtete Stellung. Bei dieser Gelegenheit sieht man auch, daß die Giftzähne in Bißstellung immer noch von der Hautfalte umgeben sind und höchstens die feine Zahnspitze hervorragt (Bild 7, S. 18). Die Hautfalte wird beim Aufrichten des Zahns mitgezogen und erst während des Einschlagens in die Haut der Beute oder des Feindes zurückgeschoben.

5

8

9

6 7

10

Balkan-Kreuzotter II
Vipera berus bosniensis

5 Diese jungen Ottern aus den montenegrischen Bergen stammen aus ein und demselben Wurf. Die Rückenbänder zeigen verschiedene Stufen der Auflösung in Querbänder. Die mittlere Schlange ist ein ♀, die beiden anderen sind ♂♂.

6 Dieses ♂ stammt aus Slowenien. Ausnahmsweise ist seine Farbe bräunlich statt grau. Das Rostrale ist bei dieser Unterart, verglichen mit der Breite, höher als bei der Nominatform.

7 Die graue Farbe kommt bei den ♀♀ der Nominatform weniger oft vor als bei der bosnischen Unterart.

8 Der Kopf wirkt wie bei diesem ♂ aus den bosnischen Bergen kantiger als bei der Nominatform. Die Iris ist auch mehr oder weniger rot. Bei den meisten Ottern ist nur eine einzige Reihe von Subocularia vorhanden.

9 Dieses ♀ aus Slowenien weist zwei Reihen von Subocularia auf, wie es etwa bei einem Viertel der Bosnischen Kreuzotter vorkommt. Nach seinem Zeichnungsmuster gehört es zu den Intergrades, zu den Übergangsformen.

10 Auch bei diesem typischen, grauen ♀ sind zwei Reihen Subocularia vorhanden. Bei allen vier Kopfbildern dieser Seite erkennt man, daß das oberste Praeoculare durch ein Schildchen vom Nasalschild getrennt ist.

Das Schlangengift

Schlangengifte sind komplizierte Gemische von Eiweißstoffen, die entweder einzeln giftig sind oder in ihrer Zusammensetzung eine Giftwirkung erzeugen. Vereinfachend können wir zwei verschiedene Eiweißgruppen unterscheiden: die hochmolekularen Enzyme, die man auch als Fermente bezeichnet, und die niedrigmolekularen nichtfermentartigen Giftstoffe oder Toxine.
Die Toxine wirken auf das Nervensystem ein; wir bezeichnen sie als Neurotoxine. Sie verhindern, daß ein Nervenreiz, der zum Muskel gelangen sollte, sein Ziel erreicht, indem sie die Übergangsstelle zwischen Nerv und Muskel blockieren. Der Muskel bewegt sich nicht mehr, obwohl er es tun sollte – er ist gelähmt. Auf diese Art können Neurotoxine durch Lähmung der Rippen- und Zwerchfellmuskeln zum Tod durch Ersticken führen, was als tödliche Atemlähmung bezeichnet wird.
Enzyme oder Fermente sind Eiweißstoffe, die an anderen Stoffen oder an Organen Veränderungen hervorrufen, ohne dabei selbst verbraucht zu werden. Ihre Wirkung ist derjenigen eines Katalysators vergleichbar, der in der Abgasleitung eines Autos bewirkt, daß die giftigen Stoffe vollständiger verbrannt werden, ohne daß er sich selbst verändert. Oder sagen wir: Das Enzym gleicht dem Beil, mit dem man den Holzklotz in kleine Scheite spaltet. Nach dem Spalten liegen viele kleine Stücke da, und das Beil ist noch vorhanden, voll und ganz und bereit, den nächsten Klotz in Angriff zu nehmen. Die verschiedenen Enzyme aus Schlangengiften wirken auf Gewebe, Zellbestandteile und auf das Kreislaufsystem.
Beide Stoffarten, die Neurotoxine und die Enzyme, haben die Eigenheit, mit geringen Mengen große Wirkungen zu erzeugen. Ganz wenig Neurotoxin kann bereits lebenswichtige Nerv-Muskel-Verbindungen blockieren, und ein Tropfen Enzym vermag dank seiner Katalysatorwirkung viel Gewebe und Blut zu zerstören und das Kreislaufsystem stark zu beeinträchtigen. Diese Wirkungsweise macht die Stoffe besonders geeignet als Gift für die Giftschlangen, die mit geringem materiellem Aufwand ihre wehrhafte Beute töten oder einen gefährlichen Feind vom Angriff abhalten können.
Verallgemeinernd gesagt, enthalten die Gifte der Giftnattern oder **Elapiden,** also der Kobras und Mambas zum Beispiel, vorwiegend Neurotoxine, die Gifte der **Viperiden,** der Vipern und Grubenottern, aber auch Gifte der Trugnattern und jener aglyphen Nattern, die Gift erzeugen, mehrheitlich Enzyme. Bei vielen Schlangen kommen beide Giftarten vor, aber so, daß mit wenigen Ausnahmen die Neurotoxine bei den Giftnattern, die Enzyme bei den **Viperiden** überwiegen.
Da die Giftnattern nicht in den Bereich unserer Betrachtungen gehören und Trugnattern und aglyphe Nattern in dem hier behandelten Raum keine wirklich gefährlichen Arten aufweisen, können wir uns im weiteren auf die **Viperiden** beschränken. Die erste Wirkung, die man nach einem Biß wahrnimmt, ist ein starker, stechender Schmerz. Doch gibt es Ausnahmen. Ich selbst habe den Biß einer großen männlichen «Juraviper» im freien Gelände erhalten, und zwar in den Zeigefinger der linken Hand. Ich habe nur eine ganz feine Berührung empfunden und während des langen Weges zum Arzt nicht den geringsten Schmerz, obwohl der Biß sich später als sehr ernsthaft herausgestellt hat. Solche Bisse sind nicht ungefährlich. Hätte ich die Viper nicht gesehen, hätte ich von dem Vorfall keine Ahnung gehabt. Sobald der Gebissene merkt, daß es sich um eine Schlange handelt, überfällt ihn Schreck und lähmende Furcht. Schon solche Reaktionen können bei empfindlichen Menschen zu einem Angstschock führen, in diesem Falle zu einer psychisch bedingten Erschütterung, verbunden mit starker Herabsetzung der Lebensfunktionen. Es ist sogar möglich, daß ein solcher Schock nach dem Biß einer ganz harmlosen Schlange eintritt.

1
3
2
4

Iberlen-Otter
Vipera seoanei seoanei

52

Iberien-Otter, *Vipera seoanei seoanei*
(Text S. 105)

1 Dieses ♂ gehört zum sogenannten klassischen Typ. Das Besondere der Zeichnung liegt im engge-zackten, durch ein geradliniges Mittelband aufge-hellten Rückenmuster, das dadurch hervorgehoben wird, daß der anschließende Teil der Grundfarbe hell ist. Dies ist der häufigste Typus, der vom französi-schen Baskenland bis zum nordwestspanischen Gali-cien vorkommt, vor allem in Küstennähe. – Die Schlange macht sich breit und zeigt damit ein ausge-sprochenes Imponiergehabe.

2 Bei diesem ♀ vom bilinearen Typ ist die Rücken-zeichnung konsequent weiterentwickelt, so daß das Muster nur noch aus einem breiten, ungezackten Band besteht, das auf beiden Seiten von einem hellen Band begleitet wird. Die Schlange stammt aus Nord-ostspanien. Man kann solche Schlangen vereinzelt in verschiedenen Populationen treffen.

3 Das Biotop liegt in einem sehr niederschlagsrei-chen Gebiet, weshalb es üppigen Pflanzenwuchs zeigt. Es ist etwa mit den tiefgelegenen Lebens-räumen der Kaukasusotter zu vergleichen. Doch steigt die Iberische Otter nur bis auf etwa 800 m, während die Kaukasusotter noch auf 2000 m, die Kreuzotter sogar auf fast 3000 m gefunden werden kann. Das abgebildete Gebiet liegt westlich von San Sebastián, in Küstennähe.

4 Dieses ♀ weist, trotz anderer Farbtönung, die glei-chen Zeichnungselemente auf wie das ♂ von Bild 1. ♂ und ♀ unterscheiden sich durch die Intensität der Färbung.

Möglicherweise quillt aus den beiden fei-nen Einstichstellen, falls die Schlange mit beiden Zähnen getroffen hat, ein Tropfen Blut. Bald kommt es zu einer Schwellung der Bißstelle und einer Rot-, später Blau-färbung durch den Blutaustritt in das Ge-webe unter der Haut. Die Schwellung, die aber – wie mir mein Biß gezeigt hat – nicht eintreten muß, kann sich vom gebissenen Finger auf den Arm ausdehnen und sogar auf entfernt liegende Körperteile über-greifen. Das gleiche gilt von den Verfär-bungen. Schwellungen im Bereiche der Luftwege, selbst bei einem Biß in den Fin-ger, können zu schwerer Atemnot führen. Dem Gebissenen kann sehr übel werden; er spürt einen Druck auf den Magen oder sogar heftige Krämpfe; Erbrechen und starke Diarrhöe sind möglich. Etwas Eigenartiges ist das Schwerwerden der Zunge, das sich durch Lallen äußern kann. Vermutlich hängt diese Erscheinung mit den dem Gift beigemischten Neurotoxinen zusammen. Bei meinem Bißfall, der nur an-derthalb Tage Krankenhausaufenthalt – al-lerdings in der Intensivstation – erfordert hat, ist ein Anstoßen der Zunge beim Spre-chen die einzige Beschwerde gewesen, die mich etwa einen Monat lang geplagt hat. Es ist möglich, daß der Biß einer Viper auch zu lokalen oder ausgedehnten Nekrosen führt, zu einem regelrechten Zerfall der Ge-webe, was bei großen Vipern, etwa einer Levanteotter, im schlimmsten Falle so-gar die Amputation nötig machen kann (SCHWEIGER, 1983). Soweit die äußeren Erscheinungen.

Der Arzt stellt den Abfall des Blutdrucks sowie meist eine Erhöhung, selten ein Sin-ken der Pulsfrequenz und etwa auch Fie-ber fest, unter Umständen aber auch Un-tertemperatur. Eine Hämolyse kann die ro-ten Blutkörperchen zerstören. Werden die weißen Blutkörperchen geschädigt, wird die Abwehr gegen Sekundärinfektionen herabgesetzt. Die Blutgefäße werden an-gegriffen und die Gerinnungsfähigkeit des Blutes geschwächt, so daß starke Blutun-gen auftreten können. Wenn der Tod er-folgt, so geschieht dies durch Ersticken, Kreislaufkollaps, starken Blutverlust durch innere Blutungen oder Versagen eines le-benswichtigen inneren Organs, wie etwa der Nieren.
Diese Aufzählung, die ungefähr alles zu-sammenfaßt, was beim Biß einer Viper, sei es eine Kreuzotter oder eine Kettenviper, geschehen kann, darf niemand allzusehr erschrecken. Denn meistens geschieht von all dem nur ein kleiner Teil – oder gar nichts. Und zudem gibt es ja Kliniken, Ärzte, Medikamente und Schlangenseren. Ein tödlicher Biß sollte in Europa nicht mehr vorkommen. Hier sterben mehr Leute an Bienenstichen als an Schlangenbissen. Da gibt es einmal die harmlosen Bisse ech-ter Giftschlangen, sogar recht gefährlicher. Der Mensch ist kein natürliches Opfer der Schlangen, wohl aber ein Feind. Keine Schlange will einen Menschen beißen. Sie wird sich höchstens gegen ihn verteidigen, wenn sie sich angegriffen fühlt und nicht fliehen kann. Die Viper braucht das Gift, um ihre Beute zu töten. Diesem Opfer in-

jiziert sie eine genügend große Menge. Wenn also ein Schlangenhalter anstelle der Beute den Biß erhält, muß er mit einer schweren Vergiftung rechnen (S. 41). Beim Biß gegen einen Feind wird die Schlange weniger Gift einsetzen. Bei einer kurzen, nicht zu starken Reizung ist es al-lerdings möglich, daß die Viper beißt und sogar die Zähne einschlägt. Sie spritzt da-bei selten Gift oder nur wenig. Es gibt Leu-te, die glauben aufgrund langfristiger Beobachtungen, daß die Bisse in 30% der Fälle keine schädigende Wirkung haben. Für die Verhältnisse in der Schweiz gibt es eine Untersuchung von STAHEL, WELLAUER & FREYVOGEL (1985). Diese befaßt sich mit 113 Bißfällen von einheimischen Kreuz-ottern und Aspisvipern aus den Jahren 1967 bis 1983 in der Schweiz. Die Bisse sind zu 64,5% in Hand oder Unterarm er-folgt, in 34,6% in Fuß oder Unterschenkel. Zu 35 der 113 Bisse ist es gekommen, weil mit einer Schlange manipuliert worden ist. Solche Bisse hätten vermieden werden können. Und nun zu den Bißwirkungen: 12% haben keine Vergiftung ergeben. Die-se Zahl dürfte in Wirklichkeit viel höher sein. Es haben ja nur Fälle erfaßt werden können, die einem Arzt oder Krankenhaus gemeldet worden sind. 55% haben zu leichten Vergiftungen geführt mit lokaler Schwellung, erhöhtem Puls, Sinken des Blutdrucks und Übelkeit oder Erbrechen. Mittelschwere Vergiftungen sind es zu 21% gewesen, wobei folgende Symptome festgestellt wurden: lokale oder ausge-dehnte Schwellung, Diarrhöe, Erbrechen,

Iberien-Otter, bilinearer Typus
Vipera seoanei seoanei

Iberien-Otter, *Vipera seoanei seoanei*

Dieses ♂ des bilinearen Typs zeigt die vollständige Reduzierung der Zeichnung auf zwei helle Linien. Nur am Schwanz tritt das Zickzackband noch zutage. Solche Ottern finden sich in der spanischen Provinz Asturien.

Bauchkrämpfe und Sinken des Blutdrucks, aber kein Schock. 12,5% werden als schwere Vergiftungen bezeichnet mit lokaler oder ausgedehnter Schwellung, Kreislaufschock und atembehindernden Schwellungen im Mund-Rachen-Bereich. Zu einem Todesfall ist es nicht gekommen. Man hat also auch diese schweren Vergiftungen medizinisch beheben können. Auch bei den südosteuropäischen Sandottern und den Vipern der *Xanthina*- und der *Lebetina*-Gruppe in der Ägäis und im Vorderen Orient sollten keine tödlichen Unfälle mehr vorkommen, wenn die entsprechende medizinische Behandlung möglich ist. Der letzte tödliche Bißfall in der Schweiz hat sich 1960 ereignet (HEDI-GER, 1969).

Einen wichtigen Punkt stellt die Erste Hilfe dar. Wer sich allein im Freien befindet und gebissen wird, sollte sich schnellstens eine Staubinde herzwärts von der Bißstelle anlegen. Das kann mit einem Gürtel, einem zusammengedrehten Taschentuch oder einem kleinen Kleidungsstück geschehen. Wenn man allein ist, kann man etwa am Arm nur locker knüpfen und muß die Binde durch einen darunter geschobenen kurzen Stock festdrehen. Der abgeschnürte Körperteil darf bläulich, aber nicht weiß werden. Ein Schnürsenkel geht nur zur Not, weil er zu stark einschnürt. Wer allein ist, muß sich besonders tapfer zeigen und die Panik überwinden. Nach dem Abbinden macht er sich ruhigen Schrittes auf die Suche nach Hilfe, die in Europa immer rechtzeitig erreicht werden kann. Auf diese Wei-

se habe ich etwa 10 Minuten zu Fuß auf dem Abstieg aus einem Geröllhang und eine halbe Stunde im Auto auf der Fahrt zu meinem Arzt verbracht. Die Staubinde hat mich diesen Weg ohne Benommenheit und Gefährdung zurücklegen lassen. Etwas unbesonnen ist mein Handeln gewesen; viel schneller hätte ich zu irgendeinem Arzt oder in ein mir fremdes Krankenhaus gelangen können. Vor allem würde ich mich heute von einem andern chauffieren lassen. Wichtig ist, daß man Zeit hat und nicht unbedingt zu hetzen braucht.

Sind mehrere Leute dabei, so legt natürlich ein anderer die Staubinde dem Patienten an und achtet darauf, daß der Puls noch fühlbar bleibt. Es ist von Vorteil, wenn man den Arm bei einem Biß in die Hand wie bei einem Knochenbruch mit Hilfe einer Schlinge fixiert. Die Staubinde darf nicht länger als anderthalb Stunden am Glied belassen werden. Zudem muß man sie jede Viertelstunde für eine oder zwei Minuten lockern. Wichtig ist, daß man den Patienten beruhigt und ihm klarmacht, daß gar nichts Schlimmes passiert ist und daß man genügend Zeit hat, zu einem Arzt zu gelangen. Der Weg zum Arzt muß auf jede für den Patienten erträgliche Art verkürzt werden, allenfalls unter Alarmierung der Rettungsflugwacht. Das kann vor allem im Gebirge nötig werden. Dem Arzt sollte man mitteilen, wann der Unfall geschehen ist und durch welche Schlange, falls man diese überhaupt erkannt hat, was bis zur Einlieferung schon unternommen worden

ist, ob der Gebissene früher einmal Serumspritzen erhalten hat und ob eventuelle Allergien zu berücksichtigen sind.

Auf die medizinische Betreuung braucht hier nicht eingegangen zu werden; diese ist Sache des Arztes. Doch der wichtigste Eingriff muß noch erwähnt werden, die Injektion des Antivenin-Serums.

Das Serum wird fast überall, so auch in der Schweiz, aus dem Blut von Pferden hergestellt, die durch Schlangengift immun gemacht wurden und dadurch in ihrem Blut Antikörper gegen das Schlangengift gebildet haben. Die einzelnen Vipernarten bilden verschiedene Gifte. Sogar Rassen oder auch Populationen können hierin voneinander abweichen. So führt die Balkan-Kreuzotter im Gegensatz zur Nominatrasse vor allem Neurotoxine im Gift. Im gleichen Gebiet gibt es manchmal verschiedene Arten von Giftschlangen, in der Schweiz zum Beispiel zwei. Darum hat man das polyvalente Serum geschaffen, das Antikörper gegen die Gifte aller Giftschlangen enthält, die in einer bestimmten Gegend oder sogar auf einem ganzen Kontinent vorkommen. In der Schweiz ist es das Serum «Berna, Europäische Giftschlangen» des Serum- und Impfinstitutes Bern, in der Bundesrepublik Deutschland das Serum «Europa» der Behringwerke AG, Marburg/Lahn, in Österreich jenes des Serotherapeutischen Institutes, Wien. Das Serum wird in Ampullen von 10 ml (Millilitern oder Kubikzentimetern) geliefert. Es bleibt befristet gültig und muß im Kühlschrank aufbewahrt werden.

1

2 3

Iberlen-Otter
Vipera seoanei cantabrica & seoanei

Iberien-Otter, *Vipera seoanei cantabrica* & *Vipera seoanei seoanei*
(Text S. 108)

1 *Vipera seoanei cantabrica* ♂: Diese Unterart ist 1983 von BRAÑA & BAS beschrieben worden. Dieses Exemplar gleicht mit seiner hellgrauen Farbe und der schwarzen, zum größten Teil in Querflecken aufgelösten Rückenzeichnung stark einer Aspisviper. Wie die Kopfbilder 16–18 auf S. 60 zeigen, stimmen auch die Auflösung der Pileusschilder, die zwei Reihen Subocularschilder, ja sogar die ein wenig aufgestülpte Schnauze weitgehend mit einer Aspis überein. Und doch handelt es sich um eine Iberische Otter, um einen Vertreter der *Pelias*-Gruppe. Wir können daher *Vipera seoanei cantabrica* als die «progressiv-

ste» Otter der *Pelias*-Gruppe bezeichnen, welche die ursprünglichste Art der *Rhinaspis*-Gruppe, *Vipera aspis*, in ihrem Erscheinungsbild weitgehend erreicht. Diese Otter kommt im Gebiet von León vor.

2 Der «uniforme Typus» von *Vipera seoanei seoanei* ist fast oder ganz zeichnungslos. Das kommt vereinzelt bei verschiedenen Arten der Gattung *Vipera* vor. In der Sierra Cavadonga in der Provinz Asturien trifft man diese ungezeichneten Schlangen aber regelmäßig an.

3 Die gleiche Otter wie auf Bild 2 besitzt einen geradezu klassisch ausgebildeten Kopf eines Vertreters der *Pelias*-Gruppe aus der Verwandtschaft der Kreuzottern: Frontale und Parietalia sind voll ausgebildet, die Schnauzenspitze weist zwei Apicale auf, zwischen dem obersten Praeoculare und dem Nasale liegt ein kleines Schildchen.

Das Serum ist keine harmlose Flüssigkeit, das man jedem Gebissenen einspritzt. Weil es aus Pferdeblut hergestellt ist, enthält es für den Menschen fremdes Eiweiß, gegen das sich der Körper wehren kann, wenn es ihm in die Muskeln oder Venen eingespritzt wird. Das führt unter Umständen zu leichten Reaktionen oder in Einzelfällen auch zu einem anaphylaktischen Schock, einem lebensgefährlichen Zusammenbruch der Lebensfunktionen infolge der Empfindlichkeit gegen das körperfremde Eiweiß. Daraus folgt, daß nur beim Arzt oder im Krankenhaus Serum injiziert werden darf, wo die Möglichkeit besteht, eine Serumempfindlichkeit zu überprüfen und einen eventuell eingetretenen Kreislaufschock zu bekämpfen. Wenn der Leiter eines Ferienlagers in einer Gegend, wo Kreuzottern oder Aspisvipern leben, befürchtet, einer seiner Schützlinge könnte gebissen werden, kauft er *kein* Serum. Er klärt die Kinder auf und hält sie zur Vorsicht an. Er wird auch mit dem entsprechenden Arzt reden und dabei erfahren, daß er Serum im Kühlschrank bereithält, aber wahrscheinlich auch vernehmen, daß schon seit langer Zeit kein Bißfall mehr vorgekommen ist.

Man kann sich fragen, ob man auf eine Exkursion in eine Gegend von Asien oder Afrika, die als schlangenreich gilt, Serum mitnehmen soll. An und für sich wäre dies sicher von Vorteil, sofern man eine Kühlvorrichtung mitführt und die Ampullen nicht in der großen Hitze verderben können. Zudem spielt bei den teuren Seren, deren Termin für die Verwendung einmal abläuft, auch das Geld eine Rolle. Auch wenn man Serum bei sich hat, müßte man sich von einem Arzt die Spritze machen lassen, oder wenn das aus Zeitgründen nicht möglich ist, später so bald wie möglich ärztliche Hilfe aufsuchen.

Wer aber daheim fremdländische Giftschlangen hält (wobei anzunehmen ist, daß kein Arzt oder Krankenhaus in der Nähe die richtigen Seren in der gültigen Zeitspanne führt), ist verpflichtet, die entsprechenden Seren im Kühlschrank zu lagern und im Hinblick auf das Verfalldatum durch neue zu ersetzen. Mindestens muß er mit einem Krankenhaus in der Nähe eine Abmachung treffen. Ein anderes Verhalten ist gegen einen selbst und gegen die Nachbarschaft verantwortungslos. Leider genügen die gesetzlichen Bestimmungen noch nicht überall, und an vielen Orten fehlt es an der nötigen Kontrolle.

Schließlich sollte noch die Serumkrankheit Erwähnung finden. Sie kann einige Tage nach der Behandlung mit Serum eintreten. Die Vergiftungserscheinungen, die bei Bissen mitteleuropäischer Schlangen etwa drei bis fünf Tage dauern, können schon abgeklungen sein, wenn eine allergische Serumkrankheit ausbricht. Ich selbst habe sie als sehr große Müdigkeit, Muskelschmerzen wie bei einem überdimensionierten Muskelkater und nesselfieberartige, etwa talergroße Flecken am Körper erlebt. Der Arzt hat sie rasch beheben können.

Bestandteile aus Schlangengiften können auch medizinisch genutzt werden. So ist eine Reihe von Enzymen bekannt, die auf das Blutgerinnungssystem des Körpers einwirken. Sie finden als Medikamente zum Beispiel zur Blutstillung und als Diagnostica Verwendung.

Vorbeugen ist besser als heilen. Viele Bisse könnten vermieden werden, wenn man vorsichtiger wäre. Grundsätzlich nimmt man keine Schlange in die Hand, auch keine tote. Sie könnte ja soeben umgebracht worden sein und noch zuschnappen oder sich schließlich totstellen. Man reizt eine Viper nicht, der man begegnet, sondern bleibt stehen und freut sich über das seltene Ereignis. Wo man Schlangen vermutet, sollte man etwas vorsichtig sein. In Mitteleuropa ist das vor allem in den Bergen der Fall, an Hängen, die nach Süden abfallen, überall dort, wo es Lesesteinhaufen oder Geröll, altes Gemäuer, Gebüsch und sonnige Waldränder gibt, in alten Steinbrüchen, aber auch in der Nähe von Mooren. Man greift nicht blindlings in jedes Gestrüpp, auch nicht beim Suchen von Heidelbeeren. Das Barfußgehen ist in der Natur an vielen Orten nicht empfehlenswert. Oft führen sich Leute, die eine schreckliche Schlangenangst haben, so unbekümmert auf, wie es ein Kenner, den diese Furcht nicht plagt, nie wagen würde. Von vielen Begegnungen blieb mir eine in besonderer Erinnerung. Es war an einem schönen Sonntagvormittag im Oberwallis. Ich besuchte, um Vipern zu beobachten, einen frisch gemähten Wiesenhang mit Lesesteinhaufen, Steinmauern als Ab-

Die Unterarten von *Vipera berus*
Vipera berus berus

Vipera berus bosniensis

Vipera berus sachalinensis

grenzung und viel Gebüsch. Es war der beste Vipernplatz, den ich im Wallis je gefunden hatte. Nun vergnügte sich hier eine Familie. Der Jüngste hatte nichts an und spielte mit einem kleinen Hund. Die Eltern waren in Badeaufmachung, die Großmutter barfuß. Nur der Großvater war angekleidet und trug feste Schuhe, gegen die Sonnenstrahlen sogar einen Strohhut. Mit der Großmutter kam ich ins Gespräch und suchte ihr klarzumachen, wie gefährlich das Verhalten der Familie sei. Zuerst wollte sie mir einfach nicht glauben. Während ich mich mit ihr unterhielt, beobachtete ich eine große Viper, die etwa zehn Schritte hinter ihrem Rücken über einen Steinhaufen kroch. Die Dame folgte meinem Blick und war augenblicklich überzeugt. Mir blieb nur übrig, dafür zu sorgen, daß der Rückzug nicht allzu dramatische Formen annahm.

Vom Leben der Vipern im Laufe des Jahres

In einer kurzen Zusammenstellung sollen hier die wichtigsten Tatsachen aus dem Leben der Vipern aufgeführt werden. Es wird eine Art Begleitung während eines Jahres sein. Manche Herpetologen haben sich viel Mühe gegeben, die oft überraschenden Eigenheiten der Vipern zu erforschen. Sie haben sie während der Aktivitätsperiode ständig beobachtet und sie in der Winterruhe aufgesucht. Man hat die Schlangen in großen Freilandterrarien gehalten, wo Beobachtungen jederzeit leicht möglich waren. In der freien Natur wurden die Tiere gekennzeichnet durch Anbringen von Markierungskerben an bestimmten Bauchschildern oder eines nicht austilgbaren Flecks auf dem Rücken und durch Bemalen mit verschiedenen Farben, die bis zur nächsten Häutung hielten. So hat man das Leben bestimmter Individuen verfolgen können. Schließlich ist auch die Radiotelemetrie angewendet worden, indem man den Ottern einen winzigen, in eine glatte Hülle verpackten Sender zu schluk-

ken gab, der im Magen bleibt und doch die Verdauung nicht stört. Mit empfindlichen Empfangsgeräten konnte man die Vipern jederzeit wieder auffinden, auch wenn sie sich versteckt hatten. Auf diese Weise will man den Lebensrhythmus der Ottern und die Ausdehnung des von ihnen beanspruchten Gebietes kennenlernen, was nicht nur von wissenschaftlichem Interesse ist, sondern auch große Bedeutung für die Schutzbestrebungen hat. Man vermag danach die Größe einer Schutzzone zu errechnen. Die Reihe der Beobachter ist lang, und ihre Arbeiten sind zum Teil sehr eingehend. Einige sollen hier erwähnt sein: ANDRÉN (1986), BIELLA (1980), MOSER, GRABER & FREYVOGEL (1984), NEUMEYER (1984), SAINT GIRONS (1971, 1976), SAINT GIRONS & KRAMER (1963), SCHIEMENZ (1985) und VIITANEN (1967).
Vor allem müssen wir uns mit jenen beiden Arten befassen, die für die europäische Fauna besonders charakteristisch sind: mit der Kreuzotter und der Aspisviper.

Frühling

Ende der Winterruhe

Die erste Art, die in Mitteleuropa aus der Winterruhe ans Sonnenlicht kommt, ist die Aspisviper. Diese Schlangen leben im allgemeinen in milderen Gegenden als die Kreuzottern, und viele können ihren Unterschlupf verlassen, wenn über den Winterquartieren der Kreuzottern noch Schnee liegt. Die Männchen kommen zuerst heraus. Im Süden erscheinen sie manchmal

10

11

12

13

14

15

16

17

18

Kaukasusotter (nur eine Unterart)
Vipera kaznakovi

Die Unterarten von *Vipera seoanei*
Vipera seoanei seoanei

Vipera seoanei cantabrica

schon im Februar, sonst im März, an der nördlichen Grenze ihres Verbreitungsgebietes und in Berglagen im April. Die Lufttemperatur beträgt dann oft erst 10 °C, so daß die Vipern auf die direkte Sonnenbestrahlung angewiesen sind, um richtig aktiv zu werden. Die Samenkanälchen der männlichen Aspisvipern sind seit dem letzten Herbst mit Spermien gefüllt. Da die Weibchen bald erscheinen, kann die Frühlingspaarungszeit in zwei oder drei Wochen beginnen. Der Gewichtsverlust während der Winterruhe, die vier bis sechs Monate dauert, für Kreuzottern in hohen Lagen auch sieben Monate oder sogar noch mehr, wenn die Ottern in der Nähe des Polarkreises leben, ist gering und beträgt wenige Prozent des Körpergewichtes. Dafür können die Männchen in den drei oder vier Wochen der Paarungszeit abmagern, in denen sie ein anstrengendes Leben führen müssen, ohne Nahrung aufnehmen zu können.

Spermiogenese

Wie erwähnt, erscheint die Kreuzotter etwas später. Die Temperaturen in ihrem rauheren Wohngebiet liegen dann meist noch unter 10 °C. In tieferen Lagen kommen sie Ende März hervor, in höher gelegenen Gegenden im April und in Nordskandinavien, am Polarkreis, erst im Mai. Zuerst liegen die Männchen an der Sonne. Die Geschlechtsorgane enthalten noch keine oder sehr wenig Spermien. Im vorhergehenden August und September sind in den Hoden Spermatozyten gebildet worden, die eine Vorstufe der eigentlichen Geschlechtszellen darstellen. Diese wandeln sich erst im Frühling, während der sogenannten Spermiogenese, in Spermien um. Die Spermatozyten enthalten noch, wie alle anderen Körperzellen, den doppelten, also den diploiden Satz von Chromosomen, in denen die Erbeigenschaften festgelegt sind. Während der Spermiogenese erfolgt nun die Reduktionsteilung, bei der in den neu entstehenden Zellen die Chromosomenzahl auf die Hälfte reduziert wird. Die Spermien sind Zellen mit dem haploiden, dem einfachen Chromosomensatz, bei dem von jedem Chromosomenpaar nur je ein Teil vorhanden ist. Bei der Befruchtung der Eizelle durch ein Spermatozoid vereinigen sich die zwei haploiden Geschlechtszellen zu einer diploiden, mit dem doppelten Chromosomensatz versehenen Zelle, die den Ausgangspunkt für ein neues Lebewesen bildet. Das neue Geschöpf wird daher in jedem Chromosomenpaar einen väterlichen und einen mütterlichen Anteil übernehmen und dank der Mischung der Erbanlagen ein wirklich neuartiges Wesen darstellen. Die Anzahl der Chromosomen beträgt fast bei allen Viperiden 2 mal 18, also 36. Eine Ausnahme bilden *Vipera aspis* und *Vipera ammodytes* mit 21 Paaren, also 42 Chromosomen.

Für die Spermiogenese benötigt das Männchen der Kreuzotter im Frühjahr während etwa drei Wochen möglichst viel Sonnenwärme, so daß es sich an jedem einigermaßen schönen Tag mit weit gespreizten Rippen und dadurch breitem und flachem Körper, solange es geht, der Sonne aussetzen muß. In Höhenlagen um 2000 m erwärmen auch die Infrarotstrahlen, die eine nicht zu dicke Wolkendecke durchdringen. Der erkennbare Abschluß der Spermiogenese und das äußere Zeichen der Bereitschaft zur Paarung bildet die Frühjahrshäutung der Männchen. Die Weibchen häuten sich erst später, gegen Ende oder nach der Paarungszeit.

Es gibt bei unseren Vipern zwei Typen der Spermiogenese, den Typus *aspis* und den Typus *berus*. Beim Typus *berus* erfolgt, wie schon erwähnt, die Bildung der Spermatozyten im August und September, jene der Spermien erst im darauffolgenden Frühjahr zwischen dem Abschluß der Winterruhe und der Frühjahrshäutung der Männchen. Durch dieses Verhalten wird die Paarungszeit um Wochen verschoben, was im Hohen Norden und im Gebirge zu einer Verknappung der Paarungszeit führen kann, wenn besonders schlechtes Wetter herrscht. Die Eireifung erfolgt auf alle Fälle bis Ende Mai. Da mag es in Populationen, die eine Schlechtwetterperiode erleben, vorkommen, daß es vielen Ottern zur Paarung und dadurch zur Fortpflanzung nicht mehr reicht, denn bis zur Ovulation muß die Paarung vollzogen sein.

Das Kleid der frisch gehäuteten Männchen der Kreuzotter (Bild 1, S. 10) ist auffallend und kontrastreich, wie es bei den beiden späteren Häutungen nicht mehr beobachtet wird. Man darf daher von einem Frühlings- oder «Hochzeitskleid» reden,

1

2

3

4

5

6

7

Die Schwärzlinge der *Pelias*-Gruppe
Vipera berus & Vipera seoanei

62

Melanotische Formen kommen bei vielen Schlangenarten vor. Bei einigen treten sie hingegen in bestimmten Populationen regelmäßig auf und können bis zu 30% eines Bestandes ausmachen. Das gilt für Vipera berus und Vipera seoanei.

1 Dieses ♀ von *Vipera berus berus* stammt aus dem Biotop, das auf dem Bild 1 S. 44 abgebildet ist.

2 Schwärzlinge von Kreuzottern haben oft helle Oberlippenschilder. Beim ♀ von *Vipera berus berus* aus den Bündner Alpen sind diese Schilder himmelblau.

3 *Vipera seoanei cantabrica* ♂: In der Gegend von León treten Schwärzlinge häufiger auf als an anderen Orten. Man muß sie der kantabrischen Unterart zuordnen, nicht nur, weil sie im entsprechenden Gebiet leben, sondern auch wegen der Kopfbeschuppung, wie es die Bilder 5 und 6 auf dieser Seite zeigen.

4 Dieses ♂ von *Vipera berus bosniensis* weist auch als Schwärzling weiße Oberlippenschilder auf.

5, 6 Die beiden Aufnahmen derselben Schlange wie auf Bild 3 zeigen die zwei Reihen Unteraugenschildchen und die aufgelösten Frontal- und Parietalschilder einer *Vipera seoanei cantabrica*.

7 *Lacerta vivipara*, die Berg-, Wald- oder Mooreidechse, weist unter allen unseren Echsen am meisten Schwärzlinge auf. Das Tierchen stammt vom Vogesenkamm, also aus dem Elsaß, das bis vor kurzem – mit Ausnahme eines engen Gebietes am Rande des Schweizer Jura – als absolut giftschlangenfrei gegolten hat. Nun hat man in den Vogesen doch vereinzelt Kreuzottern und sogar Aspisvipern gefunden, sehr wahrscheinlich ausgesetzte Schlangen. Dieses Aussetzen ist verantwortungslos und dazu eine ungehörige Fälschung der heimischen Fauna. Die Waldeidechse soll hier abgebildet sein, weil sie fast überall vorkommt, wo die Kreuzotter daheim ist, am Polarkreis und hoch im Gebirge. Sie stellt die wichtigste Nahrung der jungen Kreuzottern dar.

wie es eher von Eidechsen und Molchen, aber weniger von Schlangen bekannt ist. Dem Typus *berus* gehören *Vipera ursinii*, *kaznakovi* und *ammodytes* an. Dazu ist zu bemerken, daß nach FUHN & VANCEA (1961) bei Männchen der westrumänischen *Vipera ammodytes ammodytes* an Kehle und Flanken die Rosafärbung zur Paarungszeit intensiver ist als zu anderen Zeiten.

Beim Typus *aspis* bilden sich die Spermatozyten sozusagen dauernd. Schon im Sommer findet die Spermiogenese statt, so daß im September die Samenkanäle mit Spermien gefüllt sind. Im September kommt es zur Herbstpaarung (Bild 3, S. 14), die meist nicht ganz so intensiv wie jene im Frühling verläuft, aber auch mit Kommentkämpfen verbunden ist. An einem 11. September erlebte ich ein eigenartiges Treffen von zwei männlichen Aspisvipern, das auch eine Beziehung zwischen Häutung und Sozialverhalten andeutete. Ein kleineres, unscheinbar bräunlich gefärbtes Männchen attackierte eine große graue Viper. In wenigen Sekunden war der aussichtslose Kommentkampf vorbei. Die kleine Viper kroch eilig in einem Bogen von etwa drei Fuß Durchmesser um das größere Männchen herum und häutete sich dabei in unglaublicher Schnelligkeit. Sogleich griff es als sehr schöne rötlichbraune Viper das graue Männchen wieder an. Natürlich verlor es auch diese Attacke, denn größer und schwerer war es unterdessen nicht geworden.

Die Männchen des Typus *aspis* speichern einen großen Teil der Spermien bis zum kommenden Frühling und können bald nach der Überwinterung mit der geschlechtlichen Aktivität beginnen. So kann die Paarung manchmal etwas früher erfolgen als bei der Kreuzotter. Die Ovulation findet Anfang Juni statt. Es kommt zur Befruchtung mit Spermien aus der Frühlingspaarung und auch mit jenen einer eventuellen vorhergehenden Herbstpaarung, die das Weibchen bis jetzt gespeichert hatte. Zu diesem Typus gehören außer *Vipera aspis* auch *Vipera seoanei*, *Vipera latasti* und *Vipera monticola*. Bei diesen vier Arten findet die erste Häutung des Jahres bei Männchen und Weibchen Ende Mai oder Anfang Juni statt, also nach der Paarung.

Paarungsverhalten

Im Paarungsverhalten gleichen sich die verschiedenen Vipernarten. Am eingehendsten beobachtet und beschrieben ist jenes der Kreuzotter. Es dürfte bei dieser Art auch am auffälligsten sein, weil in großen Heidegebieten des Nordens, auf Inseln Skandinaviens und in abgelegenen Alpentälern eine unzerstörte Natur starken Populationen der Kreuzotter noch eine gute Lebensmöglichkeit bietet.

Die frisch gehäuteten Männchen der Kreuzotter bewegen sich eifrig züngelnd im Gelände, oft mehrere hundert Meter an einem Tage, auf der Suche nach der Spur, die sie zu einem sich sonnenden Weibchen führt. Trifft es die Gesuchte an, so bezüngelt es ihren Körper, worauf das Weibchen mit Schwanzzittern reagiert, das viele Schlangen als Ausdruck der Erregung zeigen. Züngelnd drängt sich das Männchen an das Weibchen heran und preßt sich an dessen Körper, kriecht schließlich unter ständigem Vor- und Zurückzucken über das Weibchen, bis beide Köpfe übereinander liegen. Dann sucht das Männchen mit seinem Hinterkörper und Schwanz den Körper der Partnerin zu umwickeln. Es versucht auch mit einer seiner beiden Penishälften, die ausgestülpt wird, die weibliche Kloake zu finden. Doch kommt es vorerst kaum zur eigentlichen Paarung. Das Weibchen zieht sich zurück und flieht, worauf das Männchen sofort die Verfolgung aufnimmt und mit dem Spiel von neuem beginnt. Das Weibchen kann sich tagelang den Hof machen lassen. Wenn es später nach einem gleichen Vorspiel zur Paarung kommt, liegt das Männchen mit zuckenden Bewegungen über dem Weibchen, wobei sich beide Köpfe übereinander befinden. Es umwickelt die Gegend der Kloake und führt den zunächst gelegenen Hemipenis ein. Dieser weist zahlreiche Dornen und zur Überführung des Samens eine Samenrinne auf. Das Weibchen hält während der Kopulation, die anderthalb Stunden und länger dauern kann, den Schwanz steil aufgerichtet. Die Berührung der beiden Körper beschränkt sich nun auf die Kloakengegend. Oft kriecht nach einiger Zeit das Weibchen weg, indem es im Gras oder Gestrüpp eine bessere Deckung aufsucht. Dabei schleppt es das meist kleinere Männchen mit; denn der mit Dornen ver-

1

2

3   4

Pyrenäenviper, Biotop im Gebirge
Vipera aspis zinnikeri

64

Pyrenäenviper, *Vipera aspis zinnikeri* **I**
(Text S. 113)

1 Dieser Lebensraum der Pyrenäenviper sieht aus wie jener unserer Alpenviper. Knorriges Gebüsch durchsetzt das grobe Geröll. Schwach bewachsene und kahle Stellen eignen sich als Sonnenplatz. Wir befinden uns auf 1600 m Höhe. Im Hintergrund erkennt man den 3091 m hohen Pic Néouvielle.

2 Das ♂ aus diesem Gebiet trägt ein ununterbrochenes Zickzackband auf dem Rücken, das eher dem einer Kreuzotter als dem einer Aspisviper gleicht. Die Flanken sind so dunkel, daß die Seitenflecken fast verschwinden. Der Kopf ist auffallend schmal.

3, 4 Dieses ♂ stammt aus dem Biotop auf Bild 5 von S. 66. Es zeigt Atavismen, Merkmale, die eigentlich einer Art der ursprünglicheren *Pelias*-Gruppe entsprechen: Die zweite Subocularreihe ist nicht voll ausgebildet, und die Parietalschilder sind nicht ganz aufgeteilt.

---

sehene Hemipenis trennt sich nicht so leicht von der Kloake des Weibchens. Die Paarung kann mehrere Male erfolgen mit dem gleichen Partner oder mit verschiedenen Männchen. SAINT GIRONS (1971) berichtet aber auch vom monogamen Verhalten eines Paares der Aspisviper im Freilandterrarium. Zwei Vipern kopulierten verschiedene Male miteinander. Weder das Männchen noch das Weibchen kümmerten sich um andere mögliche Partner, die zur Genüge vorhanden waren.

Falls die Männchen in gutem Ernährungszustand sind, das heißt einen starken Fettkörper aufweisen, der ihr wichtigstes Reserveorgan darstellt, können sie sich vom vierten Lebensjahre an alljährlich fortpflanzen. Anders ist es bei den Weibchen. In günstigen Gebieten können sich die Weibchen von *Vipera aspis* und *berus* nach einer frühen Geburt Ende August noch so viele Beute erjagen, daß sie einen großen Fettkörper aufzubauen vermögen. Im nächsten Frühjahr sind sie dann wieder bereit zur Fortpflanzung. In höheren Lagen und in den nördlichen Grenzgebieten ihrer Verbreitung benötigen sie ein oder sogar mehrere Jahre, um ihrem Fettkörper wieder zu einem genügenden Umfang zu verhelfen. Diese Weibchen zeigen einen Zweijahreszyklus in der Fortpflanzung, in extremen Fällen auch eine zwei- oder gar dreijährige Pause.

Kommentkampf

Nicht immer läuft das Paarungsgeschehen ohne Störung ab. Begegnet ein frischge-

häutetes Männchen der Kreuzotter einem ungehäuteten Männchen oder einem «nicht attraktiven» Weibchen – einem solchen nämlich, das sich in diesem Jahre nicht fortpflanzt oder noch nicht geschlechtsreif ist –, kommt es nur zu einer kurzen Untersuchung durch Züngeln, worauf die Schlangen sich wieder trennen. Trifft aber ein gehäutetes Männchen auf ein Paar, das beisammen liegt oder bei dem das Männchen einem Weibchen «den Hof macht», so führt das fast immer zu einem streng ritualisierten Ringen, zu einem Kommentkampf. Bei diesem Turnier werden die Giftzähne nicht eingesetzt, sondern nur die Muskelkraft und die Geschicklichkeit des Körpers. Beim Kommentkampf geht die erste Aktion vom Verteidiger aus. Der Eindringling kann auf die Distanz von mehr als 1 m entdeckt werden. Der Verteidiger hebt den Kopf und stößt ein paarmal gegen den Fremden vor, der sich nun zurückziehen kann. Tut er dies nicht, so kriechen die beiden Kämpen aufeinander zu und richten die Vorderkörper in flachen S-Schleifen empor, hoch und immer höher bis zur halben Körperlänge. Die aneinanderliegenden Körper stehen in gleicher Richtung, also Bauch gegen Rücken, und schwingen hin und her. Oft erheben sie sich im Bestreben, einander zu überbieten, allzuhoch und kippen um, gehen auseinander und beginnen von neuem. Indem ein Männchen mit seinem geneigten Kopf auf den Nacken des anderen drückt oder hin- und herschwingt, suchen sich die Gegner auf den Boden zu

bringen. Der Kampf kann auch am Boden weitergehen. Die Männchen umwickeln sich gegenseitig, besonders die hinteren Partien, was eine Paarung vortäuschen kann. Am Boden ermüden sie einander

Kommentkampf von zwei Männchen der Kreuzotter, *Vipera berus berus.*
Die beiden zeigen das Hochsteigen mit Körperkontakt, bei dem sie sich bis zur Hälfte der Gesamtlänge über den Boden erheben können.
Aufn. G. NILSON, Göteborg

5

7

6

8

Pyrenäenviper, Biotop im Vorland
Vipera aspis zinnikeri

Pyrenäenviper, *Vipera aspis zinnikeri* **II**

5 Das Gebiet liegt auf etwa 500 m Höhe im nördlichen, also französischen Vorland der Pyrenäen. Die immer noch traditionell betriebene Landwirtschaft bietet den Vipern genügend Lebensmöglichkeiten. Sie erweisen sich hier als Kulturfolger. Man trifft die Schlangen bei Steinhaufen wie diesem hier im Bildvordergrund, auf Lesesteinwällen, die mit Gebüsch überwachsen sind, und an Waldrändern. Gelegentlich sieht man sogar eine auf einem Getreideacker, wenigstens solange die Halme noch nicht zu hoch stehen und zuviel Schatten werfen.

6 Das Rückenband bei diesem ♂ ist auffällig gezackt und in der Mitte schwach aufgehellt.

7 Dieses ♂ hat einen auffallend breiten Kopf, der jenem einer Hugy-Viper entsprechen würde, während die Pyrenäenvipern den schlanksten Kopf von allen Unterarten haben. Der breite Kopf zeigt aber auch einen Atavismus: Frontale und Parietalia sind nicht ganz aufgelöst.

8 Dieses ♀ lag an dem auf Bild 5 abgebildeten Steinhaufen. Das Frontale ist nicht ganz aufgelöst. Die Rückenzeichnung wirkt durch die starke Aufhellung in der Mitte stark reduziert. Die Ameise, die hier einen Angriff auf die Schlange startet, wird nicht lange geduldet. Heftige Bewegungen schnellen sie weg.

Kommentkampf von zwei Männchen der Aspisviper aus dem nördlichen Jura, *Vipera aspis aspis*.
Hier handelt es sich um eine Szene im Bodenkampf. Die Hinterkörper halten sich gegenseitig umschlungen, was eine Paarung vortäuschen kann.
Aufn. E. LEHNER, Unterseen (Bern)

durch Schleudern des Vorderkörpers oder rollen sogar eng umschlungen hin und her. Gewöhnlich wird der Kampf mit einem kräftigen Schnellen beendet, das die beiden auseinanderschleudert. Die ermüdete und unterlegene Otter flieht und wird dabei oft vom Sieger einige Meter weit verfolgt. Dann kehrt dieser zum Weibchen zurück (Bild 1, S. 14).
Solche Kämpfe können von kurzer Dauer sein, wenn die Gegner ungleich groß und schwer sind. Unter gleich Starken dauert aber der Kommentkampf eine Stunde oder länger. Ein solcher Kampf erzielt eine Auslese der Stärkeren, der Größeren, die bei den stets weiterwachsenden Schlangen auch die Älteren sind. Man kann darin die Auslese in Richtung der Fähigkeit zu überleben sehen. Doch kommen die Besiegten sicher oft auch zur Paarung. Manchmal kehrt der Unterlegene zurück, kann dann aber fast immer ohne Auseinandersetzung ferngehalten werden.

Sozialverhalten
Schon während der Paarungszeit sind die Jungtiere und die sich im betreffenden Jahre nicht fortpflanzenden Weibchen aus der Umgebung des Winterquartiers in ihre Jagdgebiete abgewandert. Nun folgen auch die adulten Männchen. All diese Schlangen widmen sich einem geruhsamen Sommerleben, das nur durch den Beutefang und zwei- oder dreimal durch den Häutungsvorgang unterbrochen wird. Für eine adulte Schlange dürfte es genügen, wenn sie jede Woche oder auch einmal im Abstand von zwei Wochen eine Feldmaus erwischt. Während der Zeit der Häutung tritt eine Pause ein, in der nur

ganz ausnahmsweise gejagt wird. Nach der Häutung scheint das Bedürfnis nach Nahrung am größten zu sein. Die jagenden Tiere leben den Sommer über einzeln und treffen sich höchstens zufällig. Ihre Gebiete können sich überschneiden, da sie nicht wie andere Jäger eigentliche Reviere besitzen. Futterneid kann sich in einem kurzen kommentkampfartigen Verhalten zeigen, wobei es auch einmal zu Bissen kommt, die meist keinen Schaden stiften. Dabei handelt es sich um Beobachtungen im Terrarium. In der Natur sind hungrige Ottern kaum so nahe beisammen. THOMAS (1969) berichtet von noch nicht geschlechtsreifen, erst etwa 30 cm langen Sandottern im Terrarium. Wenn die Schlangen sehr hungrig gewesen sind und eine halbwüchsige Maus ins Terrarium gesetzt worden ist, erheben die Vipern die Köpfe und pressen diese samt dem Vorderrumpf gegeneinander, bis sie auseinanderschnellen. Dabei sind die Hinterkörper nie umschlungen, und die Attacken wiederholen sich nicht.
Die reproduzierenden weiblichen Ottern haben während der Paarungszeit gejagt und tun dies auch jetzt noch. Sobald die Trächtigkeit voranschreitet, stellen sie mit wenigen Ausnahmen den Beutefang ein. Sie widmen sich ganz der Aufnahme der Sonnenwärme, damit die Entwicklung der Embryonen in ihrem Körper rasch voranschreitet. Diese Weibchen sind keine Nahrungskonkurrenten mehr und können an günstigen Stellen zusammenleben. So verweilen über Wochen zwei Aspisweib-

1
4
2
3
5

Alpenviper I
Vipera aspis atra

chen am gleichen Platz und liegen oft aufeinander, während sie sich im gleichen Mauerloch sonnen (Bild 1, S. 72). Im Engadin, auf 1850 m Höhe, habe ich einmal an einem 3. August auf einem flachen, etwa 1,5 m breiten und 20 m langen, überwachsenen Lesesteinhaufen zehn trächtige Weibchen der Kreuzotter angetroffen. Offensichtlich werden die Ottern durch die besonders günstige Lage eines Sonnenplatzes zusammengeführt. Es kommt auf die Richtung des Hanges und auf dessen Neigung, auf den rasch trocknenden Untergrund wie etwa Heideboden und die sich erwärmenden Steine an sowie auf die lockere, nicht zu hohe Pflanzendecke, die ein Sonnenbad ermöglicht, aber doch genügend Schutz gegen Sicht bietet. Da man bei Kreuzotter und Aspisviper im Sommer immer wieder zwei Schlangen in Körperkontakt findet, stellt man sich vor, daß sie die gegenseitige Berührung schätzen. Vielleicht ist es aber doch nur die Enge eines Sonnenplatzes, die sie so nahe zusammenbringt.

Wohngebiet

Wieviel Erde braucht eine Otter, oder genauer: Welche Arealgröße muß einer Kreuzotter oder Aspisviper zur Verfügung stehen? Die Berichte der einzelnen Beobachter gehen auseinander. Das ist verständlich. Die Gebietsgröße hängt von der starken oder schwachen Gliederung des Geländes ab, von der Höhenlage sowie vom Bestand der Beutetiere, vor allem der Kleinsäuger und der Eidechsen. Ein abwechslungsreiches, mit Hecken und Lesesteinhaufen durchsetztes Gebiet, mit Gebüschen und südexponierten Geröllhaufen sowie einer natürlichen Flora, bietet günstige Sonnenplätze und eine reiche Vielfalt von Schlupfwinkeln. Das Nahrungsangebot ist groß, da auch die Beutetiere ein gutes Auskommen finden.

NEUMEYER (1984) hat auf der besonnten Seite eines Bündner Föhntales in einem Areal von 23 ha, das sich von 1830 m auf 2100 m erstreckt, die Kreuzottern beobachtet. Im Jahre 1981 hat er 28 reproduzierende, 22 nichtreproduzierende, zusammen also 50 Weibchen und dazu 36 Männchen markiert. Die 86 Adulttiere ergeben einen durchschnittlichen Bestand von 3,7 Ottern pro Hektar, ohne die noch nicht geschlechtsreifen Tiere. Er nimmt nach seinen Beobachtungen an, daß etwa 11% der Population während des betreffenden Jahres das Gebiet verlassen haben und ebensoviele eingewandert sind. Daraus folgt, daß die größte Zahl der Ottern standorttreu gewesen ist. Von neun reproduzierenden Weibchen hat das Wohngebiet bei acht Tieren weniger als 40 und bei einem 60 a betragen, von sieben adulten Männchen haben sich fünf auf 30 bis 120 a, zwei aber auf einem Gebiet von fast 300 a bewegt. Die Wohngebiete überschneiden sich; ein kleines kann vollständig in einem größeren liegen. Nimmt man die entferntesten Fundpunkte als Ausgangspunkt für den Aktionsradius, so zeigt es sich, daß viele reproduzierende Weibchen und adulte Männchen innerhalb eines Kreises von 50 m bleiben und nur einzelne bis zu 500 m weit wandern. Die Durchschnittsdistanz beträgt für Weibchen 110 m, für Männchen 145 m.

Nach Angaben von SAINT GIRONS (1971) benötigt die Aspisviper in den günstigen Verhältnissen der Heckenlandschaft in Westfrankreich noch kleinere Wohnräume. Diesen Eindruck erhält man vor allem auch im nördlichen Schweizer Jura, wo die kleinen Vipernpopulationen zum großen Teil auf eng begrenzte, sonnige Geröllhalden angewiesen sind, die meist von dichtem Wald voneinander getrennt werden. Wenn auch einmal eine Viper neu auftaucht, also aus einem fremden Biotop einwandert, und eine andere verschwindet, hat man doch den Eindruck, immer wieder die gleichen Tiere auf einem kleinen Raum zu finden. An einer Stelle, die durch Überwachsen allmählich für Vipern unbewohnbar geworden ist, habe ich ein Männchen als Adulttier während sieben Jahren oftmals beobachtet. In den letzten drei Jahren dieser Zeit hat es dort offensichtlich allein gelebt. Heute liegt der einst reiche Lebensraum im Schatten und völlig verwaist da.

Vipern kennen sich in ihrem Wohngebiet gut aus. Bei einer Störung finden sie ihre Schlupflöcher unfehlbar. Nur wenn sie auf einem größeren Ausflug überrascht werden, was zur Paarungszeit geschehen kann, fliehen sie versehentlich in eine dunkle Vertiefung, aus der es nur einen Ausweg gibt: zurück gegen den Feind. In dieser Lage beißen sie oft mehrere Male

6

8

7

9

Alpenviper II
Vipera aspis atra

6 Die Rückenzeichnung bei diesem ♂ aus dem Simmental im Berner Oberland, auf einer Höhe von 1500 m, bildet ein breites gerundetes Band.

7 In der gleichen Population wie die Viper auf Bild 6 lebt dieses ♂ mit einem mehr gezackten Rückenband. Mehr als die Hälfte der Vipern in diesem Gebiet sind Schwärzlinge. Interessanterweise sind mehr ♀♀ als ♂♂ schwarz.

8 Bei diesem jungen ♂ aus dem östlichen Tessin besteht das Rückenband aus bräunlichen, im Innern aufgehellten rechteckigen und quadratischen Flek-

ken. Im nördlichen Teil der Alpen habe ich bisher immer nur schwarzgefleckte Vipern beobachtet.

9 Das ♀ mit den quadratischen oder abgerundet rechteckigen Flecken stammt aus dem oberen Ticino-Tal aus einer Höhe von 1300 m.

---

gegen den Verfolger, bevor sie einen regelrechten Ausfall wagen und ein gutes Versteck finden. Sie zeigen, daß sie hier fremd sind. Selbst nach monatelanger Terrarienhaltung kann nach SAINT GIRONS (1971) eine freigelassene Aspisviper ihre Domäne sofort wiedererkennen, was man ihrem geschickten Fluchtverhalten anmerkt.
Etwas Eigenartiges habe ich beim Beobachten und Fotografieren immer wieder erleben können. Hält man sich im Freien längere Zeit bei einer Aspisviper auf, fängt sie nach etwa einer halben Stunde an, sich an den Menschen zu gewöhnen. Auch wenn man sich bewegt, flieht sie nicht mehr in ein Versteck, sondern hebt nur züngelnd den Kopf oder weicht ein wenig aus, nimmt aber bald ihren vorherigen Platz wieder ein. Sie erlaubt es, daß man Aufnahmen aus nächster Nähe macht, wobei sie Bewegungen duldet, die sie vor einiger Zeit noch verjagt hätten. Man darf sogar mit einem Zweig ihren Kopf in die gewünschte Stellung bringen. Ähnliches habe ich auch schon mit Sandottern erlebt. Bei den flüchtigeren Kreuzottern ist eine solche Anbiederung ein wenig schwieriger. Vipern können offensichtlich lernen, daß eine sonst gefürchtete Erscheinung harmlos sein kann. Auf den unbewegten Menschen reagieren sie nicht, da sie nur bewegte große Körper als Feind betrachten.

Wärmeregulation

Ein wichtiger Faktor im Leben der Reptilien ist die aktive Wärmeregulation. Die gleichwarmen Wirbeltiere, Vögel und Säu-

ger, müssen sich nur in extremen Fällen durch ein bewußtes Verhalten um ihre Körperwärme kümmern, indem sie beißender Kälte und starker Hitze ausweichen. Alles andere überlassen sie den fein abgestimmten Einrichtungen ihres Körpers. Bei den Wechselwarmen sieht das ganz anders aus. Die Fische sind im Wasser von einem Medium umgeben, das seine Temperatur nur allmählich und in beschränktem Umfang verändert. Wenn es einmal notwendig wird und überhaupt möglich ist, können sie sich durch Ortsveränderungen, etwa durch Aufsteigen und Absinken, die richtigen Verhältnisse aussuchen. Amphibien und Reptilien müssen sich sozusagen ständig der Regulation ihrer Körpertemperatur widmen, solange sie aktiv sind. Bei den Amphibien wird eher die Wärme, bei den Reptilien die Kälte zur vordringlichen Gefahr.
Die Vorzugstemperatur einer Kreuzotter liegt ungefähr bei 28 °C, jene der Aspisviper vielleicht 1 bis 2 °C höher. Bei dieser Temperatur verlaufen die Körperfunktionen am reibungslosesten, und die Schlange fühlt sich wohl. Eine entsprechende Lufttemperatur wird in Mittel- und Nordeuropa an wenigen Tagen erreicht und dann fast nur in der wärmsten Tageszeit. Das genügt für die Schlangen nicht. Sie müssen sich den Sonnenstrahlen aussetzen und erreichen dadurch in kurzer Zeit die Vorzugstemperatur, auch wenn die Luft noch recht kalt ist. Kreuzottern und Aspisvipern liegen in dieser Situation, vor allem im Gebirge, gern an oder sogar auf

Steinen, die sich rasch erwärmen, die Kreuzottern oft auf trockenem Gras oder einem Stück Holz, Material also, das als schlechter Wärmeleiter gegen den kalten Boden schützt. Vipern zeigen sich eher in Kontakt mit Steinen. Die Vertreter der mehr nördlich lebenden *Pelias*-Gruppe, *Vipera berus, kaznakovi, seoanei* und *ursinii*, können durch Spreizen ihrer Rippen den Körper flach und breit machen, um ja viel Sonnenwärme aufzunehmen (Bilder S. 23, 44 und 52). Die anderen, mehr südlich lebenden Arten haben diese Hilfe scheinbar nicht nötig.
Wenn in der Morgenfrühe eine Otter bei vielleicht 8 °C Lufttemperatur erscheint, bewegt sie sich noch langsam und züngelt auch weniger schnell. Sie legt sich breit an die Sonne und hat nach etwa einer halben Stunde ihre Vorzugstemperatur erreicht. Nun ist sie in der Lage, beim Auftauchen eines Feindes rasch zu verschwinden, Beute zu jagen, zu fressen und zu verdauen. Bis jetzt hat sie ziemlich frei dagelegen, durch wenige Halme schwach gedeckt, eine Aspisviper manchmal sogar völlig ungeschützt auf einem Stein. Bald ist der Schutz gegen Sicht wichtiger, und weniger Sonnenstrahlen wären besser. Die Schlange kriecht in den Halbschatten. Am Mittag im Sommer wird es über dem Boden an allen Stellen zu heiß. Die Schlange kriecht in ein Versteck, aus dem sie gegen Abend wieder herauskommt. Schließlich verschwindet sie vor der Kühle der Nacht in ihrem Schlupfwinkel. Das Leben der Schlange verläuft aber nicht nach

1  2

Aspisviper I
Vipera aspis aspis

Aspisviper, *Vipera aspis aspis* I
(Text S. 117)

1 Zwei ♀♀, die beide hochträchtig sind und daher nicht mehr fressen, können es sich leisten, so nahe beisammen zu leben. Sie sind keine Jagdkonkurrenten. Dieser Wohnort ist so günstig, daß sich hier ständig Vipern aufhalten. Das mag die beiden zusammengeführt haben. Man kann sich auch fragen, ob sie eine soziale Bindung haben und einen Körperkontakt als angenehm empfinden. Vipern sind außerordentlich friedliche und duldsame Tiere – natürlich nicht gegenüber einer Beute oder einem möglichen Feind. Die untere Schlange ist frisch gehäutet. Die obere steht vor der Häutung, was die Trübung des Auges anzeigt. Das dunkle Tier hat einmal das rechte Auge verletzt, so daß die Pupille nicht ganz richtig steht.

2 Das Bild zeigt ein ganz typisches Vipernbiotop aus dem nördlichen Schweizer Jura. Das grobe Geröll ist von ein paar mageren Gebüschen und Baumkrüppeln durchwachsen. Über der Halde steht eine Felswand, die immer wieder, vor allem im Frühjahr, Steine nachliefert. Dadurch mag auch das Zuwachsen etwas verlangsamt werden. Der Kalk läßt das Wasser rasch durchsickern und ist sofort wieder trocken und warm. Der Hang ist gegen Südosten geneigt. – Vor einem halben Jahrhundert hat die Landbevölkerung das wertlose Krüppelholz immer wieder herausgeschnitten und im Ofen verbrannt. Den Vipern ist dadurch der Sonnenplatz erhalten worden. Heute fällt das da-

hin. Unmerklich langsam sind Geröllhalden zugewachsen. Ein nasser Frühling begünstigt dieses Wachstum. So sind im Jura viele Halden verschwunden. An einigen Stellen versucht man mit Säge und anderem Werkzeug, die sonnigen Stellen freizuhalten. Manche Geröllhalde ist auch für den Weg- und Straßenbau abgegraben worden.

einem starren Schema. Oft bleibt sie auch verborgen, wenn man glaubt, sie müßte nun an die Sonne kommen. Im Sommer setzt sie sich, außer an kühleren Tagen, immer weniger lang der Sonne aus. Wenn es längere Zeit sehr heiß und trocken ist, braucht man keine Kreuzotter und keine Viper mehr im Freien zu erwarten. Nach dem nächsten Gewitter sind sie wieder da, vielleicht auch schon vorher, wenn schwere Wolken den Himmel verhängen und drückende Schwüle herrscht.

Immer wieder taucht die Frage nach der Nachtaktivität auf, vor allem in warmen Sommernächten, in denen es einer Viper ohne weiteres möglich wäre, sich im Freien zu bewegen und sogar zu jagen. Es sind vor allem zwei Besonderheiten, die zu dieser Frage Anlaß geben: die Spaltpupille, in der man ein Organ für Nachttiere sieht, und die Tatsache, daß die wichtigsten Beutetiere, die Kleinsäuger, zum großen Teil nachtaktiv sind. Im Freilandterrarium sind Vipern nachts immer wieder im Freien anzutreffen. Aber für das Freileben lauten die Antworten sehr widersprüchlich. Im allgemeinen wird eine Nachtaktivität für Nord- und Mitteleuropa verneint. Doch gilt sie sicher für die Vipern in Nordafrika und im südlicheren Teil von Zentralasien, wo die Vorfahren unserer Gattung *Vipera* wohl herkommen dürften. Das würde die Spaltpupille erklären. Es mag aber in jenen Urzeiten auch in Europa warm genug gewesen sein, so daß Reptilien sogar die Haupttätigkeit in die Nacht verlegen konnten. Meine einzige Beobachtung einer

nachtaktiven Schlange betrifft die Ringelnatter *(Natrix natrix helvetica),* die ich an einem 30. April bei etwa 10 °C um 22 Uhr MEZ in einem Karpfenweiher im Elsaß beobachtet habe. Die sonst sicher tagaktive Natter mit der runden Pupille schwamm in einer starken Population von Laubfröschen umher. Ob sie gejagt hat, weiß ich nicht und nehme es auch nicht an. In den Weiher getrieben habe ich sie nicht, denn ich hatte lange vorher reglos verharrt, um im Licht einer montierten Lampe die Laubfrösche zu beobachten und zu fotografieren.

Nahrungsaufnahme und Trinken

Die Hauptnahrung der Adulttiere bilden Kleinsäuger, Nager und Insektenfresser. In Mitteleuropa sind es vor allem Feld- und Rötelmaus, Wald- und Gelbhalsmaus. Die wöchentliche Nahrungsmenge dürfte zwischen 5% und 10% des Körpergewichtes liegen. Es werden aber auch bei einer Mahlzeit unglaubliche Mengen verschlungen. Die größte weibliche Juraviper aus dem Schweizer Jura, die ich je zu Gesicht bekommen habe (Bild 3, S. 74), ist von einem Bekannten beim Sammeln von Samenkapseln der Herbstzeitlose gefangen worden. Arglos hat er die Viper als vermeintliche Ringelnatter in den gleichen Sack getan. Um einen Bißfall zu vehindern, habe ich die Viper sofort mitgenommen. Bald darauf hat die unglaublich dicke Viper, wie das einige Zeit nach dem Fangen oft geschieht, die verschlungene Beute ausgewürgt: eine adulte Schermaus (*Ar-*

vicola terrestris) und drei halbwüchsige Schermäuse.

Die Vipern jagen meistens, indem sie auf Beute lauern. Daß sie aber auch Mäuse verfolgen, kann man an hungrigen Schlangen im Terrarium erleben. Wenn sie eine Reihe von Jungmäusen auswürgen, zeigt das, daß sie auch in Nagerbaue eindringen und diese ausräumen. Normalerweise erwacht aber ihr Jagdinstinkt, wenn eine Maus zufällig in ihre Nähe kommt. Die ruhig daliegende Viper hebt züngelnd den Kopf. Sie nimmt den Geruch wahr. Der Hals liegt in einer S-Schleife. Die Hauptanregung geht von der bewegten Maus aus. Kommt diese nahe genug heran, schlägt die Viper blitzschnell zu und liegt wieder ruhig da. Das Auge kann die Bewegung kaum verfolgen, die Maus unmöglich dem Biß ausweichen. Die Beute springt erschreckt auf und rennt davon. Sie kommt aber nicht weit. Sie fängt zuerst mit den Hinterbeinen an zu lahmen und fällt, zappelt noch kurze Zeit und stirbt innerhalb von etwa fünf Minuten. Die Viper liegt immer noch ruhig da. Bald reißt sie den Rachen auf, stellt die Giftzähne und bringt so ihren Freßschädel wieder in Ordnung. Nach einiger Zeit nimmt die Viper die Spur der Beute auf, deren Geruchpartikel sie mit Hilfe der Zungenspitzen in die Riechgruben im Gaumendach, in das Jacobsonsche Organ, zur Analyse bringt. Die aufgefundene Maus wird ausgiebig bezüngelt. Manchmal hat man den Eindruck, daß sie mit der Kopfunterseite über das Fell streicht und die Schnauze zwischen die

3 5

4 6

Aspisviper II
Vipera aspis aspis

74

Aspisviper, *Vipera aspis aspis* II

3 Das sehr große, trächtige ♀ aus dem Jura wird in wenigen Tagen fünfzehn etwa 18 cm lange Junge absetzen. In den meisten Fällen werden weniger als zehn Junge geboren.

4 Ein solches ♂ mit schmalen, langen Querbalken, die manchmal noch mit einem dünnen orangefarbenen Saum eingefaßt sind, kann man im nördlichen Schweizer Jura antreffen und auch im Südschwarzwald, dem einzigen Fundort der Aspisviper in der Bundesrepublik Deutschland.

5 Dieses typisch gefärbte und gezeichnete Paar kommt im Jura vor: Das ♂ in Grau hat Querbänder, die über den Rücken durchlaufen oder auf der Rückenmitte versetzt sind, und auf jeder Flanke eine Reihe Seitenflecken, die mit den Bändern abwechseln. Die ♀♀ sind bräunlich und haben dünne Querbänder.

6 Der Kopf eines Weibchens in etwa fünffacher Vergrößerung zeigt den Augenspalt, die aufgeworfene Schnauze und sogar drei Reihen Unteraugenschilder statt zwei.

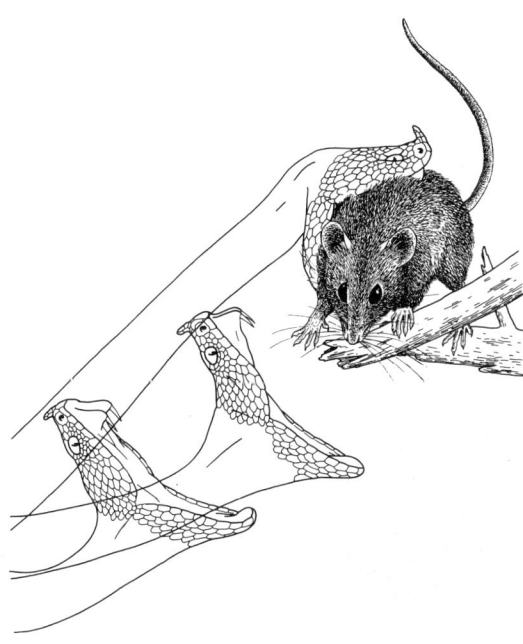

Zeichnung 10 von MAUGERI, ST. in BRUNO (1977)
Die Sandotter versetzt einer Maus den Giftbiß.

Haare drückt. Sie bewegt sich gegen den Strich der Haare und gelangt so zum Kopf, wo sie die Beute von vorn packt und in den nächsten fünf bis zehn Minuten ganz, wirklich «mit Haut und Haar», hinunterwürgt. Das Festhalten und Hineinziehen geschieht mit Hilfe der kleinen, nach hinten gebogenen Zähne des Unterkiefers und des Gaumendaches. Man beobachtet die Kontraktionen der kräftigen Muskeln der Speiseröhre, die den großen Brocken in den langgestreckten Magen befördern.

Beim Fangbiß ist nicht nur das tödliche Gift in die Maus eingespritzt worden, sondern auch ein Verdauungsferment, das in der sterbenden Beute durch den Blutkreislauf überallhin verteilt wird. So klein die Menge dieses Stoffes sein muß – er hat doch eine sichtbare Wirkung. Bei einem gebissenen Tier läuft die Verdauung fast doppelt so rasch ab wie bei einer auf andere Art getöteten Beute. Die Verdauung nimmt je nach Beute und Temperaturverhältnissen drei bis acht Tage in Anspruch. Auch nach dem Fressen wird der Rachen wieder aufgesperrt, damit der Schädel in Ordnung kommt (Bilder S. 18).
Schlangen trinken, indem sie die Schnauze in einen Wassertümpel halten und die Flüssigkeit durch kauende Bewegungen aufnehmen. Öfters nehmen sie aber Tautropfen von Halmen und Blättern auf, indem sie diese durch die kleine Aussparung im unteren Rand des Rostrale einziehen und erst schlucken, wenn sie ein paar Tropfen aufgenommen haben. In trockenen Gebieten müssen Vipern ihre Schlupfwinkel frühzeitig verlassen, um Tau zu schlürfen, der bald verdunstet ist. Nach BILLING (1983) gibt es Schlangen, wie die *Vipera seoanei*, die unter Umständen neben dem gefüllten Trinkgefäß verdursten können, wenn man im Terrarium kein Wasser versprüht.

Spätsommer und Herbst

Geburt

Aspisviper und Kreuzotter können unter günstigen Umständen schon Ende August Junge zur Welt bringen. Meist geschieht es im September, manchmal auch erst im Oktober. Es kommt auch vor, daß kaltes Herbstwetter eine Geburt nicht mehr erlaubt und die Jungen während der Winterruhe im Körper zurückbehalten werden müssen. Sie erscheinen dann, wenn alles gutgeht (was sicher nicht immer der Fall ist), erst im folgenden Frühling. Vorerst sollen hier noch einige Überlegungen zur Fortpflanzung eingefügt werden.

Die Vipern setzen im allgemeinen lebende Junge ab. Wir nennen sie daher lebendgebärend oder vivipar. Will man ganz genau sein, muß man diesen Ausdruck für die Säuger reservieren, deren Eier winzig klein sind, etwa 0,1 mm im Durchmesser, und keinen Nahrungsvorrat in Form von Dotter besitzen, sondern alles, was sie für den Aufbau während der Embryonalzeit benötigen, von der Mutter über die Plazenta erhalten. Wir nennen die Vipern und andere Reptilien ovovivipar oder «mit Eiern lebendgebärend». Das Weibchen hält die Eier in den Eileitern zurück, bis sie schlüpfbereit sind. Die Jungen schlüpfen bei der Geburt aus dem Ei. Doch bezeichnen wir unsere Vipern der Einfachheit halber auch als vivipar und sind uns dabei bewußt, welchen Sinn wir dem Ausdruck geben müssen.

Aspisviper aus dem Nordjura
Vipera aspis aspis

Aspisviper, *Vipera aspis aspis* III

Das rötlichbraune ♂ hat sehr lange, schwarze, rot ge-
säumte Querbalken, welche zum Teil die unterste
Reihe der Rückenschuppen erreichen, so daß die
Schlange «geringelt» erscheint. Diese Musterung
trifft man wohl nur im nördlichen Schweizer Jura an.

Die Mutter liefert dem Embryo Wasser und sorgt für den Gasaustausch. Sie gibt also aus ihrem Blutkreislauf Sauerstoff ab und nimmt Kohlendioxid auf. Vor der Geburt wird der Rest des Dotters, der sich vorher im Dottersack befunden hat, in den Verdauungskanal aufgenommen. Er hilft den jungen Schlangen als Reservenahrung über ihre erste Lebenszeit hinweg, bis es ihnen gelingt, Beute zu finden und zu erjagen. Unsere Vipern verfolgen in erster Linie Eidechsen.

Nach der Geburt besteht keine Beziehung mehr zwischen der Mutter und dem Jungen. Dieses häutet sich in den nächsten Stunden und beginnt ein selbständiges Leben.

Die lederartigen oder hartschaligen Eier, die gegen das Austrocknen und andere schädliche Umwelteinflüsse ziemlich gut geschützt sind, haben es den Reptilien ermöglicht, das Land endgültig zu erobern. Reptilien haben als erste Wirbeltiere Landeier gelegt. Das Zurückbehalten der Eier im Körper der Mutter und das Lebendgebären ist ein weiterer Fortschritt. Werden Eier abgelegt und der Natur zum Ausbrüten überlassen, so müssen sie an einem Ort versteckt werden, der nicht nur Sicherheit, sondern auch genügend Feuchtigkeit bietet, damit sie nicht eintrocknen. Zu naß darf es auch nicht sein, sonst schimmeln die Eier. Auch die passende Wärme ist vonnöten, jedoch so, daß es zu keiner Überhitzung kommt. Es ist eigentlich erstaunlich, daß Reptilienweibchen immer wieder solche Orte finden.

In Gegenden mit feuchtkaltem oder trokkenheißem Klima ist es vielfach unmöglich, geeignete Stellen für die Eiablage zu finden. Da ist es von großem Vorteil, wenn die Eier sich im Körper der Mutter entwickeln können. Im Innern des Weibchens ist das Problem der Feuchtigkeit gelöst. Die Eier werden hier auch gut geschützt und durch Flucht vor Feinden gerettet. Sie werden vielleicht auch verteidigt, vor allem, wenn die Mutter eine Giftschlange ist. Die trächtige Schlange sucht Orte auf, die für sie und die Eier in bezug auf die Besonnung, die Temperatur und die Feuchtigkeit besonders günstig sind. Hochträchtige Weibchen der **Viperiden** jagen und fressen nicht. Sie brauchen ihre Sonnenplätze auch deswegen nie zu verlassen. Vor der Nachtkühle oder bei schlechtem Wetter gelangen die Eier mit der Mutter in den noch warmen Boden. So ist es kein Zufall, daß jene beiden europäischen Reptilien, die bis über den Polarkreis hinauf vorkommen und in den Alpen fast 3000 m Höhe erreichen, vivipar sind: die Kreuzotter *(Vipera berus berus)* und die Bergeidechse *(Lacerta vivipara),* die übrigens die einzige lebendgebärende Art der Gattung *Lacerta* ist.

Es gibt aber trotzdem eierlegende Vipern. Ihre Eier sind bei der Ablage schon ziemlich weit entwickelt und brauchen nur noch einige Wochen bis zum Schlüpfen. In Europa legen nur die beiden Unterarten der Levanteotter Eier, die *Vipera lebetina schweizeri,* die auf einigen Kykladeninseln vorkommt, und die gewaltige *Vipera lebe-*

tina obtusa, die von der Levante an ostwärts einen großen Teil Asiens bewohnt und an der Westküste des Kaspischen Meeres in der Autonomen Sowjetrepublik Dagestan unseren Kontinent erreicht. Diese Tiere leben zwar in warmen, trockenen Gebieten. Man trifft sie aber häufig in teilweise oder ganz ausgetrockneten Flußbetten an, wo sie immer noch feuchte Stellen finden können. Das Legen von Eiern ist kein wichtiges Merkmal für die systematische Einteilung. Die Nominatform dieser Otter, *Vipera lebetina lebetina,* aus Zypern und eventuell aus der Südtürkei, bringt lebende Junge zur Welt.

Die hier beschriebenen Eier der Levanteotter messen prall gefüllt vor dem Schlüpfen ungefähr 55 mm mal 35 mm. Sie sind etwa so groß wie Hühnereier, aber etwas schlanker, und ihre Schale ist nicht hart, sondern lederartig. Vor dem Schlüpfen schneidet der scharfe Eizahn, der auf dem Praemaxillare steht und vorn an der Schnauze hervorragt, ein paar glatte Schnitte in die ledrige Eihaut. Nun kann die junge Schlange atmen und den Kopf durch eine der Spalten strecken. Immer wieder geht sie zurück in das schützende Ei, besonders bei Störungen. Nach ein bis zwei Tagen verläßt das etwa 30 cm lange Junge die Eischale. Es trägt noch die Nabelschnur, an welcher der Dottersack mit Dotterresten hängt. Bald dorrt die Nabelschnur ab. Nach zwei bis drei Wochen häutet sich die junge Levanteotter und geht auf Nahrungssuche (Bilder S. 16).

1

3

2

4

5

Italienische Viper
Vipera aspis francisciredi

78

Italienische Viper, *Vipera aspis francisciredi*
(Text S. 117)

1 Die Unterart ist nicht immer leicht von der Nominatform oder von der Alpenviper zu unterscheiden. In ihrem großen Verbreitungsgebiet von der Südschweiz bis gegen Süditalien sind die Merkmale nicht immer eindeutig ausgeprägt. – Dieses ♂ aus dem Malcantone im Tessin zeigt die auffallende Weißfärbung an den Bauchseiten und unter dem Streifen vom Auge zum Mundwinkel.

2 Dieses graue ♂ stammt aus dem Puschlav, einem südlichen Bündnertal.

3 Ein ♂ aus dem Tessin südlich des Monte Ceneri

zeigt, daß die Rückenzeichnung lockerer und weniger exakt wirkt als bei der Nominatform.

4 Ein junges ♀ aus dem Malcantone.

5 Dieses ♂ stammt vom Südhang des Monte Ceneri. Wie auch auf den anderen Bildern außer auf Bild 4 zu sehen ist, zeichnet sich der Kopf von *Vipera aspis francisciredi* gegenüber *Vipera aspis aspis* und *Vipera atra atra* durch seine auffallende Breite aus. Die Schilder der Oberlippen streben nach außen, so daß man ihre beiden Ränder senkrecht von oben zugleich sehen kann.

Die letzten Tage an der Sonne

An warmen Septembertagen kommt es, wie schon erwähnt, bei der Aspisviper zur Herbstpaarung, an der vermutlich nur Weibchen teilnehmen, die in diesem Jahr keine Jungen geworfen haben.
Im September wird kaum mehr gejagt. An warmen Tagen liegen die Vipern an der Sonne. Sie verdauen und entleeren Magen und Darm, deren halbverdauter Inhalt im Verdauungstrakt während der Winterruhe gefährlich werden könnte.

WINTER

Winterruhe

Ende September oder im Oktober wird das Winterquartier aufgesucht. Dieses liegt in Felsspalten, unter Geröll oder Baumstrünken und in Lesesteinwällen, in Nagerhöhlen und ähnlichen Verstecken. Der Unterschlupf muß frostsicher sein. Nur kurze Zeit ertragen die Schlangen eine Temperatur um den Gefrierpunkt. Günstig sind 4 bis 8 °C. Liegt die Temperatur zu hoch, verbrauchen die Vipern ihren Fettkörper in kurzer Zeit und verhungern. Aspisvipern sollen meist einzeln oder in ganz kleinen Gruppen überwintern, während Kreuzottern und Sandottern dort, wo es noch starke Populationen gibt, sich in großer Zahl in einem günstigen Unterschlupf zusammenfinden. Man hat schon Hunderte von Kreuzottern beieinander angetroffen, vor allem in Winterquartieren im Norden. Für die Sandotter in Bulgarien gibt BIELLA

(1983) die Rekordzahl von 1100 Vipern in der gleichen Unterkunft an.
Nach einem kalten Jahr, das für wechselwarme Vipern zugleich ein Hungerjahr ist, bei schlechtem Herbstwetter und in sehr strengen Frostzeiten ohne Schnee im Winter überleben viele Vipern den Winter nicht. Am meisten gefährdet sind die Neugeborenen und die Mütter, die sie zur Welt gebracht haben.

Einteilung der Schlangen

Die wichtigsten Schlangenfamilien:		Artenzahl in Europa
Familie **Typhlopidae**	Blindschlangen	1
Familie **Boidae**	Riesenschlangen	2
Familie **Colubridae**	Nattern	22
(**Boiginae**	Trugnattern	3)
Familie **Elapidae**	Giftnattern	
Unterfamilie **Elapinae**	Landgiftnattern	0
Unterfamilie **Hydrophiinae**	Seeschlangen	0
Familie **Viperidae**	Vipern oder Ottern	
Unterfamilie **Viperinae**	Eigentliche Vipern oder Ottern	9
Unterfamilie **Crotalinae**	Grubenottern	1
	total	35

Hugy-Viper und Montecristo-Viper
Vipera aspis hugyi & montecristi

Hugy-Viper, *Vipera aspis hugyi*, und Monte-cristo-Viper, *Vipera aspis montecristi*
(Text S. 119)

1 Diese Landschaft, in der die Hugy-Viper vorkommt, liegt auf 1400 m Höhe im kalabrischen Silagebirge.

2 Dieses ♂ der *Vipera aspis hugyi* aus dem Silagebirge zeichnet sich durch eine auffallend dunkle Rückenzeichnung aus, die zum Teil in Flecken aufgelöst ist.

3 Dieses junge bunte ♂ stammt aus Sizilien.

4 Ein ♂ von einem Küstenstreifen in Südsizilien zeigt

die verschiedenen Möglichkeiten in der Gestaltung des Rückenbandes: Große ovale, voneinander getrennte Flecken und solche, die durch die dunkle Saumlinie miteinander verbunden sind, wechseln ab mit Stücken eines gerundeten Wellenbandes.

5 Dieses ♂ der *Vipera aspis montecristi* macht vor allem die große Ähnlichkeit mit einer *Vipera aspis hugyi* deutlich. Sie wird daher nur von wenigen Autoren als eigene Unterart anerkannt.

Die Giftschlangen Europas unter besonderer Berücksichtigung der Gattung Vipera

Familie **Colubridae**
Nattern
(Bilder 3–6, S. 8)

Es gibt vollständig ungiftige Nattern, wie gewisse *Elaphe*-Arten, zum Beispiel die Äskulapnatter (*Elaphe longissima*), die weder Giftzähne noch eine Giftdrüse aufweisen. Aber bei vielen Nattern, die keine Giftzähne besitzen, hat sich ein Teil der Oberkieferspeicheldrüse zu einer Art Giftdrüse umgebildet. Diese Nattern sind, weil sie keine Giftzähne haben, normalerweise harmlos. Das gilt für alle europäischen Formen. Doch gibt es auch Ausnahmen, zum Beispiel die Ravergieri-Zornnatter (*Coluber ravergieri*), die im Kaukasusgebiet Europa knapp erreicht (Bild S. 8, Text S. 37).

Boiginae
Trugnattern

Die Trugnattern zeichnen sich durch starre, gefurchte Giftzähne am Hinterende des

Maxillare aus (S. 39). Die drei Arten der europäischen Giftschlangen werden dem Menschen nicht gefährlich. Dennoch müssen wir sie zu den Giftschlangen zählen.

Malpolon monspessulanus (HERMANN, 1804)
Europäische Eidechsennatter
(Giftapparat S. 39)

Kennzeichen: Die lebhafte und kräftige Schlange, die in Europa bis zwei Meter lang werden kann, zeichnet sich aus durch ihre großen Augen, über denen eine seitliche Kopfkante verläuft, so daß das Tier einen tückischen und aggressiven Eindruck macht. Eine einmalige Besonderheit stellen die Eindellung der Kopfoberseite dar und das lange schmale Frontale, das in ihr

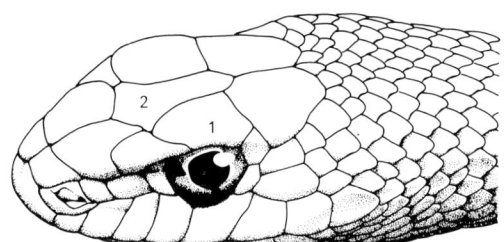

Zeichnung 11
Malpolon monspessulanus monspessulanus
Westliche Eidechsennatter
1 Das Supraoculare bildet zusammen mit den davor liegenden Schildern eine seitliche Kopfkante, die das große Auge überdacht und den Eindruck eines strengen und tückischen Blickes erzeugt.
2 Das sehr langgestreckte Frontale liegt in einer Eindellung des Kopfdaches.

liegt. Die Rückenschuppen sind glatt oder gefurcht, aber ohne Kiele.
Verbreitung: Die Eidechsennatter kommt fast rund um das Mittelmeer vor, fehlt jedoch in Mittel- und Süditalien. Sie lebt auf sonnigem, mit niederen Pflanzen und spärlichem Gebüsch bewachsenen steinigem oder sandigem Gelände, von der Küste bis auf Höhen von 2000 Metern. Sie wagt sich auch in angebaute Gebiete.
Fühlt sie sich bedroht, so läßt sie ein andauerndes und sehr starkes Zischen hören. Ihre Flucht ist wie auch ihre Jagd ungestüm und pfeilschnell. Fängt man die Schlange, so schnappt sie meist zu, aber fast immer nur oberflächlich mit den vorderen Zähnchen. Gelangt aber einmal ein Finger in den Rachen und wird richtig gebissen, das heißt vom gefurchten Giftzahn erfaßt, so können sich doch unangenehme Folgen einstellen (S. 41).
Die Eidechsennatter ist ein tagaktives Augentier. Sie jagt mit erhobenem Kopf überraschend schnell und wild hinter Eidechsen und Kleinsäugern her und erwischt auch einmal einen Vogel, vor allem natürlich Bodenbrüter. Sie fängt sich auch Schlangen, wobei sie ohne weiteres Vipern und Sandottern annimmt. Die Beute wird in den Rachen gezogen, damit sie mit den Giftzähnen erreicht werden kann. Kauende Bewegungen pumpen das Gift in die Blutbahn des Opfers, das in wenigen Minuten stirbt. Besonders wehrhafte Beute kann zum Festhalten umschlungen werden. Ausgewachsene Eidechsennattern überwältigen große Perleidechsen.

1   3

2   4

Die Schwärzlinge der Aspisviper
Vipera aspis

82

Schwärzlinge von *Vipera aspis*
(Text S. 121)

Melanotische Aspisvipern kommen wahrscheinlich fast immer mit normaler Färbung zur Welt und dunkeln im Laufe der Jahre nach. Die Geburt von schwarzen Jungen könnte ausnahmsweise auch vorkommen. Im Berner Oberland habe ich einmal ein ganz schwarzes einjähriges Junges angetroffen.

1 *Vipera aspis hugyi* ♀: Diese melanotische Viper aus dem Silagebirge stellt eine große Seltenheit dar. Interessant an diesem Tiere ist der feine weiße Saum am unteren Rand der Oberlippenschilder.

2 *Vipera aspis atra* ♀: In manchen Populationen haben die ♀♀, im Gegensatz zu dieser vollständig schwarzen Schlange, Rotfärbungen an der Unterseite.

3 *Vipera aspis atra* ♂ aus der gleichen Population im Berner Oberland wie die Viper auf Bild 2: In diesem Gebiet sind schwarze ♂♂ weniger häufig.

4 Dieses melanotische ♀ von *Vipera aspis francisciredi* aus den Abruzzen zeigt die Zugehörigkeit zu dieser Unterart durch ihren dicken Hinterkopf.

In Europa werden zwei Unterarten unterschieden:

Malpolon monspessulanus monspessulanus (HERMANN, 1804)
Westliche Eidechsennatter
(Bild S. 8)

Kennzeichen: Diese Unterart weist in der Körpermitte fast immer 19 Reihen von Rückenschuppen auf. Sie wird auch größer als die andere Subspecies. Zwischen den beiden Formen bestehen auch Unterschiede in der Zeichnung und Färbung.
Verbreitung: Ein isoliertes Vorkommen liegt im Trentino. Das zusammenhängende Areal beginnt in Westligurien und reicht über das französische Mittelmeergebiet samt den Iles d'Hyères und der Iberischen Halbinsel bis nach Nordwestafrika.

Malpolon monspessulanus insignitus (GEOFFROY, 1827)
Östliche Eidechsennatter

Kennzeichen: Die Anzahl der Rückenschuppen beträgt meist nur 17.
Verbreitung: Diese Unterart lebt im südlichen Venetien, erreicht über Istrien und die dalmatische Küste samt einigen der vorgelagerten Inseln Albanien, Griechenland und Bulgarien. Sie besiedelt die großen adriatischen Inseln Korfu, Kefallinía und Zákinthos und die Inseln der nördlichen Ägäis. Auch in Westasien ist sie daheim und in Nordafrika, aber nicht im westlichen Nordafrika, das die Nominatrasse besiedelt.

Macroprotodon cucullatus (GEOFFROY, 1927)
Kapuzennatter
(Bild S. 8)

Kennzeichen: Die kleine, meist nicht länger als einen halben Meter werdende Schlange bringt es höchstens auf 65 cm. Der Kopf ist vorne abgeflacht, die Pupille manchmal schwach oval in vertikaler Richtung. Den Nacken ziert ein dunkles Halsband, das sich auf die Kopfoberseite ausdehnen kann und bei flüchtigem Betrachten an eine Kapuze erinnert. Aber die Kopfzeichnung ist sehr unterschiedlich. Der graue oder bräunliche Schlangenkörper mit den drei oder fünf Längsreihen von Flecken erinnert an unsere Schlingnatter (*Coronella austriaca*). Das einzigartige Kennzeichen aber ist das große sechste Oberlippenschild, welches das Scheitelschild oder Parietale ganz oder doch fast ganz erreicht. Ausnahmsweise kann dieses für die Art typische Oberlippenschild einmal zweigeteilt sein. In diesem Fall schaut man die andere Seite an, wo es wahrscheinlich in Ordnung ist.

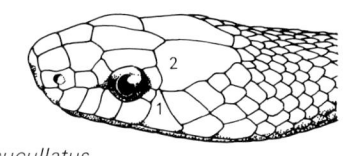

Zeichnung 12
Macroprotodon cucullatus
Kapuzennatter von den Balearen
1 Das sechste Oberlippenschild ist stark verlängert und berührt die Nr. 2.
2 Parietale oder Scheitelschild.

Verbreitung: Die Kapuzennatter lebt im Süden der Iberischen Halbinsel, im Mittelmeer auf den Balearen und den beiden Inseln Galite und Lampedusa sowie in Nordafrika; nach Osten kommt sie bis nach Israel vor. Steinhaufen, altes Gemäuer und ähnliche versteckreiche Plätze an Feldrändern, in lichten Wäldern und buschbestandenem Gelände bilden ihren Lebensraum. Die dämmerungs- und nachtaktive Schlange kriecht in langsamen Bewegungen durch Ritzen und unter Steine, wo sie kleine Echsen überrascht. Ihr Maul ist so klein, daß sie mit den Giftzähnen den Menschen nicht verletzen kann.

Telescopus fallax (FLEISCHMANN, 1831)
Europäische Katzennatter
(Bilder S. 8 und 12)

Kennzeichen: Die Katzennatter wird etwa einen Meter lang, vielleicht ausnahmsweise auch etwas größer. Ihr schlanker Körper ist mehr hoch als breit. Die Zeichnung besteht aus einer Längsreihe von fast rechteckigen schwarzen Flecken auf dem Rücken und etwas blasseren Barren an den Flanken. Der Kopf ist abgeflacht. Als einzige europäische Natter besitzt sie Augen mit einer eigentlichen Spaltpupille, die sich aber von jener der Vipern unterscheidet (Bild S. 12 und Text S. 27). Ebenso einmalig für eine europäische Natter ist die Tatsache, daß nur ein einziges langgestrecktes Lorealschild vorhanden ist, das Auge und Nasale miteinander verbindet.

Die Unterarten von *Vipera aspis* I
Vipera aspis zinnikeri

Vipera aspis atra

Vipera aspis aspis

84

Die Unterarten von *Vipera aspis* II
Vipera aspis francisciredi

Vipera aspis montecristi

Vipera aspis hugyi

85

Die Unterarten von *Vipera aspis* zweieinhalb-mal vergrößert

Die drei Unterarten auf den Bildern 1–9 haben ziemlich schmale Köpfe, die drei auf den Bildern 10–18 auffallend breite. Bei allen Arten ist das Rostrale hoch und die Schnauze aufgeworfen. Den Höhepunkt erreicht darin *Vipera aspis hugyi,* wie das Bild 17 zeigt. Einen Atavismus in Form eines nicht ganz aufgelösten Frontale weist *Vipera aspis aspis* auf, Bild 8. Interessant ist auch der Vergleich der sechs verschieden geformten Rostrale. Natürlich kommen hier auch individuelle Unterschiede zum Ausdruck.

Verbreitung: Die Katzennatter lebt auf dem Balkan, auf vielen Inseln des östlichen Mittelmeeres und in Südwestasien.

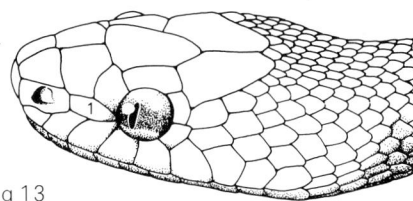

Zeichnung 13
Telescopus fallax fallax
Katzennatter von einer Sporadeninsel
1 Es ist nur ein einziges Loreale oder Wangenschild vorhanden, welches das Auge mit dem Nasenschild verbindet. Man bezeichnet dieses Schild auch als Praeoculare oder Voraugenschild.
Das vorstehende Auge weist eine Spaltpupille auf, die sich im Gegensatz zur Pupille der Vipern immer mit dem Kopf bewegt.

Als dämmerungsaktive Schlange macht sie sich erst beim Dunkelwerden auf die Jagd nach Echsen und manchmal auch Mäusen, die sie in der Art der anderen Trugnattern vergiftet und verschlingt. Auch diese Natter ist nicht sehr groß und dadurch für den Menschen nicht gefährlich.
Nach der Anzahl der Rückenschuppenreihen und der Färbung sind verschiedene Unterarten beschrieben worden:

Telescopus fallax fallax (FLEISCHMANN, 1831)
(Bilder S. 8 und 12)

Kennzeichen: Es sind die gleichen wie in der Artbeschreibung (s. oben).

Verbreitung: Die Nominatform lebt auf der Balkanhalbinsel, den Kykladen außer der Insel Christiana, auf den nördlichen Sporaden und in Kleinasien. Sie besiedelt fast das ganze europäische Artareal, ausgenommen einzelne Inseln.

Telescopus fallax multisquamatus WETTSTEIN, 1952

Kennzeichen: Statt 21 wie die Nominatform weist diese Unterart 22 Reihen von Rückenschuppen um die Körpermitte auf. Das Fleckenmuster ist nur noch schwach ausgeprägt. Der Rücken ist mit feinen dunkeln Punkten übersät.
Verbreitung: Insel Koufonissi bei Kreta.

Telescopus fallax pallidus ŠTĚPÁNEK, 1944

Kennzeichen: Die Fleckenzeichnung auf heller Grundfarbe ist in der Jugend schwach ausgebildet und verschwindet im Alter ganz. Die Anzahl der Rückenschuppenreihen beträgt 21.
Verbreitung: Diese Unterart lebt auf Kreta, den benachbarten Inseln Gavdos, Elassa und auf der Kykladeninsel Christiana.

Familie **Viperidae,** Vipern oder Ottern

Unterfamilie **Viperinae**
Eigentliche Vipern oder Ottern
Gattung *Vipera* LAURENTI, 1768

Die Vipern der Gattung *Vipera* sind die eigentlichen Giftschlangen Europas und des

nördlichen und mittleren asiatischen Raumes, wozu noch der mediterrane Teil Nordafrikas zu rechnen ist; zusammen sind sie Bestandteil der Paläarktis. Nur eine einzige Art – die Kettenviper *(Vipera russelli)* – kommt in den Tropen vor. In der Paläarktis leben noch andere Gattungen der **Viperinae,** nämlich *Cerastes, Echis, Eristicophis* und *Pseudocerastes,* sowie zwei Gattungen der **Crotalinae,** *Agkistrodon* und *Trimeresurus,* dazu einige Gattungen der **Elapidae.** Nur eine der **Crotalinae** oder Grubenottern erreicht knapp Europa: eine Unterart der Halysotter, *Agkistrodon halys caraganus.* Von Europa aus gesehen nimmt die Gattung *Vipera* die wichtigste Stellung ein. Deshalb beziehen wir die ganze Gattung *Vipera* in unsere Ausführungen ein, auch die Arten, die den afroasiatischen Teil der Paläarktis besiedeln, und erwähnen auch jene Art, die in den Tropen vorkommt. Die Gattung *Vipera* ist im herkömmlichen Sinne gemeint. Auch wenn man heute bestrebt ist, eine Aufteilung vorzunehmen (S. 142), bleibt die nähere Verwandtschaft innerhalb dieses Kreises bestehen, selbst wenn sich auch Gattungsnamen und Einteilungen ändern sollten.
Das Hauptkennzeichen der Vipern ist der vollkommen ausgebildete Giftapparat, der aus Giftdrüse, Giftkanal und aufrichtbarem Giftzahn besteht. Von den Grubenottern, die eine ebenso hochentwickelte Gifteinrichtung besitzen, unterscheiden sich die nur in der Alten Welt vorkommenden Vipern durch das Fehlen der «Grube» zwi-

schen Auge und Nasenloch, einem äußerst empfindlichen und leistungsfähigen Wärmesinnesorgan (S. 143). Auffallend bei den Vipern ist die Rückenzeichnung, die sich als geschlossenes oder in Flecken aufgelöstes Band über den Rücken hinzieht. Dazu kommt ein markantes dunkles Band, das vom Auge an nach hinten verläuft. Bei allen Vipern sind die Rückenschuppen bis gegen den Kopf hin gekielt. Das ist zwar nicht eine Besonderheit der Vipern, denn es kommt auch bei Nattern vor, so bei der Ringelnatter und ihren Verwandten der Gattung *Natrix*. Nur muß betont werden, daß alle Vipern gekielte Rückenschuppen zeigen und daß mit steigender Entwicklungshöhe die Kielung sich auf dem Kopfdach, an den Kopfseiten und an den Flanken ausdehnt. Die erwähnten Eigenschaften werden bei den Artbeschreibungen nicht mehr erwähnt, wenn nicht etwas Besonderes dazu zu sagen ist.

A *Pelias*-Gruppe
Ursprüngliche europäische Ottern

Der Körper ist verhältnismäßig schlank, der Kopf wenig vom Halse abgesetzt. Der Pileus weist neben den Supraocularia drei große Schilder auf, nämlich ein Frontale und zwei Parietalia. Da Schilder nicht gekielt sind, bleibt der Pileus ohne Kielung. Diese kommt nur bis auf eine oder zwei Schuppenreihen an die Parietalschilder heran. Interessant ist, daß die ursprünglichste Art dieser Gruppe, die *Ursinii*-Viper, die an sich rauher beschildert ist als die an-

deren Arten, mehr beschilderte Schuppen an den Kopfseiten aufweist als zum Beispiel die Kreuzotter. Die unterste Reihe der Rumpfschuppen ist nicht gekielt. Zwischen Auge und Oberlippenschildern liegt nur eine Reihe von Subocularia. Die Schnauze ist vorne gerundet oder höchstens kantig und zeigt keine Andeutung einer Aufstülpung. Die Giftzähne sind, verglichen mit der Kopfgröße, kurz und Giftmenge und Wirkung des Giftes im allgemeinen etwas geringer als bei den höherentwickelten europäischen Vipern. Die Weibchen sind meistens etwas größer als die gleichaltrigen Männchen und erreichen fast immer auch absolut größere Längen und ein höheres Gewicht. Daß eine solche Feststellung ihre Ausnahmen haben muß, geht schon daraus hervor, daß Reptilien das ganze Leben hindurch weiterwachsen, wenn auch mit zunehmendem Alter immer langsamer. So kann es zu übergroßen Tieren kommen, unter denen ausnahmsweise auch Männchen sind. Die Angaben, die hier stehen, stellen die Norm dar. Aber bei jeder Art und Unterart dieser Gruppe kommt ein mehr oder weniger großer Prozentsatz von Individuen vor, welche die Regel in einer oder mehreren Eigenschaften durchbrechen und dadurch, daß sie Eigenheiten der nächsthöheren Gruppe aufweisen, auf diese hinweisen. Sie zeigen gewisse Merkmale in bezug auf die Entwicklung gleichsam «zu früh». Wir wollen diese Einzeltiere «progressiv» nennen. Bei zwei Arten der *Pelias*-Gruppe ist diese progressive Tendenz besonders stark

ausgeprägt: bei *Vipera kaznakovi* und bei *Vipera seoanei*. Es ist auffällig, daß die erste Art weit im Osten, im Gebiet des Kaukasus, lebt, die zweite aber im äußersten Westen auf der Iberischen Halbinsel. In diesem Übergreifen von einer Gruppe in die Eigenheiten der nächsten dokumentiert sich ihre nahe Verwandtschaft.
Auch die Umkehrung dieses Falles kommt häufig vor. Vertreter der zweiten, der *Rhinaspis*-Gruppe zeigen Ausbildungen, die eigentlich überwunden sein sollten, weil sie dem Stand der vorausgehenden *Pelias*-Gruppe angehören. Eine solche Eigenschaft nennen wir «Atavismus», und die entsprechenden Individuen bezeichnen wir als «konservativ».
Eine auffallende Besonderheit muß noch erwähnt werden, die man nur bei der *Pelias*-Gruppe antrifft. Die Schlangen können sich beim Sonnen breit machen – um ja viel Licht und Wärme aufzunehmen –, indem sie die Rippen spreizen (Bild S. 44). Wenn sie erschreckt werden, können sie das gleiche tun, um zu imponieren, wie wenn sie sich vor dem Feind größer zeigen wollten, als sie in Wirklichkeit sind (Bild 14, S. 23). Diese Eigenheit kommt bei keiner anderen Gruppe vor. In bezug auf die Wärmeaufnahme ist das verständlich, weil diese Reptilien in kühlen Gegenden mit rauhem Klima leben. Sie sind daher darauf angewiesen, in kürzester Zeit so viel Sonnenwärme wie möglich aufzunehmen. Und weil sie diese Möglichkeit besitzen: warum sollen sie dieselbe nicht vor dem Feind anwenden?

1
3
2
4

Die Stülpnasenottern
Vipera latasti latasti & gaditana

Stülpnasenottern, *Vipera latasti latasti* & *gaditana*
(Text S. 121)

1 Dieses Biotop von *Vipera latasti latasti* ist vom Menschen geschaffen worden. Die Schlange lebt sonst auf steinigen, gebüschreichen Stellen und in lichten Wäldern, besiedelt aber auch, wie hier bei einem Dorf der spanischen Provinz Teruel, die zahllosen Steinmauern. Über die Mauern huscht die Spanische Mauereidechse, *Podarcis hispanica*, und in den Äckern leben genügend Mäuse. An Nahrung fehlt es also nicht.

2 *Vipera latasti latasti* ♂: In Gestalt und Zeichnung erinnert diese Viper auf den ersten Blick an die Sand-

otter, *Vipera ammodytes*. Im Gegensatz zu ihren östlichen Verwandten besitzt sie ein schwarzes Schwanzende (linke Bildseite).

3 *Vipera latasti latasti* ♂: Bei der Stülpnasenotter erreicht das Rostrale die größte Höhe unter allen Arten der Gattung *Vipera*. Ausnahmsweise ist es bei diesem Individuum in zwei Schilder geteilt.

4 *Vipera latasti gaditana* ♀: Die schmucke Vertreterin der Südlichen Stülpnasenotter stammt aus der Umgebung von Huelva.

Die Jungtiere verschiedener Arten nehmen Insekten an, vor allem Grillen und Heuschrecken. Jene von *Vipera ursinii* tun dies auf alle Fälle. Sie behalten diese Eigenheit vielfach auch bei, wenn sie erwachsen sind (Bilder S. 32). Sie jagen auch Eidechsen, falls es in ihren zum Teil hochgelegenen Wohngebieten überhaupt solche gibt. In den Abruzzen können auf 2000 m Höhe Eidechsen eventuell fehlen, da die Bergeidechse *(Lacerta vivipara)* in diesem Gebiet prinzipiell nicht vorkommt. Karstottern jedoch leben in solchen Höhen. Auch Kleinsäuger, Mäuse und Spitzmäuse, werden gejagt.

Bei Arten, die ziemlich groß werden, wie etwa die Kreuzotter, sind die Eidechsen die Hauptbeute der Jungen. Später stellen sich die Ottern auf Kleinsäuger um, jagen aber immer noch Eidechsen. In verschiedenen Gegenden halten sich die Kreuzottern auch an Frösche. Sie ver-

schlingen vor allem Grasfrösche, mit denen sie besonders in hochgelegenen Lebensräumen zusammenwohnen. Junge Kreuzottern fangen sich gerne kleine Grasfrösche. *Vipera ursinii* zeigt sich auch einmal als Kannibalin und frißt Schlangen, sogar ihre eigene Art. Aber vielleicht wurden diese Beobachtungen nur bei Tieren in Gefangenschaft gemacht. Die Mitglieder der Gattung *Vipera* leisten sich sonst solche «Übergriffe» nicht.

Vipera ursinii (BONAPARTE, 1835)
Spitzkopfotter, Wiesenotter

Kennzeichen: Im Unterschied zu *Vipera berus*, mit der *Vipera ursinii* leicht verwechselt werden kann, gelten folgende Merkmale: Die Grundfarbe der Flanken von *Vipera ursinii* ist dunkler als jene des Rückens (Bild 4 S. 20). Zudem sind die Weibchen in der Regel so kontrastreich

gefärbt wie die Männchen. Bei *Vipera berus* zeigt die Grundfarbe von Rücken und Flanken die gleiche Tönung, und der Unterschied von Männchen und Weibchen ist sehr auffällig (Bild 5 S. 20). Bei *Vipera ursinii* berührt das Praeoculare das Nasenschild (Zeichnung und Bild 1 S. 20, Bilder S. 22 und 23). Bei *Vipera berus* liegt meistens ein Schildchen zwischen dem obersten Praeoculare und dem Nasale (Zeichnung und Bild 3 S. 20). *Vipera ursinii* weist fast immer nur ein einziges Apicale auf, bei *Vipera berus* sind es deren zwei. Noch ein Merkmal, das wohl nicht immer leicht festzustellen ist, vor allem, wenn man nicht beide Formen vor sich hat, sei erwähnt: Das kleine Nasenloch liegt bei *Vipera ursinii* etwas unterhalb der Mitte des Nasale, das große Nasenloch von *Vipera berus* aber in dessen Mitte (Zeichnung und Bilder 1 und 3 S. 20).

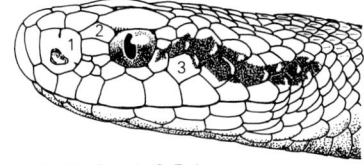

Zeichnungen 14–16, Maßstab 2,5:1
Vipera ursinii ursinii
Karstotter
1 Das kleine Nasenloch steht im untern Teil des Nasenschildes.
2 Das oberste Praeoculare verbindet Auge und Nasale.
3 Das drittletzte Maxillarschild ist weniger als zur Hälfte dunkel gefärbt.

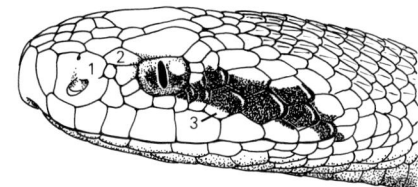

Vipera ursinii rakosiensis
Wiesenotter
1 Das kleine Nasenloch steht im, unteren Teil des Nasenschildes.
2 Das oberste Praeoculare verbindet Auge und Nasale.
3 Das drittletzte Maxillarschild ist mehr als zur Hälfte dunkel gefärbt.

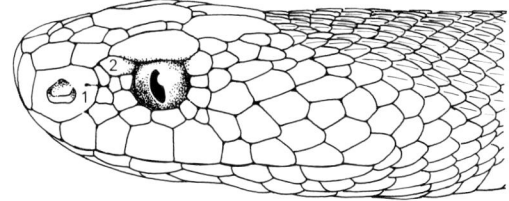

Vipera berus berus
Kreuzotter
1 Das große Nasenloch steht in der Mitte des Nasenschildes.
2 Zwischen dem obersten Praeoculare und dem Nasale liegt meist noch ein Schildchen.

Südliche Stülpnasenotter
Vipera latasti gaditana aus Huelva,
Spanien

Verbreitung: Die kleinen Schlangen leben in Wiesen und Steppen Europas und Asiens, von Frankreich bis zur Westgrenze Chinas, vom Tiefland bis zu Höhen von 3000 m. In Europa kommen sie nur in kleinen und isolierten Populationen vor.

Vipera ursinii ursinii (BONAPARTE, 1835)
Karstotter

Kennzeichen: Die Karstotter ist die kleinste Viperide Europas. Sie erreicht höchstens 48 cm, und zwar nur die Weibchen, die Männchen sind noch kleiner. Über den Rücken der zierlichen Schlangen verläuft ein Zickzack- oder Wellenband, das stellenweise auch in Flecken aufgelöst ist. Die kontrastreiche Zeichnung kann im Innern aufgehellt sein. Ein Geschlechtsunterschied in Färbung und Zeichnung besteht selten. Die Kopfbeschilderung neigt zu Unregelmäßigkeiten.
Anmerkung: Es sind vier Unterarten der Karstotter beschrieben worden. Aber namhafte Herpetologen fassen sie in eine zusammen: KRAMER (1961) erklärt *Vipera ursinii macrops* und *wettsteini* zu Synonymen von *Vipera ursinii ursinii*. SAINT GIRONS (1978) unternimmt das gleiche mit *Vipera ursinii anatolica*. Darnach gäbe es vorläufig nur eine Unterart der Karstotter, die als erste beschriebene *Vipera ursinii ursinii*. So gleichen sich die Tiere, die als verschiedenen Unterarten zugehörig beschrieben worden sind, auffallend. Dabei können sich Populationen, die nur wenige Kilometer voneinander entfernt leben,

stärker unterscheiden als solche, zwischen denen 1000 km liegen (SAINT GIRONS, 1978). Auch findet man in derselben Population Tiere, die sich weniger ähnlich sind als solche, deren Lebensräume durch Meere und Länder getrennt sind (Bilder 13 und 14, S. 23).
Alle vier beschriebenen Formen der Karstotter sind hier angeführt. Sie werden auch im Bild gezeigt samt ihren Biotopen, soweit diese in Europa liegen. Die Kennzeichen, welche die Karstottern von den übrigen *Ursinii*-Unterarten trennen, können nur im ganzen unterschieden werden; sie sind an sich geringfügig.
Kennzeichen von *Vipera ursinii ursinii* vor allem gegenüber *Vipera ursinii rakosiensis*: Bei der Karstotter neigen die großen Pileus-Schilder, vor allem die Parietalia, zu unregelmäßiger Ausbildung, was besonders bei den Weibchen zum Ausdruck kommt; bei der *V. u. rakosiensis*, die wir deutsch als Wiesenotter bezeichnen wollen, ist das seltener der Fall (Bilder S. 23). Die Unterseite der Karstotter ist grau mit schwarzen Flecken, jene der Wiesenotter grau bis schwarz mit weißen Flecken, wodurch sie dunkler wirkt (Bilder 15 und 16, S. 23). Der Hinteraugenstreifen beschreibt bei der Karstotter einen Bogen nach oben und verläuft daher höher, so daß das drittletzte Maxillare weniger als zur Hälfte dunkel gefärbt ist. Bei der Wiesenotter führt der Hinteraugenstreifen in einer geraden Linie schwach nach unten; das entsprechende Maxillarschild ist daher mehr als zur Hälfte dunkel gefärbt. Maxillarschilder

sind jene Schilder, die in einer Reihe direkt über den Oberlippenschildern stehen, wobei sie hinter dem Auge beginnen (nach Angaben von KRAMER, 1961, SAINT GIRONS, 1978 und eigener Beobachtung). Es besteht auch ein Größenunterschied; die Karstotter wird höchstens 48 cm, die Wiesenotter 55 cm lang.
Da nicht immer jedes Merkmal gut ausgeprägt ist und es in der Beschuppung immer Ausnahmen geben kann, sollten stets alle Punkte geprüft werden. Das kann leider nur am gefangenen Tier oder an einem Museumspräparat geschehen. Und fangen sollte man gerade diese am meisten bedrohten Schlangen nicht! Wer das Glück hat, im Freien einer solchen Schlange zu begegnen, weiß vom Fundort her sicheren Bescheid.
Im folgenden sind die vier geographisch getrennten Formen angeführt, die man als wirkliche Unterarten betrachten kann, weil ihre Standorte so weit auseinander liegen, daß seit Jahrtausenden kein Gen-Austausch mehr hat stattfinden können. Da sie aber gleichartige Biotope bewohnen, sind sie in ihrer Erscheinungsform nicht differenziert worden. Und weil sie sich äußerlich nicht unterscheiden lassen, kann man sie auch als eine einzige Unterart betrachten. Einen kleinen Unterschied, der aber sicher nicht durchwegs gilt, führt KRAMER (1961) an; er ist nun anhand der Bilder zu erkennen: Die Kopfoberseite trägt eine V-Zeichnung, deren Spitze nach vorne weist. Die beiden V-Balken bilden bei den westlichen Populationen, in Frankreich, einen

Die Unterarten von *Vipera latasti*
Vipera latasti latasti

Vipera latasti gaditana

Atlas-Zwergotter (nur eine Unterart)
Vipera monticola

großen, fast gestreckten Winkel, der bei östlichen Tieren über Italien zum Balkan abnimmt.

Vipera ursinii ursinii (BONAPARTE, 1835)
Italienische Karstotter
(Bilder S. 20, 22, 23 und 26)

Verbreitung: In den Abruzzen von den Monti Sibillini bis zu den Monti della Meta von 1400 m bis über 2000 m Höhe kommt diese Karstotter vor.
Sie lebt in einem rauhen Gebiet mit langen, harten und schneereichen Wintern. Ihre Verstecke und Winterquartiere findet sie in kleinen Höhlungen im Karstfelsen, manchmal auch in Steinhaufen und Gängen von Nagern. Ihr Lebensraum ist eine magere baumlose Gebirgssteppe, wo immer wieder Karstfelsen aus dem Boden ragen. Stellenweise finden sich auch kleinere Geröllhaufen. Der Busch, der mit seinen Nadeln einen guten Schutz für die Ottern bildet, ist der Zwergwacholder *(Juniperus nana),* der in diesen Höhen seine niederen und breitwüchsigen Büsche über weite Flächen ausdehnt. Es gibt aber auch Biotope, in denen er fehlt. Die Schlangen nutzen das günstige Mikroklima am Boden und sonnen sich zwischen Felsen oder Grasbüscheln bei Temperaturen von 25° bis 30°C, während darüber kalte Luftschichten liegen. Ihre Nahrung besteht im Sommer und Herbst zum Teil aus Heuschrecken, die sich in Scharen überall tummeln. Besonders beliebt sind flügellose Gattungen wie *Italopodisma* und *Epipo-*

disma (BRUNO, 1985). Im Frühling sind die Heuschrecken noch kleine Larven. Dann müssen die Schlangen Eidechsen, sofern diese in ihrem hochgelegenen Biotope vorkommen, und junge Mäuse fangen, falls sie nicht nach der Paarungszeit wieder eine Zeitlang verschwinden. Nach Mitteilung von H. TRIET, der im Sommer in den Monti Sibillini Kotuntersuchungen durchgeführt hat, scheinen die Tiere mehr Mäuse zu fressen als andere Beute. Er hat die Schlangen an Ort und Stelle gefangengehalten und nach der Kotabgabe wieder freigelassen.
Die kleinen Ottern, deren Biß weder für Menschen noch für Haustiere schwerwiegende Folgen hat, werden vor allem durch die Überweidung ihrer Lebensräume und ganz besonders durch die Hirten gefährdet, die tagsüber sehr wenig Beschäftigung haben und absolut überzeugt sind, daß der Biß bei Mensch und Tier sofort tödlich wirkt. Auch dem Planieren für den Skirummel werden wertvolle Biotope geopfert.
Die Karstotter verdient aber den absoluten Schutz. Ihre Populationen werden immer kleiner und drohen ganz zu verschwinden. Im Terrarium gehen die Schlangen zwar leicht ans Futter, halten aber nicht lange durch, wahrscheinlich weil man ihnen das nötige Mikroklima nicht bieten kann. Leider hat man das schon zu oft ausprobiert, so daß es nicht notwendig ist, daß es immer wieder von neuem durch «Schlangenfreunde» versucht wird.

Vipera ursinii macrops (MÉHELY, 1911)
Balkan-Karstotter
(Bilder S. 23 und 28)

Verbreitung: Die Karstotter, die, wie ihr Name «macrops» ausdrückt, eigentlich besonders große Augen haben sollte, unterscheidet sich darin nicht wesentlich von den französischen und italienischen Ottern. Sie lebt vielleicht noch auf der Insel Krk, dann in den Dinarischen Alpen, in den Bergen von Bosnien-Herzegowina und von Montenegro, im nördlichen Mazedonien, im nordöstlichen Albanien und möglicherweise in Westbulgarien. Wenn sie noch auf Krk vorkommt, so existiert sie dort unter 500 m; sonst aber liegt ihr Lebensgebiet auf 1000 bis 2000 m Höhe, manchmal auch etwas darüber.
Man sagt, daß diese kleine Viper sehr wild sei. Als ich auf einem Berg, der an der Grenze von Montenegro und der Herzegowina liegt, die Aufnahme der Schlange auf den Bildern 2 und 4 auf Seite 28 machte, hat sie immer wieder kräftig um sich gebissen und auch Gifttropfen auf den Handschuhen hinterlassen. Die Ottern sind damals – an einem Julitag mit veränderlichem Wetter – bei Annäherung auf etwa zwei Meter geflohen und haben sich durch die verhältnismäßig hohen Seggen außerordentlich geschickt zum Versteck hinbewegt. Die Seggen zwischen den Karstfelsen, auf rund 2000 m Höhe auf einem Bergrücken gelegen, haben mich zudem überrascht; sie ließen auf ein eher feuchtes Klima schließen – etwa 100 km von der

1 3
2 4

Alpine Sandotter
Vipera ammodytes gregorwallneri

94

Adriaküste entfernt in einem klimatischen Grenzraum, wo das milde Klima des Mittelmeeres und das härtere des Kontinentinnern aufeinanderstoßen.

Vipera ursinii wettsteini KNOEPFLER und SOCHUREK, 1955
Französische Karstotter
(Bilder S. 23 und 30)

Verbreitung: In Frankreich lebt die Karstotter in der nördlichen Vaucluse und in den Alpes-de-Haute Provence, in Höhen von 1100 bis 2000 m. Ihr Biotop liegt nicht überall über dem Wald. Zwischen den Weiden, auf denen der Zwergwacholder sich breitmacht, stehen kleinere und größere Waldpartien. Leider ist der ursprüngliche Wald – es ist anzunehmen, daß es sich um Eichenniederholz gehandelt hat – zerstört, und man hat Schwarzföhren eingepflanzt, denen der Prozessionsspinner arg zu schaffen macht.
Meine erste Begegnung mit der Karstotter fand an dieser Stelle statt. Sie hinterließ mir einen bleibenden Eindruck. Es war an einem kühlen, aber sonnigen Auffahrtsmorgen, einem 8. Mai, zwischen sieben und acht Uhr. Der Boden fühlte sich recht warm an. Ich selber aber fror. Etwa ein Drittel der Bergweide in 1600 m Höhe war noch mit Schnee bedeckt (Bild S. 30). Die kleinen Ottern, die im dürren Gras lagen, flohen nicht. Das Männchen war schon gehäutet, also paarungsbereit. Die Schlangen ließen sich berühren, benahmen sich aber von dem Moment an sehr lebhaft und bissen um sich. Später fand ich zu meiner Überraschung drei Vipern an einem Geröllhaufen, wo sie eigentlich nicht hingehörten, da sie ja lose Steinhaufen angeblich meiden sollen (KRAMER, 1961). Von den drei blieben zwei liegen, die eine floh. Als sie wieder erschien, stellte sie sich als eine etwa 45 cm lange *Vipera aspis aspis* heraus. So konnte ich bei meinem ersten Zusammentreffen mit der kleinen Otter ein verschiedenartiges Verhalten von *Vipera aspis* und *V. ursinii* im Frühling feststellen und sie zugleich beide auf dem gleichen Quadratmeter antreffen.

Vipera ursinii anatolica EISELT und BARAN, 1970
Anatolische Karstotter
(Bild S. 122)

Verbreitung: Diese seltenste Karstotter ist bis vor kurzem nur in zwei Exemplaren bekannt gewesen, zwei Weibchen aus der südwestlichen Türkei, aus der Gegend von Elmali, etwa 70 km westlich von Antalya. Ihr Lebensraum gleicht jenem der andern Karstottern und liegt in rund 1700 m Höhe. Am 3. Juli 1984 hat HARRY SIGG in der gleichen Gegend ein drittes Tier gefunden, ein Männchen von 18,8 cm Länge. Er hat die winzige Otter gefangen, vermessen, fotografiert und wieder freigelassen: ein Naturschützer! BILLING (1985) hat die Daten veröffentlicht.
Während wir diese vier Bergformen der Karstotter, wie schon erwähnt, als eine einzige Unterart auffassen können, läßt sich die nächste *Ursinii*-Viper klar abtrennen.

Vipera ursinii rakosiensis MÉHELY, 1894
Wiesenotter
(Bilder S. 22, 27, 32 und 34)

Kennzeichen: Die Unterschiede gegenüber *Vipera ursinii ursinii* sind auf S. 91 angegeben, jene zu *Vipera berus* auf S. 89. Die Wiesenotter unterscheidet sich von der *Vipera ursinii renardi* durch die Anzahl der Rückenschuppenreihen in der Körpermitte. Diese beträgt bei *Vipera ursinii ursinii* immer 19, bei *Vipera ursinii rakosiensis* meistens 19 und selten 21, bei *Vipera ursinii renardi* immer 21. Die Zahl der Oberlippenschilder beläuft sich bei *Vipera ursinii ursinii* und *rakosiensis* selten auf 7, meistens sind es deren 8, bei *Vipera ursinii renardi* fast immer 9, selten 8.
Verbreitung: Einst ist die Wiesenotter bis in die Wachau, bis nach Melk vorgekommen. Im letzten Jahrhundert ist sie zwischen Wien und dem Neusiedler See noch sehr häufig gewesen. Trotzdem ist kein einziger Bißfall mit üblen Folgen bekanntgeworden. Vor 30 Jahren hat man sie noch im Seewinkel östlich des Neusiedler Sees antreffen können. Nun ist sie trotz gesetzlichem Schutz in Österreich ausgestorben. Rebstöcke und Tourismus haben die letzten Landreste bis an das Seeufer und in die Lacken (Teichlandschaft) hinein erobert. Die Puszta ist verschwunden. Kleine Populationen dieser seltensten Schlange Europas findet man noch im Nordwesten Un-

1
3
2 4

Südtiroler Sandotter
Vipera ammodytes ruffoi

96

Südtiroler Sandotter,
Vipera ammodytes ruffoi
(Text S. 127)

1 Die Südtiroler Sandotter hat von allen Unterarten die hellste Grundfarbe. Das ♂ ist, vor allem frisch nach der Häutung, hell silbergrau mit ganz schwarzer Zeichnung, das ♀ hellgrau mit schwächerem, in der Mitte des Rückenbandes oft aufgehelltem Muster. Die Seitenflecken am Rumpf können fehlen oder sind nur mehr oder weniger stark angedeutet. Das Bild zeigt ein Paar aus der Nähe von Bozen.

2 Bei den Köpfen des gleichen Paares fällt das ♀, links im Bild, durch seinen ganz zeichnungslosen Kopf auf.

3 Die bevorzugten Lebensräume der *Vipera ammodytes ruffoi* sind die Porphyr-Geröllhalden im Etschtal südlich von Bozen. Da diese schöne Sandotter nur auf einem kleinen Gebiet von wenigen Quadratkilometern vorkommt, besteht für sie die Gefahr, ausgerottet zu werden.

4 Dieses auffallende ♂ hebt sich von dem dunklen Geröll des Untergrundes deutlich ab. Trotzdem spricht man bei diesen Sandottern viel von Substratrassen, also von Formen, die sich im Laufe der Entwicklung der Farbe der Umgebung angepaßt haben, um besser getarnt und vor Feinden sicherer zu sein.

---

garns und in der Ungarischen Tiefebene südlich von Budapest. In Rumänien kommt sie als Seltenheit in Siebenbürgen vor und in der Moldau, wo sie schon als Übergangsform zu *Vipera ursinii renardi* betrachtet wird (VANCEA, SAINT GIRONS, FUHN und STUGREN, 1985). Einzelne Funde sind auch in Nordbulgarien gemacht worden und sogar im Slavonischen Tiefland, also in Jugoslawien.

Die Puszta südlich von Budapest wird dem Naturfreund zum großen Erlebnis. Die Landschaft dehnt sich unendlich in die Weite. Der Horizont wird nur von ein paar kleinen Gehölzen unterbrochen. Der sandige Boden ist fast eben, stellenweise von flachen Wellen und sanften Senken unterbrochen. Überraschend ist der Wildreichtum. Dem Westeuropäer fallen die ihm fremden Vögel auf: Die Schwarzschwänzige Uferschnepfe und der Triel, Blauracke, Schwarzstirnwürger und Rotfußfalke. Nachts erscheinen die Knoblauchkröten, um in der Dunkelheit auf Jagd zu gehen, bevor sie sich wieder tief in den Sand eingraben. Auf den trockenen Rükken der sanften Bodenwellen tummelt sich *Podarcis taurica taurica,* die Taurische Echse, die hier ganz zu Recht auch «Sandechse» heißt. An feuchteren Stellen in den Senken treffen wir *Lacerta agilis agilis,* die Zauneidechse, fast immer in der rotrückigen Form. Und durch mageres Gras eilen die Smaragdeidechsen, deren Weibchen viel mehr Braun aufweisen als diejenigen im Westen. Im Frühling wimmelt es von jungen Grillen. Im Boden finden sich zahlreiche Mauslöcher. Der Tisch ist reich gedeckt für die Wiesenotter. Die Bilder 3 bis 5 (S. 32) zeigen das ausgewachsene Männchen einer Wiesenotter beim Fang eines Grünen Heupferdes *(Tettigonia viridissima).* Nach dem Biß wird die Schrecke einige Sekunden im Maul behalten. Sie bewegt sich sehr bald nicht mehr und wird auf den Boden gelegt. Daß mindestens ein Giftzahn tief eingedrungen ist, erkennt man am Tropfen Körpersaft, der aus der Stichwunde quillt. Dann wird das sperrige Beutestück kopfvoran verschlungen. Natürlich macht die Wiesenotter auch Jagd auf Eidechsen und Mäuse.

Die Wiesenotter verdient einen vollständigen Schutz, der auch den Lebensraum in der heutigen Form einschließen muß. Die Landschaft, in der diese Schlange leben soll, kann nur extensiv als Weideland für Schafe und Rinder genutzt werden. Dabei müßten die Hirten den aktiven Schutz übernehmen. Natürlich wäre eine solche Puszta auch ein großartiges Jagdgebiet oder – wenn es nicht anders geht – ein Truppenübungsplatz. Setzt einmal der Pflug an, so stirbt das reiche Pflanzen- und Tierleben, darunter zuerst die Wiesenotter.

Vipera ursinii renardi (CHRISTOPH, 1861)
Steppenotter
(Bilder S. 22, 36 und 38)

Kennzeichen: Nebst den Angaben bei *Vipera ursinii rakosiensis* (S. 95) muß noch die viel intensivere Färbung des Kopfes, vor allem der Lippen erwähnt werden (Kopfbilder S. 22). Die Schnauzenkante ist ausgeprägt, wodurch der Kopf oben flach erscheint, manchmal sogar etwas vertieft. Diese größte Form aller *Ursinii-*Unterarten erreicht 62 cm und verdient dank ihrer Kopfform am ehesten den Namen «Spitzkopfotter».
Verbreitung: Im Westen kommt die Steppenotter in der rumänischen Moldau in einer Übergangsform zu *Vipera ursinii rakosiensis* vor. Sie ist aber hier recht selten. S. 36 findet sich das Bild eines Biotopes, das schon sehr wie eine Steppe aussieht, und wo das Federgras *(Stippa pennata)* zusammen mit ein paar verwandten Grasarten dem Bild das Gepräge gibt. Hier lebt auch die prächtige *Lacerta agilis chersonensis,* die östliche Zauneidechse.
Vipera ursinii renardi besiedelt in sehr kleinen Populationen das Donaudelta. Vor 10 Jahren habe ich trotz fachkundiger Begleitung im Donaudelta die Steppenotter nicht finden können. Sie ist damals schon viele Jahre nicht mehr beobachtet worden. Seither hat man sie wieder gefunden, so daß man wohl annehmen darf, daß sich ihre Bestände etwas erholt haben.
Das einigermaßen zusammenhängende Verbreitungsgebiet der Steppenotter beginnt in Rußland und führt von Beßarabien in einem oft über 500 km breiten Band bis Ostusbekistan. Besiedelt werden geeignete Steppen im Tiefland und bis zu Höhen von 2000 m.

Sandotter *Vipera ammodytes ammodytes*
3–5 Bastard: *Vipera ammodytes* × *aspis*

1 Dieser Lebensraum findet sich an vielen Orten in Nordwestslowenien, wo die Sandotter immer noch in schönen Beständen vorkommt. Der Karst ermöglicht nur einen lichten Waldwuchs, wie er offenbar von der Sandotter sehr geschätzt wird. Die Ottern leben auch an steinübersäten Hängen, auf kargen Matten mit Lesesteinhaufen und in nicht ausgefugten Steinmauern.

2 Ein typisches Paar aus dem hier abgebildeten Biotop: Das hellgraue ♂ weist ein auffallendes schwarzes Rückenband und ein rotes Schwanzende auf; das rötlichbraune ♀ ist nur schwach gezeichnet. Die rote Schwanzfarbe beim ♀ ist kaum zu erkennen, da sie mit der Grundfarbe weitgehend übereinstimmt.

3–5 Die Eltern dieses Bastards sind ein *Vipera ammodytes ammodytes* ♂ und ein ♀ von *Vipera aspis atra* aus dem Wallis. Das Jungtier hält in bezug auf Zeichnung und Hornbildung ziemlich gut die Mitte zwischen den beiden Eltern ein. Während es schon seit längerer Zeit gelingt, Mischlinge zwischen Sandotter und Aspisviper im Terrarium zu züchten, sollen Bastarde zwischen den weniger nahe verwandten Arten Sand- und Kreuzotter nur in der Natur vorkommen. Das hat dazu geführt, daß diese Bastardierung nicht von allen Herpetologen anerkannt wird (Text S. 133)

Vipera ursinii eriwanensis (REUSS, 1933)
Südliche Steppenotter
(Bilder S. 23 und 122)

Anmerkung: Es existieren zwei «Erstbeschreibungen», die beide nicht sehr überzeugend sind. Es geht aus ihnen nicht einmal eindeutig hervor, ob sich beide Beschreibungen auf die gleiche Unterart beziehen. KRAMER (1961) betrachtet beide Namen *Vipera ursinii eriwanensis* und *Vipera ursinii ebneri* als Synonyme von *Vipera ursinii renardi*. Ich möchte an dieser Stelle nicht die Beschreibungen selbst, sondern die Zitatangaben für beide machen. Aus Gründen der zeitlichen Priorität habe ich den Namen *eriwanensis* als Namen der Unterart geschrieben.

1933 *Acridophaga eriwanensis* T. REUSS, Nachr.-Bl. Aqu.- & Terr.-Ver., Berlin, 14: 373. Terra typica: Eriwan (2000 m hoch), Armenien.

1955 *Vipera ursinii ebneri* KNOEPFLER und SOCHUREK, Burgenl. Heimatbl. Eisenstadt, 17: 185. Terra typica: Elbursgebirge (nicht Elbrus wie bei KNOEPFLER und SOCHUREK) zwischen Rhema ud Demawend in 2700 m, Nordiran.

Kennzeichen: Mit 9 Oberlippenschildern und 21 Reihen von Rückenschuppen in der Körpermitte stimmt diese Schlange in wichtigen Daten der Beschuppung mit *Vipera ursinii renardi* überein (SAINT GIRONS, 1978). Bei lebenden Tieren vom Elburs und von Eriwan, die ich aufgenommen habe, zeigt der Kopf wenig Zeichnung, was im Gegensatz zu *V. u. renardi* steht. Die Grundfarbe der Flanken ist nicht dunkler als die des Rückens, wie das bei allen anderen Unterarten von *Vipera ursinii* der Fall ist. Natürlich sind diese Angaben über ein paar wenige Tiere keine Begründung der Unterart und sollen es auch nicht sein. Aber mehr steht mir nicht zur Verfügung. Die Größe soll bis 55 cm betragen, womit *Vipera renardi* nicht erreicht wird, was von dieser Hochgebirgsform auch nicht zu erwarten ist.
Verbreitung in drei nach heutiger Kennntis getrennte Areale:
A Von der türkischen Stadt Kars ostwärts bis Tiflis und bis zum Sewán-See bei Eriwan.
B Im Talysch- und im Elbursgebirge.
C Von Ostusbekistan bis zu den Flüssen Syrdarja und Naryn. Hier, im östlichsten Teil des Verbreitungsgebietes, trifft *Vipera ursinii eriwanensis* mit der nördlicher lebenden *Vipera ursinii renardi* zusammen.
Die Südliche Steppenotter lebt in subalpinen Steppen und in lichten Wäldern in Höhen von 2000 bis 3000 m.

Vipera kaznakovi NIKOLSKIJ, 1909
Kaukasusotter
(Bilder S. 40, 42 und 60)

Kennzeichen: Der Körper ist schwerer als jener von *Vipera ursinii,* der Kopf hinten fast immer auffallend breit. Die Grundfarbe erwachsener Tiere kann Beige oder Golden beim Männchen sein, beim Weibchen ist sie oft Orange-Rot. Das breite schwarze Rückenband und die schwarzen Flecken der Flanken breiten sich so stark aus, daß sie meistens von der Grundfarbe nur zwei schmale, schwach gezackte Rückenlinien übriglassen. Die schwarze Kopfzeichnung geht ohne Unterbrechung in das Rückenband über. Der untere Rand der Oberlippenschilder oder aber das Innere dieser Schilder ist weiß. Unterhalb des Auges werden die Oberlippenflecken zu einem weißen Streifen, der nach hinten die untere Seite des Augenstreifens begrenzt. Durch einen hellen Streifen in Rot oder Weiß kann die Kopfkante markiert und weiter nach hinten der Augenstreifen nach oben begrenzt sein.
Die Anzahl der Rückenschuppenreihen beträgt in der Körpermitte 21, ganz selten 23. Die Schlange wird bis 62 cm lang. Die Beschilderung des Kopfes ist sehr variabel. Apicale gibt es eines oder zwei. Frontale und Parietale sind bei einem Viertel der Individuen in Auflösung begriffen. Die Suboocularia bilden eine Reihe oder auch zwei, wobei die zweite Reihe nicht ganz vollständig ist. Die Kaukasusotter ist daher sehr «progressiv».
Verbreitung: *Vipera kaznakovi* kommt an der Ostküste des Schwarzen Meeres vor, etwa vom Fluß Kuban bis nach Georgien und in der Gegend der osttürkischen Küstenstadt Hopa. Im Westkaukasus steigt sie bis in Höhen von 2400 m.
Die schöne Otter lebt in einem feuchtwar-

6
9
7
8 10

Sandotter
Vipera ammodytes ammodytes

6 *Vipera ammodytes ammodytes,* ♂ aus Dalmatien: Im Süden sind die Schlangen oft bunter gefärbt und zeigen eine größere Vielfalt von Farbe und Zeichnung. Es gibt aber auch fast einfarbige Tiere, vor allem bei den ♀♀.

7, 8 Diese beiden Bilder zeigen den Kopf der Sandotter von Bild 6. Obwohl die Schlange durch ihre Farbe eindrücklich wirkt, weist der Kopf nur wenig Zeichnung auf. Bild 7 führt sehr schön den senkrechten Pupillenspalt vor, obgleich der Kopf stark erhoben ist. Das Horn wirkt als deutliches Ausdrucksorgan und kennzeichnet die Viper in besonderer Weise. Bild 8 zeigt die vollständig aufgelöste Kopfoberseite, mit

Ausnahme natürlich der Überaugenschilder, und führt die regelmäßige Verteilung der Schuppen vor.

9 Dieses ♂ aus dem nördlichen Montenegro beeindruckt auch durch seine auffallende Färbung und Zeichnung.

10 Aus der gleichen Population wie das Tier auf Bild 9 stammt dieses ♂ mit dem außerordentlich kräftig gezeichneten Kopf.

---

men Gebiet mit sehr starkem Pflanzenbewuchs (Bild S. 40). KRETZ (1972) schreibt: «Wir fanden die Kaukasusottern (bei Hopa) an der nach Westen orientierten Flanke eines kleinen Bachtobels etwa 200 m über Meer, wo sie am Rande von Teeplantagen und Lichtungen aus dem Dickicht an die Sonne kamen. Auf der lockeren Unterlage aus abgedorrten Zweigen, Schlingpflanzen und geknickten letztjährigen Farnwedeln sind die Tiere gut getarnt. Bei Beunruhigungen tauchen sie sofort in das Reisigmaterial ein und verschwinden darunter in einem Mauseloch.» Die Kaukasusotter ist in Gefangenschaft wiederholt gezüchtet worden. Leider erscheinen die Farben bei den Nachkommen nicht mehr in der ursprünglichen Pracht.

Vipera berus (LINNAEUS, 1758)
Kreuzotter

Kennzeichen: Die verhältnismäßig schlanke Otter besitzt einen ovalen Kopf, der vom Hals wenig abgesetzt ist. Die Rückenzeichnung besteht aus einem ununterbrochenen Zickzackband, oder sie ist in Querflecken aufgelöst. Sie ist ein Merkmal zur Unterscheidung der Unterarten. Die Grundfarbe des Männchens ist meist ein Grauton, von sehr hell- bis düstergrau, jene des Weibchens heller oder dunkler braun, manchmal rot. Es gibt auch einfarbige Tiere und in vielen Populationen Schwärzlinge, die oft noch helle Oberlippenschilder aufweisen. Die Anzahl der Rückenschuppenreihen beträgt 21. Weitere Merkmale sind bei *Vipera ursinii* angegeben (S. 89).

Verbreitung: *Vipera berus* lebt in weiten Gebieten Eurasiens. Sie kommt von England und der französischen Kanalküste über Mittel- und Nordeuropa bis zum Nordbalkan vor. In Skandinavien geht sie über den Polarkreis hinaus. In einem bis 1000 km breiten Band findet man sie von Osteuropa bis an den Pazifischen Ozean. Sie besiedelt auch die Inseln Schantar und Sachalin. Sie ist die am weitesten verbreitete Schlangenart überhaupt.

Die Kreuzotter zieht kühlere Lebensräume den warmen Zonen vor, wenn sie sich dabei auch gern an sonnigen Plätzen aufhält. Wie alle Vertreter der *Pelias*-Gruppe kann sie durch Spreizen der Rippen ihren Körper abflachen und verbreitern, um die kurzen Sonnenstunden recht gut zu nutzen. Diese Haltung nimmt die Kreuzotter öfter ein als andere Arten ihrer Gruppe und benützt sie wie ihre Verwandten auch als Imponiergehabe, wenn sie überrascht wird (Bilder S. 44 und 48).

Drei Unterarten sind beschrieben und allgemein anerkannt worden.

Vipera berus berus (LINNAEUS, 1758)
Kreuzotter
(Bilder S. 10, 12, 14, 44, 46 und 58).

Kennzeichen: Unsere Kreuzotter besitzt an sich ein durchgehendes, geschlossenes Zickzackband, das im Innern nicht aufgehellt ist. Aber besonders bei alpinen Ottern kann das Band stellenweise in Flecken aufgelöst sein. Auch besitzen diese Bergformen oft einen mehr dreieckigen Kopf. Als weitere Grundfärbung treffen wir im Zentralschweizer Alpengebiet Gelb bei Männchen und Graugelb bei Weibchen. Normalerweise erreichen die Männchen etwa 60 cm, die Weibchen 65 cm. Es gibt aber Einzeltiere, die viel größer werden, ausnahmsweise bis zu 85 cm. Das Rostrale ist mehr breit als hoch. Die Subocularia bilden fast immer nur eine Reihe, doch tendieren einzelne Tiere zu deren Verdoppelung. Die Reihe der Parafrontalia trennt das Frontale vom Supraoculare; in ganz seltenen Fällen können sie fehlen, so daß diese Kopfschilder einander berühren (Bild S. 44).

Verbreitung: Die Nominatform besiedelt die Gebiete, welche für die Art angegeben sind, mit Ausnahme von Teilen des Balkans und der entferntesten ostasiatischen Landstriche. Es gibt im Vorkommen auch natürliche Lücken und solche, die der Mensch durch Ausrottung geschaffen hat, wie im Schweizer Mittelland, wo nur noch ein kümmerlicher Rest lebt (wenn er hier nicht auch schon verschwunden ist), und in großen Teilen Deutschlands.

Die Kreuzotter lebt vor allem in nördlichen Ländern in tiefgelegenen Gebieten, sogar auf Meereshöhe. Weiter im Süden kann sie auch Niederungen bewohnen wie einst die Po-Ebene. Heute aber trifft man in Mitteleuropa diese Schlangen vor allem in den Mittel- und den Hochgebirgen, wo sie mindestens vereinzelt bis gegen 3000 m aufsteigen können.

1
3
2
4

Dobrudscha-Sandotter
Vipera ammodytes montandoni

Dobrudscha-Sandotter, *Vipera ammodytes montandoni*
(Text S. 129)

1 Dieses ♂ stammt aus der Dobrudscha, wo heute die Sandotter ziemlich selten geworden ist und die meisten Vorkommen erloschen sind.

2 Das hier gezeigte Biotop von *Vipera ammodytes montandoni* liegt im Hagieni-Wald, einem rumänischen Naturschutzgebiet im Süden der Dobrudscha. Es zeigt den Wechsel zwischen lockeren Gebüschwäldern und steinigen Steppen. Hier leben viele Reptilien. Überraschend ist die große Zahl der Maurischen Landschildkröte, *Testudo graeca ibera,* und der

Südlichen Smaragdeidechse, *Lacerta viridis meridionalis.*

3 Das gleiche ♂ wie auf Bild 1 zeigt ein auffallend kurzes Horn.

4 Dieses ♀ aus Nordbulgarien trägt ein dunkles, schwach differenziertes Kleid und weist die typische grüne Schwanzfarbe auf.

Ihr liebster Aufenthaltsort sind Moore und Heiden. Auch in den Bergen sind es vielfach gegen Süden oder Südwesten abfallende, mit Kleinbüschen bedeckte und von Steinbrocken durchsetzte Strauchheiden. Bild 5 S. 46 zeigt ein frischgehäutetes paarungsbereites Männchen an einem trüben Tag im Mai an einem solchen Hang in 2000 m Höhe. Ein weiteres Bild zeigt die sehr schön gezeichnete Otter mit sehr engen Zacken und rot gesäumtem Rückenband. Am Vormittag hat auch auf den jetzt aperen Stellen eine leichte Neuschneedecke gelegen. Bald nach dem Wegtauen erscheinen die Ottern. Auch bei bedecktem Himmel reicht in dieser Höhe die Strahlung aus, um den Boden zu trocknen und zu erwärmen. Er fühlt sich angenehm temperiert an. Und die Otter nutzt das aus. Solche Umstände ermöglichen das Leben eines wechselwarmen. Tiers in dieser scheinbar unwirtlichen Landschaft der Bündner Berge. Bei Annäherung hat sich die Otter als voll aktiv erwiesen. Wo der Mensch die Berglandschaft verändert, die Steine zusammengetragen und Wiesen, vielleicht sogar ein paar Äcker angelegt hat, lebt die Kreuzotter in dieser Höhe neben und auf den Lesesteinhaufen, die mit Kräutern und ein paar Büschen bewachsen sind. Als Jagdgebiet eignet sich das anschließende Kulturland, das den Mäusen mehr Nahrung bietet als die ursprüngliche Wildnis. Und die Bergeidechsen sonnen sich auf den gleichen Steinen wie die Ottern.

Vipera berus bosniensis BOETTGER, 1889
Balkan-Kreuzotter
(Bilder S. 48 und 50)

Kennzeichen: Bei der typischen Balkan-Kreuzotter ist das Rückenband ganz oder doch teilweise in Querstreifen aufgelöst, so daß ein ähnliches Bild wie bei *Vipera aspis aspis* entsteht. SCHREIBER (1912) hat daher auch den Namen *Vipera berus pseudaspis* (Falsche Aspis) geprägt und meint damit die Populationen in den Niederungen von Slawonien und im Tal der Sawe, die er von der Gebirgsform als eigene Unterart hat abtrennen wollen. Gebirgstiere weisen aber die gleiche Zeichnung auf. Es ist noch zu erwähnen, daß es bei der Balkan-Kreuzotter im Gegensatz zu der Nominatrasse ziemlich häufig graue Weibchen gibt. In den Bergen des südlichen Slowenien und des nördlichen Kroatien, das heißt am Nordrand des Verbreitungsgebiets dieser Unterart, kommen neben typisch gezeichneten Tieren auch solche mit einem Zickzackband vor, die als Intergrades oder Zwischenstufen zur Nominatrasse bezeichnet werden. Das Rückenband ist breiter; es hat auffallend längere Zacken. In den übrigen Merkmalen stimmen sie mit *Vipera berus bosniensis* überein. Das Rostrale ist mehr hoch als breit. Die Kopfkante wird stärker betont als bei der gewöhnlichen Kreuzotter, wodurch der Kopf klotziger erscheint. Viele Individuen zeigen eine unvollständige zweite Reihe von Subocularschildern; bei manchen sind diese auch vollständig ausgebil-

det. Man sollte wissen, ob diese Zwischenformen ein Gift mit neurotoxischer Wirkung haben, wie man es der Balkan-Kreuzotter nachsagt, im Gegensatz zur hämatoxischen Wirkung des Giftes von *Vipera berus berus.*
Verbreitung: Im Norden Sloweniens lebt die Nominatrasse. Die Balkan-Kreuzotter kommt bis auf Höhen von etwa 2000 m in den Bergen des südlichen Slowenien, in Kroatien, in Bosnien-Herzegowina, Montenegro und im nördlichen Makedonien vor. Auch in Nordalbanien und Westbulgarien soll man sie antreffen. In diesen Bergen hat ihr Lebensraum subalpinen Charakter. Die Heiden fehlen natürlich auf den Kalkfelsen, die hier das Gebirge bilden. Ein weiterer Lebensraum liegt in den feuchten Niederungen der Sawe und der Drau, von wo aus sie über Slawonien Südungarn erreicht (FRITZSCHE & OBST, 1966). Die Auen der Sawe und damit ein reiches Tier- und Pflanzenleben könnten in nächster Zeit der modernen Technik und Stauseen zum Opfer fallen.

Vipera berus sachalinensis ZAREWSKIJ, 1917
Sachalin-Kreuzotter
(Bilder S. 58 und 122)

Kennzeichen: Diese Kreuzotter weist eine Rückenzeichnung auf, die wenigstens teilweise in Querbalken aufgelöst ist, wodurch sie jener der *Vipera berus bosniensis* gleicht. Das Frontale berührt mindestens in seinem vorderen Teil das Supraoculare.

1   2   3   4   5

Südliche Sandotter
Vipera ammodytes meridionalis

104

Das oberste Praeoculare berührt das Nasenschild.
Verbreitung: Die Sachalin-Kreuzotter lebt in Südostsibirien und in der Nordmongolei zwischen dem Stanowoi-Gebirge und den Flüssen Amur und Ussuri sowie auf den Inseln Sachalin und Schantar.

Vipera barani BÖHME & JOGER, 1983
Barans Otter

Kennzeichen: Die 54 cm lange Otter weist Merkmale von *Vipera berus* auf: Sie ist me-

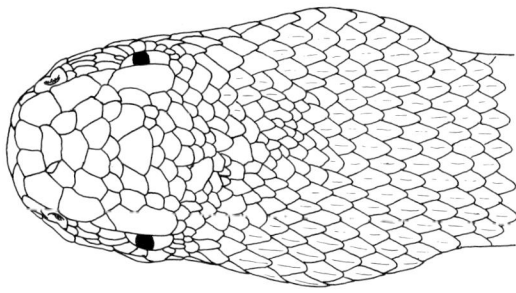

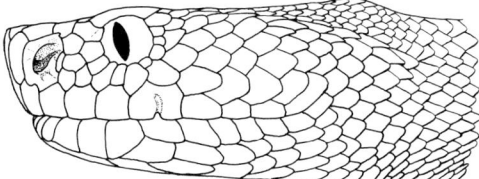

Zeichnung 17 von K. Doering aus BÖHME & JOGER (1983)
Vipera barani, eine neubeschriebene Verwandte der Kreuzotter. Der Fund ist besonders interessant, da es eine Streitfrage ist, ob es *berus*-artige Schlangen in der Türkei gibt.

lanotisch mit hellen Oberlippenschildern, besitzt nur eine Subocularreihe, zwei Apicale und eine kantige, nicht aufgestülpte Schnauze. Die großen Kopfschilder sind wie bei *Vipera aspis* aufgelöst; nur noch das Frontale ist angedeutet.
Verbreitung: Es ist nur ein Individuum bekannt. Daher gilt für die Verbreitung die terra typica: ca. 60 km nördlich von Adapazari in der Nordwesttürkei.

Vipera seoanei LATASTE, 1879
Iberienotter

Kennzeichen: Die Otter kann etwas über 60 cm lang werden und weist 21 Rückenschilderreihen auf. Lataste hat sie als *Vipera berus seoanei* beschrieben, als eine Art Zwischenform zwischen *Vipera berus* und *Vipera aspis*. Da sie näher bei der Kreuzotter steht, hat er sie dieser Art zugerechnet, und sie ist auch in unserem Buch in der *Pelias*-Gruppe eingereiht. SAINT GIRONS & DUGUY (1976) haben der Schlange den Status einer eigenen Art gegeben und sie als *Vipera seoanei* bezeichnet. Sie unterscheidet sich in ihrem Aussehen, ihrer Ökologie und in der Spermiogenese von der Kreuzotter, was dadurch zum Ausdruck kommt, daß sich das Männchen im Gegensatz zu allen anderen Formen der *Pelias*-Gruppe im Frühling erst nach der Paarung häutet. Auch unterscheiden sich im Gegensatz zur Kreuzotter die Männchen nur durch etwas kräftigere und dunklere Zeichnung von den Weibchen. *Vipera seoanei* ist die «progressivste» Schlange

ihrer Gruppe und übertrifft darin sogar die Kaukasusotter: Die großen Kopfschilder sind vollständig ausgebildet oder teilweise, manchmal auch ganz aufgelöst. Apicale hat es eines oder zwei. Die Subocularia stehen normalerweise in einer einzigen Reihe; häufig ist eine zweite Reihe zum Teil angelegt oder auch komplett.
Verbreitung: *Vipera seoanei* lebt im westlichsten französischen Baskenland und im Norden der Iberischen Halbinsel, wo sie im Westen Portugal knapp erreicht. Sie kommt von der Meeresküste bis gegen 800 m Höhe vor. Ihr Gebiet liegt zwar sehr südlich; es weist aber im Gegensatz zum übrigen Spanien ein atlantisches Klima auf mit reichlichen Niederschlägen.
BRAÑA & BAS (1983) haben die neue Unterart *Vipera seoanei cantabrica* beschrieben. In «Amphibia-Reptilia» (1984) ist eine Abhandlung über *Vipera seoanei* von RFA, BAS, BRAÑA & SAINT GIRONS erschienen. Dabei werden fünf Typen von Ottern unterschieden. Die einzelnen Typen haben zwar verschiedene Verbreitungszentren, sind aber nicht vollständig voneinander getrennt.

A Klassischer Typ: Hierbei handelt es sich um die ursprünglich von LATASTE beschriebene Form, welche die größte Verbreitung aufweist. Die Grundfarbe ist Beige oder Hellgrau; das geschlossene, gewellte Rückenband und die Seitenflecken sind braun. Da die Grundfarbe der Flanken dunkler ist als jene des Rükkens, wird das dorsale Band gleichsam

Die Unterarten von *Vipera ammodytes* I
Vipera ammodytes gregorwallneri

Vipera ammodytes ruffoi

Vipera ammodytes ammodytes

Die Unterarten von *Vipera ammodytes* II
Vipera ammodytes montandoni

Vipera ammodytes meridionalis

Vipera ammodytes transcaucasiana

107

von zwei hellen gewellten Streifen eingefaßt.
Dieser Typ ist fast im ganzen Gebiet verbreitet, vor allem in der Nähe der nördlichen und westlichen Küste.
(Bilder S. 52 und 56)

B *Bilineata*-Typ, die zweigestreifte Form: Dieser Typus entsteht dadurch, daß das Rückenband keine Ausbuchtungen zeigt und die Seitenflecken zu einem Band zusammentreten. So bleiben nur zwei dünne helle Linien zwischen dem Rückenband und den Flankenbändern übrig.
Der *Bilineata*-Typ lebt vor allem am Nordhang der Sierra de Covadonga in der Provinz Asturien.
(Bilder S. 52, 54 und Umschlag)

C Uniformer Typ, die einfarbige Form: Kopf, Rücken und Flanken weisen keine oder fast keine Zeichnung auf.
Die Ottern leben auch an der Sierra de Covadonga, aber mehr am Südabhang.
(Bilder S. 56)

D *Cantabrica*-Typ: Diese Form ist hellgrau mit fast oder ganz schwarzer Zeichnung, welche mindestens zum Teil in Flecken aufgelöst ist, so daß das Muster einer *Vipera aspis aspis* entsteht. Dieser Eindruck wird noch dadurch verstärkt, daß der Pileus fast immer in kleine Schildchen aufgelöst ist, die Subocularia eventuell in zwei vollständigen Reihen stehen, die Schnauze etwas aufgeworfen ist und die Kopfzeichnung jener einer Aspis ähnlich sieht.
Diese Schlange kommt vor allem in der Umgebung von León vor und im Süden der Provinz Asturien. Sie besiedelt also die Nord- und die Westflanke der Cordillera Cantábrica bis zur Südseite der Sierra de Covadonga. Das Gebiet um León, wo dieser Typ lebt, zeichnet sich durch ein mehr kontinentales Klima aus: Es ist trockener, im Sommer wärmer und im Winter kälter. (Bilder S. 56 und 60)

E Melanotischer Typ: Schwärzlinge können in einigen Gebieten vereinzelt auftreten. In der Gegend von León machen sie aber 30% der Tiere aus und müssen hier zum kantabrischen Typ gezählt werden. Darauf deuten schon die Auflösung der Kopfschilder und die oft in zwei Reihen vorhandenen Subocularia hin. Die schwarzen Schlangen nehmen meist die höher gelegenen Lebensräume ein.
(Bilder S. 62)

Von diesen Typen ist der kantabrische als Unterart belassen worden, wie bei BRAÑA & BAS beschrieben:

Vipera seoanei seoanei LATASTE, 1879
Iberien-Otter

Zur Nominatform gehören der klassische, der bilineare und der uniforme Typ.

Vipera seoanei cantabrica BRAÑA & BAS, 1983
Kantabrische Iberien-Otter

Zu dieser Unterart müssen wir nebst dem kantabrischen Typ auch die Schwärzlinge im Gebiet von León zählen.

Schwärzlinge der *Pelias*-Gruppe
(Bilder S. 62).

Bei allen Arten dieser Gruppe gibt es mehr oder weniger deutlich melanotische Tiere. MÉHELY (1911) berichtet von schwarzbraunen Ottern seiner damals als Art beschriebenen *Vipera macrops*, die man heute gewöhnlich zu *Vipera ursinii ursinii* zählt. Er nennt 3 der 33 von ihm untersuchten Balkan-Karstottern, die zwar nicht ganz schwarz, aber doch sehr dunkel sind, andererseits eine helle Unterseite haben. Bei *Vipera kaznakovi*, die erwachsen an sich schon halb melanistisch ist, hat es nur einen kleinen Schritt zur vollständigen Schwarzfärbung gebraucht. Unter den Kreuzottern sind Schwärzlinge gar nicht selten. Es gibt Populationen mit einem Drittel melanotischer Tiere. Man trifft sie in nordischen Ländern am Meeresstrand, in Hochmooren und Heiden, vor allem in Waldgebieten, auf Mittelgebirgen und an verschiedenen Stellen in den Alpen. Diese Ottern sind dem Menschen so fremdartig vorgekommen, daß er sie für besonders aggressiv und giftig gehalten hat, was sie selbstverständlich nicht sind. Er hat sie mit «Höllennatter» tituliert. Diese Kreuzottern können ganz schwarz sein. Manchmal ist die Iris noch rot, wie bei der normal gefärbten Schlange; hier und da erscheint sie auch dunkel. Die Oberlippenschilder sind oft heller, meist weiß oder ganz selten himmelblau (Bild S. 62). Bei manchen Ottern sind auf dem schwarzen Körper helle Spritzer wahllos verteilt. Bei einzelnen

Schwärzlingen erkennt man je nach Lichteinfall die Zeichnung, weil sie noch schwärzer ist als die Grundfarbe. Es scheint nach meinen Beobachtungen bei *Vipera berus berus* mehr melanotische Weibchen zu geben, ebenso bei *Vipera aspis atra*. Schwärzlinge von *Vipera berus bosniensis* kenne ich nur mit hellen Oberlippenschildern. Bei den Iberien-Ottern häufen sich die melanotischen Schlangen in der Gegend um León, wo sie bis zu 30% der Populationen ausmachen. Man muß sie zur Unterart *Vipera seoanei cantabrica* zählen, nicht nur, weil sie in deren Gebiet leben, sondern auch, weil sie die entsprechende Kopfbeschuppung aufweisen, wie die Bilder S. 62 zeigen.

Schwärzlinge kommen wahrscheinlich mehrheitlich in der gleichen Färbung zur Welt wie ihre normal gezeichneten Verwandten. Manchmal sind sie von Geburt an etwas dunkler. In gewissen Populationen werden aber auch schwarze Junge abgesetzt. Schwarze Weibchen können auch Junge haben, die nicht zu melanotischen Schlangen werden.

Aber warum ist ein Teil der Schlangen einer Population normal gefärbt, ein anderer aber melanotisch? Bei der Antwort kann es sich nur um Vermutungen handeln, die man sich durch entsprechende Beobachtungen zu bestätigen sucht. In erster Linie denkt man an den Wärmehaushalt: Schwarze Körper nehmen in kürzerer Zeit mehr Wärme auf als helle. Man sagt auch, daß schwarze Ottern in erster Linie in kühleren Gegenden leben. Das tun aber mehr oder weniger alle Kreuzottern. Und weshalb gibt es in den Alpen auf 2000 m Höhe und darüber Populationen ohne melanotische Schlangen und in milderen Gebieten, etwa im Schwarzwald, einen Bestand mit hohem Anteil an Schwärzlingen? Und – um einmal an eine ganz andere Tierart zu denken – warum finden sich so viele schwarze Panther ausgerechnet bei jenen Rassen, die in den heißen Tropen leben? Wenn KJAERGAARD (1981) sagt, daß in Dänemark schwarze Kreuzottern in bewaldeten Gebieten häufig sind, auf offenen Heiden seltener, so stimmt das sicher. Wenn ANDRÉN & NILSON (1981) mit Hilfe von Attrappen feststellen, daß auf schwarze Ottern von Freßfeinden zwei bis dreimal mehr Angriffe durchgeführt werden als auf gewöhnlich gefärbte, so darf man daraus schließen, daß der bessere Schutz gegen Sicht im Walde den Schwärzlingen zu einem leichteren Überleben verhilft. Es bleiben aber andere Fragen offen: Wie steht es mit den oft weithin baumlosen alpinen Lebensräumen von Populationen mit und ohne schwarze Kreuzottern und Alpenvipern? Weshalb sind öfters die Weibchen schwarz, die über vier Monate die Nachkommenschaft in sich tragen, während sie in normaler Färbung weniger sichtbar wären? Sonst sind doch bei fast allen Tierarten die Weibchen durch ihre Färbung viel besser getarnt als die Männchen, die im Fortpflanzungsgeschäft leichter zu ersetzen sind, wenn ihnen etwas geschieht! Die gut sichtbaren schwarzen Weibchen können dafür die Sonnenstrahlung für ihre Embryonen viel besser nutzen. Doch den anderen genügt die gleiche Sonne auch, um in derselben Zeit ihre Jungen zur Welt zu bringen. Im Berner Oberland steigt ein Paralleltal des Gadmentales von 1200 auf 1900 m an. Im unteren Teil lebt *Vipera aspis atra,* im oberen *Vipera berus berus*. Auf einer längeren, fast ebenen Strecke in 1300 m Höhe kommen beide Schlangen zusammen vor. *Vipera aspis* ist zum größten Teil schwarz, *berus* weist gar keine melanotischen Tiere auf. Beide leben hier unter ganz gleichen Bedingungen. Bei der Kreuzotter findet man schöne gelbe Männchen (Bild S. 46), die wohl deswegen fast ausgerottet worden ist.

Es gibt auch melanotische Eidechsen. Am häufigsten finden sich solche bei *Lacerta vivipara,* der Berg- oder Waldeidechse, die in den gleichen Biotopen lebt wie die Kreuzotter, der sie wohl weitgehend das Leben ermöglicht als Beutetier, vor allem für die jungen Ottern. Daher ist hier das Bild einer jungen schwarzen Bergeidechse vom Vogesenkamm eingefügt (Bild S. 62).

Die Natur hat unzählige Lebensformen geschaffen. Warum sollte sie bei vielen Tierarten nicht so etwas zustande bringen wie zwei Varianten, eine typisch gefärbte und das schwarze Gegenstück? Die schwarze Farbe scheint ja für Abarten besonders geeignet zu sein. In ihrem unbeirrbaren Streben nach Vielfalt bringt die Natur dies eben fertig. Der Melanismus ist in den Genen festgelegt und vererbt sich sicher ganz ge-

1

2 3

Bergotter
Vipera xanthina

110

setzmäßig, aber für unser Auge in einem Durcheinander von Gemustert und Schwarz. Das gleiche gilt für die Milos-Viper mit der gefleckten und der einheitlich roten Spielart (Bilder S. 116). Und der alles ordnende Mensch bringt es nicht fertig, eine Grenze systematischer Art zu ziehen oder auch nur einen tieferen Sinn hineinzulegen, d. h. eine Begründung durch irgendwelche Nützlichkeit. Nennen wir es ein reizendes Spiel der Natur mit Farben und Mustern.

B *Rhinaspis*-Gruppe
Höher entwickelte europäische Vipern

Die Vertreter dieser Gruppe unterscheiden sich von der vorausgehenden und der nachfolgenden vor allem durch die Form der Schnauze. Diese ist vorn nicht gerundet oder kantig, sondern mindestens in die Höhe gezogen, wie bei *Vipera aspis*, aufgestülpt, was bei *Vipera latasti* der Fall ist, oder zu einem richtigen Horn ausgebildet, wie es *Vipera ammodytes* zeigt. Die Subocularia stehen in zwei Reihen und die großen Schilder des Pileus, das Frontale und die Parietalia, sind in kleine Schildchen aufgelöst. Die beiden letzten Merkmale sind bei vielen Individuen nicht immer gruppengemäß gestaltet, sondern entsprechend der *Pelias*-Gruppe, sind also Atavismen, Eigenschaften, die auf eine frühere Entwicklungsstufe hinweisen und längst überwunden sein sollten. Wir können diese Eigenheiten als «konservativ» bezeichnen im Gegensatz zu den «progressiven» der ersten Gruppe. Vertreter der *Rhinaspis*-Gruppe können sich nicht progressiv verhalten, da zu der ihnen übergeordneten Gruppe keine so nahen verwandtschaftlichen Beziehungen bestehen. Auf dem Kopf geht die Kielung der Schuppen nur bis in das Gebiet der Parietalschilder, auch wenn diese in Schildchen aufgelöst sind. An den Kopfseiten, also an den Schläfenschuppen, kann die Kielung etwas weiter nach unten streben als bei der *Pelias*-Gruppe. Die unterste Reihe der Rückenschuppen ist auch hier nicht gekielt.

Der Körper dieser Schlangen ist etwas untersetzter als bei der *Pelias*-Gruppe. Die Länge variiert zwischen 60 und 110 cm, wenn wir von der afrikanischen Zwergform *Vipera monticola* absehen. Vielfach werden die Männchen etwas größer als die Weibchen. Der Körper wird nicht durch Spreizen der Rippen abgeflacht. Die Kopfform ist mehr dreieckig, was schon durch die größeren Giftdrüsen bewirkt wird, die auch ein etwas stärkeres Gift ausscheiden. Die Nahrung der Jungtiere besteht hauptsächlich aus Eidechsen, später aus nestjungen Nagern. Eventuell werden von Jungtieren einzelner Arten ausnahmsweise Insekten, besonders Heuschrecken, angenommen. Halb und ganz erwachsene Tiere halten sich außer an Eidechsen hauptsächlich an Mäuse und jagen gelegentlich eine Spitzmaus. Hier und da erwischt eine Schlange auch einen Vogel. Dieser wird beim Giftbiß nicht sofort wieder losgelassen. Kleine Vögel sind einerseits wehrlose Geschöpfe, welche die Viper nicht gefährden können. Andererseits würden sie bei einer noch so kurzen Flucht durch die Luft keine Spur hinterlassen wie die im Todeskampf davonrennenden Kleinsäuger – eine Spur, die garantiert, daß die Beute mit Sicherheit verfolgt und gefunden werden kann. Der Vogel wird erst nach dem Tode, der rasch eintritt, auf den Untergrund gelegt, worauf das Suchen nach dem Kopf und der Schlingakt beginnen können.

Vipera aspis (LINNAEUS, 1758)
Aspisviper

Kennzeichen: Die Schnauze unserer Viper ist aufgeworfen, also vorn etwas in die Höhe gezogen, ohne ein Horn zu bilden. In der Körpermitte stehen die Schuppen in 21, selten in 23 Reihen. Die Rückenzeichnung wird gebildet durch ein Zickzackband, eine gerundete Wellenlinie, oder sie ist in Flecken aufgelöst. Besonders häufig besteht sie aus Querbarren, die in der Rückenmitte gegeneinander versetzt sein können. Die Rückenzeichnung wird als Hauptunterscheidungsmerkmal für die verschiedenen Unterarten verwendet. Die Viper ist etwas schwerer gebaut als die Kreuzotter. Ihre Länge beträgt im Durchschnitt 60 bis 75 cm, kann aber vereinzelt über 90 cm hinausgehen. Gemessen wurden schon 94 cm (BRUNO, 1985).
Verbreitung: Die Aspisviper ist die eigentliche «europäische Giftschlange». Sie bewohnt große Teile von West-, Mittel- und

111

Levanteotter
Vipera lebetina

112

1 Das ♂ von *Vipera lebetina obtusa* ist die größte Giftschlange Europas. Es kann länger als 1,5 m werden und übertrifft dabei das ♀ um gut ein Drittel. Unseren Kontinent erreicht sie nur knapp an der Westseite des Kaspischen Meeres, wo sie in der Autonomen Sowjetrepublik Dagestan den Fluß Térek und somit die Nordseite des Kaukasus erreicht.

2 Große Exemplare von *Vipera lebetina obtusa* können einen langgestreckten Kopf aufweisen. Im Gegensatz zum Tier auf Bild 1 ist bei diesem Individuum das Überaugenschild nur schwach unterteilt.

3 *Vipera lebetina schweizeri:* Diese Otter mit dem klotzigen Kopf stammt von der Kykladeninsel Sifnos. Die Vipern dieser Insel haben einmal als eigene Unterart gegolten: *Vipera lebetina sifnensis.*

4 Dieses schön gezeichnete ♂ von *Vipera lebetina schweizeri* lebte auf der Insel Kimolos.

Südeuropa und geht doch nirgends über die Grenzen unseres Kontinents hinaus. Sie kommt in Nordspanien vor, in einem großen Teil Frankreichs, in einem kleinen Gebiet Südwestdeutschlands, in der Schweiz und fast in ganz Italien einschließlich der Inseln Elba, Montecristo und Sizilien. Ob sie auf die östliche Seite des Isonzo oder der Soča wechselt und daher in Jugoslawien lebt, ist ungewiß. Die Aspisviper liebt die Wärme. Sie ist ein Kind Südeuropas. Im Norden ihres Verbreitungsgebietes ist sie auf sonnige und trockene, steinige oder felsige Hänge angewiesen. Doch können Formen, die auch der Kälte gut angepaßt sind, wie die Pyrenäen- und die Alpenviper, ausnahmsweise bis zu Höhen von fast 3000 m angetroffen werden.

Es liegen heute Beschreibungen von acht Unterarten vor. Zwei davon werden fast allgemein nicht anerkannt: *Vipera aspis balcanica* BURESCH & ZONKOV, 1934, und *Vipera aspis heinzdischeki* SOCHUREK, 1979. Die Balkanviper ist nach zwei Exemplaren aus der Gegend von Harmanli in Bulgarien beschrieben worden. Sie wird als Bastard zwischen *Vipera ammodytes* und *berus* oder einfach als abnormal ausgebildete *Vipera ammodytes* erklärt. Weitere Einzelfunde einer «Balkanviper» erwähnt BRUNO (1985) von der Jahorina bei Sarajevo, wo die sehr aspisähnliche *Vipera berus bosniensis* vorkommt; bei Ripanj, etwa 20 km südlich von Belgrad, und von Stîrnic in der Nähe von Reşiţa in Westrumänien. Diese letzte Schlange beschreibt FUHN (1986) als melanotische abnorme *Vipera ammodytes ammodytes,* die auch in einer Population dieser Art gefunden worden ist. Auf den Bildern von R. ZIEGLER, die FUHN veröffentlicht, sieht die Schlange allerdings aus wie eine melanotische *Vipera aspis atra.* SOCHUREKS *Vipera aspis heinzdischeki,* die bei Lagonegro in der Basilicata vorkommen soll, wird von BRUNO (1985) als Übergangsform zwischen *Vipera aspis francisciredi* und *hugyi* betrachtet, während KRAMER (1970 & 1982) sie als isolierte Population von *Vipera aspis atra* bezeichnet, weil sie dieser sonst nördlich gelegenen Viper sehr stark gleicht. *Vipera aspis montecristi* wird von verschiedenen Autoren als Synonym von *Vipera aspis hugyi* angesehen. Es sollen hier sechs Unterarten im Bild vorgestellt werden. Die Reihenfolge, in der sie angeführt sind, geschieht nicht in der üblichen Weise, indem man zuerst die Nominatrasse, dann die anderen in alphabetischer Reihenfolge nennt. Die Anordnung soll etwa dem Entwicklungsstand entsprechen, weshalb mit der ursprünglichen Unterart begonnen werden soll.

Vipera aspis zinnikeri KRAMER, 1958
Pyrenäenviper
(Bilder S. 10, 64 und 66)

Kennzeichen: Die Terra typica ist Auch, das im Département Gers in nur 136 m Meereshöhe liegt. KRAMER hat daher nach SAINT GIRONS (1978) bei seiner Erstbeschreibung dieser Viper nicht die ausgeprägteste Form vor sich gehabt, die am meisten von den übrigen Unterarten abweicht. Diese lebt in der Höhe der Zentralpyrenäen auf französischer Seite. Bei der Pyrenäenviper besteht die Rückenzeichnung aus einem sehr dunklen ununterbrochenen Zickzackband, das jenem der Kreuzotter gleicht (Bild 2 S. 64). Der Kopf der Pyrenäenviper ist auffallend schmal, wenn es ausnahmsweise auch sehr breitköpfige Individuen gibt (Bild 7 S. 66). Im nördlichen Pyrenäenvorland trifft man Vipern, bei denen die Bandmitte auf dem Rücken stark aufgehellt ist. Dadurch erinnert die Pyrenäenviper an die benachbarte, im französischen Baskenland und im Norden der Iberischen Halbinsel lebende *Vipera seoanei seoanei.* Nebst der Zeichnung und dem schmalen Kopf weist auch die Tatsache auf die Ursprünglichkeit der Zinniker-Viper hin, daß sie am meisten Individuen mit atavistischen Zügen zeigt: Keine 50% haben eine vollständige zweite Subocularreihe, bei etwa 10% ist überhaupt nur eine einzige Schildchenreihe unter dem Auge ausgebildet. Etwa ein Fünftel weist ein nicht vollständig unterteiltes Frontale oder ungeteilte Parietale auf (SAINT GIRONS, 1978).

Verbreitung: *Vipera aspis zinnikeri* lebt in den zentralen Pyrenäen. Auf der Südseite in Spanien wird sie durch die Nominatform abgelöst. Auf der französischen Seite der Pyrenäen reicht sie weit nach Norden und geht über Intergrades, also mit Zwischenformen, in die *Vipera aspis aspis* über. Dieser allmähliche Übergang läßt sich gegen

1  2

Kykladenotter I
Vipera lebetina schweizeri

1 Die Kykladenotter lebt gern an gebüschreichen Flußläufen, die in der warmen Jahreszeit ganz oder zum Teil austrocknen. Der abgebildete «Potamos» liegt auf der Insel Sifnos. Rechts auf dem Felsen im Vordergrund sehen wir eine Wasserlache. An ihr lag das Tier auf Bild 3 S. 112. Die Kykladenottern brauchen feuchte und weiche Bodenstellen, wo sie ihre Eier ablegen und verbergen können. Die größte Gefahr für die Eier besteht in der Trockenheit.

2 Dieses ♂ der *Vipera lebetina schweizeri* stammt von der Insel Milos. Die großen Vipern sind auf den griechischen Inseln geschützt. Der Fang der *Vipera* *lebetina schweizeri* auf den Kykladen und von *Vipera xanthina* auf den Sporaden ist verboten; Schlangenfänger haben dies schon zu spüren bekommen.

---

das Zentralmassiv und im Westen bis in das Département Charante-Maritime feststellen. In den Pyrenäen steigt diese Viper ausnahmsweise bis zu Höhen von 2900 m auf (DUGUY, 1972).

Der Lebensraum dieser Viper besteht in den Pyrenäen aus Geröllhalden mit Gebüsch und wenig Bodendeckung. Manchmal fällt das Gelände gegen Gewässer ab. Es sind oft rauhe Gebirgspartien, die aber ausgiebig besonnt sein müssen. Im Vorland treffen wir auf ein ganz anderes Biotop, ein Gebiet, wo die traditionell betriebene Landwirtschaft das Leben der Vipern ermöglicht. Hier leben sie an Steinhaufen, auf Lesesteinwällen, die im Laufe vieler Jahre zu Hecken geworden sind und stets wieder nachwachsen, wenn man sie doch einmal abbrennt. Sie besiedeln Waldränder und Feldraine und wenigstens im Frühjahr sogar Getreidefelder zusammen mit der Mauereidechse und der Smaragdeidechse. Man kann sie antreffen, wie sie sich auf einer Ackerscholle sonnen, solange die Halme noch nicht zu hoch und zu dicht stehen.

Vipera aspis atra MEISNER, 1820
Alpenviper
(Bilder S. 68, 70 und 82)

Kennzeichen: Diese zweite Gebirgsform ist von KRAMER (1970) von der Nominatrasse wieder abgetrennt und revalidiert worden. Ihr Kopf ist ebenfalls schmal. Oft trifft man Tiere mit nicht ganz aufgeteilten Frontal- oder Parietalschildern. Mit wenigen Ausnahmen läßt sich diese Unterart an ihrer Rückenzeichnung leicht erkennen. Diese ist schwarz und breitflächig und daher sehr auffällig. Sie besteht aus einem gezackten oder einem runden Wellenband. Manchmal ist das Band auch in gerundete oder rechteckige Flecken aufgelöst, die oft ähnlich wie bei der Nominatform Querbalken bilden, die sich aber durch größere Breite unterscheiden. Vor allem in den südlichen Alpen, besonders im westlichen Tessin, trifft man auch braun oder rötlich gefleckte Vipern (Bild 8, S. 70). In mancher Population, so etwa im Berner Oberland, besteht oft mehr als die Hälfte der Vipern aus melanotischen Tieren. Diese weisen keine hellen Lippenschilder auf, wie es bei schwarzen Kreuzottern vorkommt, sondern sind einfach schwarz, frisch gehäutet mit einem feinen Glanz, manchmal mit einem Blaustich. Bei vereinzelten Tieren ist die Zeichnung je nach Lichteinfall noch sichtbar. Bei Weibchen kann die Unterseite rötlich getönt sein.

Verbreitung: Die Alpenviper lebt in den Voralpen und Alpen der Schweizer Kantone Bern, Fribourg, Wallis und Tessin, aber auch in den Alpen Nordwestitaliens und Südostfrankreichs. Nach KRAMER (1970 & 1982) kommt sie isoliert am Monte Papa bei Lagonegro in der italienischen Basilicata vor. In den italienischen Alpen erreicht diese Viper nach ANGEL (1946) eine Höhe von 2950 m. Dabei handelt es sich um eine Ausnahmeerscheinung, um eine Viper auf einer offensichtlichen «Bergtour». Ihre normale Verbreitung liegt etwa zwischen 1000 m und 2000 m Meereshöhe. Sie kommt aber an den Seen im Berner Oberland unter 600 m, im Tessin sogar auf 200 m vor. In den Wärmeperioden der Nacheiszeit dürfte es dieser Schlange möglich gewesen sein, über die «Alpenpässe» von Süden her das Wallis und das Berner Oberland direkt zu erreichen, was das Vorkommen auf beiden Seiten der Gebirgskämme viel leichter erklärt. Mit den langen Wintern, die von Oktober bis Mai dauern können, scheint die Alpenviper gut fertig zu werden. In der warmen Jahreszeit verbringt sie ihr kurzes Sommerleben an sonnigen Hängen mit Geröll und wenig Gebüsch, auf Alpweiden mit Lesesteinwällen, in ganz lichten Wäldern mit Steinhaufen und vor allem in Bergkesseln, die nach Süden offen sind.

Beim Besuch verschiedener Populationen erhält man den Eindruck, daß von Ost nach West die Intensität und die Breite der Zeichnungselemente zunimmt. Vipern, wie wir sie auf Bild 6 und 7 S. 70 sehen, findet man im westlichen Berner Oberland. Das Bild 1 S. 68 zeigt eine Viper aus den Freiburger Alpen, die noch weiter westlich liegen und die Verbreitungsgrenze gegenüber der «Juraviper», also der Nominatrasse, darstellen. Daneben treffen wir aber an allen Stellen «gewöhnliche» Vipern, ohne besonders auffällige Zeichnung, deren Flecken aber immer breiter sind als jene von *Vipera aspis aspis*.

Im Gedenken an Schlangenhansi
⟨Hans Schweizer 1891–1975⟩
dem naturverbundenen Freunde
des Schwarzbubenlandes
und seiner praechtigen Juraviper

Kykladenotter II
Vipera lebetina schweizeri

HANS SCHWEIZER

Kykladenotter, _Vipera lebetina schweizeri_ II

3 Auf der Insel Milos kommt eine rote oder orange, fast zeichnungslose Variante der Kykladenotter vor. Sie tritt viel weniger häufig auf als die gewöhnlich gefärbte und wird besonders eifrig gejagt. Daher ist sie ganz besonders gefährdet.

4 _Vipera lebetina schweizeri_ hat eine gerundete Schnauze. Die Supraocularia sind in kleine Schilder aufgelöst.

5 Eine harmlose Ringelnatter soll hier auch noch abgebildet sein, die Milosringelnatter, _Natrix natrix schweizeri_. Die seltene Natter hat, wie auch die Kykladenotter und die auf den Inseln Milos, Sifnos und Kimolos vorkommende Unterart der Riesen-Smaragdeidechse, _Lacerta trilineata hansschweizeri_, den Subspecies-Namen nach HANS SCHWEIZER erhalten.

6 Dank den Bemühungen von PETER HIS hängt an einem Felsen auf dem Nunninger Berg südlich von Basel die Erinnerungstafel an HANS SCHWEIZER, unseren «Schlangenhansi». Für viele Reptilienfreunde ist er ein Wegbereiter gewesen. Als Original hat ihn alt und jung gekannt. Er hat mit den bedeutendsten Herpetologen seiner Zeit zusammengearbeitet und verschiedenen Reptilien der Ägäis seinen Namen verliehen.

7 Im Mai 1974 wandert HANS SCHWEIZER noch einmal durch den Lebensraum der Juraviper mit Hut, Rucksack und Stock, wie ihn alle Welt in Erinnerung hat.

Vipera aspis aspis (LINNAEUS, 1758)
Aspisviper, «Juraviper»
(Bilder S. 14, 72, 74, 76 und 84)

Kennzeichen: Der Kopf der Nominatform mag im Durchschnitt etwas breiter sein als jener der beiden beschriebenen Bergformen. Er ist aber immer noch verhältnismäßig schmal. Die Rückenzeichnung besteht aus Querbalken, von denen einige über den Rücken durchlaufen, während andere in der Mitte versetzt sind. Diese querliegenden Balken sind schmal. Vor allem im Nordjura treffen wir auf Vipern, deren Streifen so lang sind, daß für die Flankenflecken kein Platz mehr bleibt (Bild S. 76). Die Schlangen sehen dann wie geringelt aus. Es gibt auch Populationen mit Tieren, die nur kurze Querbalken aufweisen und trotzdem keine Seitenflecken haben. Durchschnittlich ist die Zahl der Bauchschilder und auch jene der Ausbuchtungen zwischen den Elementen der Rückenzeichnung geringer als bei der Alpenviper und der Italienischen Viper. Die Grundfarbe variiert stark. Im «Normalfall» ist das Männchen hellgrau mit schwarzer Zeichnung, das Weibchen braungrau oder grau mit schwächerer, meist grauer Zeichnung. Aber die Männchen können auch braun, rötlich-braun oder sogar ziegelrot sein. Bei den Weibchen kommen auch schön braune, rotbraune und gelbliche Tiere vor.
Verbreitung: _Vipera aspis aspis_ lebt in Nordspanien im östlichen Teil der Pyrenäen und erreicht nach Süden fast Barcelona. Auch in den südlichen, also spanischen Teilen der Pyrenäen und in deren westlichen Gebieten kommt sie vor. Man trifft sie in weiten Teilen Mittelfrankreichs von der Loiremündung bis zum Jura und auch in Südwestfrankreich. In Deutschland findet sie sich nur im südlichen Schwarzwald, wo sie in neuester Zeit durch CAMBENSY (1984) und durch K. FRITZ wiederentdeckt worden ist. Im Aussehen entspricht die deutsche Viper jener aus dem benachbarten nördlichen Schweizer Jura. CAMBENSY (1984) hat ein gutes Bild veröffentlicht. Im Schwarzwald lebt die Viper auf kristallinem Gestein, während die Schweizer Juraviper buschbewachsene Kalkgröllhalden, die nach Süden abfallen, allen anderen Lebensräumen vorzieht. In der Schweiz besiedelt die Aspis den Jura und dringt bis ins Unterwallis vor. Sie ist in den letzten Jahrzehnten vor allem im nördlichen Jura stark zurückgegangen. Weiter im Süden ist sie nicht mehr so sehr auf extrem warme und trockene Standorte angewiesen. So kann man sie in der Nähe von Genf zusammen mit der Vipernatter, _Natrix maura_ (Bild S. 10), zwischen nassen Kieseln an Flüssen antreffen.

Vipera aspis francisciredi LAURENTI, 1768
Italienische Viper
(Bilder S. 78, 82 und 85)

Kennzeichen: Diese Unterart, die KRAMER (1970) revalidiert hat, steht der Nominatrasse am nächsten. Sie ist wegen der starken Differenzen, die sich unter den verschiedenen Populationen des weiten Verbreitungsgebietes zeigen, nicht so leicht abzugrenzen. Im allgemeinen wirkt die Zeichnung auf dem Rücken lockerer, nicht so straff geordnet wie bei der Nominatrasse. Die Seitenbarren können sehr hoch sein, schon weil die Querstreifen meist nicht sehr lang sind. Am Rande der Bauchschilder fallen die weißen Flecken auf. Die Oberlippenschilder heben sich leuchtendweiß vom Augenstreifen ab. Der Kopf ist hinten breit; manchmal erscheint er wie aufgeblasen. Betrachtet man den Kopf senkrecht von oben, so kann man die Oberlippenränder sehen, was bei _Vipera aspis zinnikeri, atra_ und _aspis_ nicht möglich ist. Diese Angaben gelten weitgehend für die südlichste Schweiz und das benachbarte Oberitalien. Bei einer Schlange, die sich offensichtlich so leicht in unterschiedliche Formen spaltet, kann man in dem großen Verbreitungsgebiet dieser Unterart keine völlige Einheitlichkeit erwarten. Aber eine weitere Aufgliederung in noch mehr Unterarten läßt sich gewiß nicht verantworten.
Verbreitung: Die Italienische Viper kommt im Tessin südlich des Monte Ceneri und in den südlichen Bündnertälern vor. Sie lebt in Italien, abgesehen vom nordwestlichen Alpengebiet, wo die Alpenviper daheim ist, und vom Süden, der von _Vipera aspis hugyi_ bewohnt wird. Sie besiedelt auch die Insel Elba. Sardinien und Korsika sind giftschlangenfrei.

Bergotter
Vipera xanthina

Unterarten der Levanteottern
Vipera lebetina obtusa

Vipera lebetina schweizeri

Bergotter, *Vipera xanthina* und die Unterarten von *Vipera lebetina*, die in Europa vorkommen, eineinviertelmal vergrößert

1–3 *Vipera xanthina* ♂: Die Überaugenschilder sind groß und gerundet. Sie geben dem Kopf ein «tückisches» Aussehen. Die Kielung der Schuppen erreicht die Schnauze, die nicht in die Höhe gezogen, sondern gerundet ist. Unteraugenschilder sind zwei Reihen vorhanden. – Diese Viper sowie die beiden andern auf dieser Seite gehören zu einer asiatisch-afrikanischen Schlangengruppe. Sie sind nur am Rande in unseren Kontinent eingedrungen und wirken gegenüber den eigentlichen europäischen Vipern als Fremdlinge.

4–6 *Vipera lebetina obtusa* ♂: Bei dieser Viper sind auch die letzten Schilder des Pileus aufgelöst, die Supraocularia, die in fünf bis sechs Schildchen unterteilt sind. Die Unteraugenschildchen bilden drei Reihen. Die Zeichnung, vor allem am Kopf, ist sehr schwach. Das Nasorostrale ist mit dem Nasale verschmolzen.

7–9 *Vipera lebetina schweizeri* ♂: Die Pholidose ergibt mit kleinen Unterschieden die gleichen Resultate. Nur sind die Schuppen und Schilder schwerer zu erkennen wegen der Tüpfelung, die das Kleid wie bepudert erscheinen läßt und die Randlinien der Hornbildung verwischt.

Vispera aspis hugyi SCHINZ, 1833
Süditalienische Viper
(Bilder S. 80, 82 und 85)

Kennzeichen: Die Unterart wird schwerer und kräftiger als die andern. Der Kopf ist breit, die Schnauze ziemlich stark aufgeworfen. Die Rückenzeichnung besteht aus einem bräunlichen oder grauen, schwarz umrahmten oder aus einem schwarzgrauen Wellenband und großen dunklen Seitenflecken. Stellenweise kann das Rückenband in große runde und ovale Flecken aufgelöst sein.
Verbreitung: Die Viper kommt in Süditalien und auf Sizilien vor, wo man auf besonders schöne Tiere trifft. Sie leben in der Nähe des Meeresstrandes und steigen in die Berge auf. Am Vesuv sollen Vipern mit etwas abweichendem Muster vorkommen. KRAMER u. a. (1982) geben als nördliche Grenze Termoli an der Adria und den Golf von Policastro am Tyrrhenischen Meer an. In diesem Gebiet liegt auch Lagonegro mit der umstrittenen Viper, die drei wissenschaftliche Namen hat.

Vipera aspis montecristi MERTENS, 1956
Montecristo-Viper
(Bilder S. 80 und 85)

Kennzeichen: Heute wird die Unterart kaum mehr anerkannt, sondern zur *Vipera aspis hugyi* gezählt. SAINT GIRONS (1978) hält hingegen an ihr fest. Er gibt an, daß sie Kopf und Körper wie *Vipera aspis aspis* und eine Färbung wie *Vipera aspis hugyi* habe, die bei ihr aber etwas lebhafter sei. Bis zu 40% der Tiere weisen nicht 21 Rückenschuppenreihen auf, wie bei *hugyi* üblich, sondern deren 23. MERTENS führt in seiner Erstbeschreibung auch die schlankere Gestalt an und die Rückenzeichnung, bei der die dorsalen Flecken näher beieinander liegen und weniger die Tendenz zeigen, eine Wellenlinie zu bilden als bei Vipern aus Sizilien. Ferner hat die Montecristo-Viper öfters drei Apicale statt nur zwei. Die Unterschiede sind also gering. Dazu kommt, daß die elektrophoretischen Untersuchungen der Proteine im Gift der beiden Schlangen zu identischen Resultaten führt (POZIO, 1980). So ist es verständlich, daß die *Vipera aspis montecristi* als Synonym von *hugyi* betrachtet wird.
Verbreitung: Die Viper lebt ausschließlich auf der 10 km² großen Insel Montecristo im Tyrrhenischen Meer, die etwa 50 km von der Festlandküste und 70 km südlich der Insel Elba liegt. Es handelt sich um das Eiland, das durch den Roman von Alexandre Dumas «Der Graf von Monte Christo» bekannt geworden ist. Heute ist die Insel Naturschutzgebiet und darf ohne besondere Erlaubnis nicht betreten werden. Es überrascht, daß es sich bei den nächsten Vorkommen der Aspisviper auf Elba und in der Toskana um die ganz anders aussehende *Vipera aspis francisciredi* handelt. Am meisten gleicht unsere Viper nicht jener von Kalabrien, sondern der *hugyi* aus Sizilien, die in einer Entfernung von mindestens 500 km lebt. MERTENS bejaht eine analoge Entwicklung in den so weit voneinander liegenden Lebensräumen. Er erwähnt, daß die Ruineneidechse *Podarcis sicula tyrrhenica*, die auch auf den Inseln Giglio und Giannutri lebt, welche zwischen Montecristo und dem Festland liegen, der sizilianischen *Podarcis sicula sicula* viel ähnlicher sind als der *Podarcis sicula campestris*, die in Mittelitalien und auf Elba vorkommt. Auch die auf Montecristo selbst lebende *Podarcis sicula calabresiae* steht der genannten Verwandten in Sizilien näher als jener des nahen Festlandes. Auf diese Weise soll gezeigt werden, daß auf einer Insel eine parallele Entwicklung zu einer weit entfernten und durch tiefe Meere getrennten Form möglich ist und dabei fast zum gleichen Ergebnis führen kann.
Eine andere Möglichkeit, die MERTENS allerdings ablehnt, wäre die bewußte oder unbeabsichtigte Einführung der Viper auf der Insel durch den Menschen. Da gibt es eine besonders amüsante Version, die man sich mit einem Augenzwinkern erzählt. In der Antike, als auf dem Mittelmeer unzählige Seeschlachten geschlagen wurden, hat es den üblen Brauch gegeben, vom eigenen Boot aus auf die Schiffe der Feinde lebende Giftschlangen zu schleudern, die unter den Kriegern und Seeleuten Verwirrung stiften sollten. Wie, wenn nun Hannibal, der Erzfeind Roms, von Karthago herkommend, sizilianische Vipern mitgebracht und so nahe vor der Ewigen Stadt auf Montecristo ein lebendes Waffendepot angelegt hätte? – Auf alle Fälle wird die Frage nach der Herkunft der Montecristo-Viper immer ein Rätsel bleiben und die

Karagan Halysotter
Agkistrodon halys caraganus

1 Die Halysotter hebt den Kopf steil in die Höhe. Der Schwanz führt heftig zitternde Bewegungen aus, was im dürren Gras oder Laub ein Rascheln hervorrufen würde. Sie ist in Verteidigungsstellung und stark erregt.

2 Die Schlangen können braun wie dieses Tier, grau wie jenes auf Bild 1, rot oder auch schwarz gefärbt sein.

3–5 Kopfbilder zweieinhalbmal vergrößert:

3 Vor dem Auge liegt eine Grube; man sieht die Glanzstelle auf deren Rückwand. Hier werden Wärmestrahlen empfunden bis zu kleinsten Differenzen von etwa 0,003 °C.

4 Grubenottern stellen einen Höhepunkt der Reptilien-Entwicklung dar:
4.1 Die Zungenspitzen nehmen geringste Geruchspuren auf, die in den Jacobsonschen Organen im Gaumendach wahrgenommen werden.
4.2 Beide Pupillen sind von vorn sichtbar. Die Schlange sieht daher Beute oder Feind mit beiden Augen zugleich, also räumlich, und kann die Distanz für den Biß abschätzen (Bild 4).
4.3 Vor den Augen sind zwei Gruben zu erkennen, vor allem dank den Glanzstellen (Bild 4). Die Wärmeabstrahlung von Beute oder Feind wird mit beiden Gruben, also räumlich empfunden, so daß auch in diesem Falle der Abstand geschätzt werden kann. Daher können auch bei Dunkelheit Beute oder Feind gezielt getroffen werden, über deren Qualitäten zuvor Zunge und Wärmegruben Auskunft erteilt haben. Für die nördlich lebende Halysotter kommt Jagen in der Dunkelheit weniger in Frage, aber für ihre vielen in warmen Ländern vorkommenden Verwandten.

5 Neun Schilder bedecken die Kopfoberseite. Eine ähnliche Entwicklung wie bei den eigentlichen Vipern findet auch bei den Grubenottern statt: Ursprüngliche Formen weisen Kopfschilder auf, die bei höher entwickelten aufgeteilt sind.

Phantasie trockener Herpetologen anregen.

Schwärzlinge der *Vipera aspis*
(Bilder S. 82)

Wahrscheinlich gibt es bei allen Arten der *Rhinaspis*-Gruppe Schwärzlinge. Stülpnasenottern sind sicher sehr selten melanotisch. Bei der Sandotter wird vor allem von schwarzen Ottern berichtet, die man für Bastarde zwischen Kreuzotter und Sandotter hält und die durch das zurückgebildete Horn und eventuell durch nichtgeteilte Frontal- oder Parietalschilder auffallen. WITTMANN (1954) bringt Bilder einer solchen Schlange. Dieses Tier muß aus Kärnten stammen, wo Kreuzotter und Sandviper nicht weit voneinander entfernt vorkommen. Dabei zeigt er auch Bilder von gemusterten Blendlingen. Die Frage, die sich hier stellt, ist nicht einfach zu beantworten. Die Möglichkeit einer Kreuzung von *Vipera berus* mit *Vipera ammodytes* wird durch die verschiedene Zahl der Chromosomen problematisch. Auch kennt man diese Bastardierung nicht aus der Gefangenschaft, sondern nur von den Resultaten der Bastardierung her, die man in der Natur findet. KRAMER u.a. (1982) bestreiten diese Möglichkeit. Man spricht von Sandottern mit reduziertem Horn. Schwierig wird es, wenn die umstrittene Schlange auch noch schwarz ist, was bei Sandottern sehr selten, bei Kreuzottern aber besonders oft vorkommt. Doch erinnern wir uns an die *Vipera ammodytes* aus Stîrnic in Rumänien (S.113), deren Bild FUHN veröffentlicht hat: eine schwarze Sandotter mit reduziertem Horn aus einer Gegend, in der es Kreuzottern gibt.
Die gezeigten Bilder der Schwärzlinge gehören alle der *Vipera aspis* an, weil ich noch nie einer anderen Art in Schwarz begegnet bin. Bild 1 stellt sicher eine große Seltenheit dar, eine melanotische weibliche *Vipera aspis hugyi* aus dem kalabrischen Silagebirge. Der breite Kopf deutet darauf hin, daß es sich nicht um eine Alpenviper handeln kann. Besonders eigenartig für eine melanotische *Vipera aspis* sind die feinen weißen Linien, die einzeln den unteren Rand der Oberlippenschilder säumen. Bild 2 stellt ein Weibchen, Bild 3 ein Männchen der Alpenviper aus dem Berner Oberland dar. Beide Vipern stammen aus der gleichen Population, in der weit über die Hälfte der Tiere schwarz sind. Unter allen Arten der Aspisviper neigt die *Vipera aspis atra* am stärksten zum Melanismus. Auch die normal gefärbten Schlangen dieser Unterart weisen eine derart großflächige und intensive Zeichnung auf, daß bei ihnen bis zur vollen Schwärze nur noch ein kleiner Schritt ist. Melanotische Tiere der Nominat- und der Zinnikerunterart gibt es wahrscheinlich als Seltenheit. Leider bin ich keiner von ihnen begegnet. Daher fehlen hier ihre Bilder. Bei *Vipera aspis francisciredi* jedoch ist der Melanismus verbreitet. Das Weibchen dieser Unterart auf Bild 4 stammt aus den Abruzzen. Der breite, im hinteren Teil wie aufgeblasen wirkende Kopf deutet darauf hin, daß das Bild eine schwarze Schlange dieser Rasse zeigt.

Vipera latasti BOSCÁ, 1878
Stülpnasenotter

Anmerkung: BOSCÁ hat bei seiner Erstbeschreibung den Namen der Otter falsch geschrieben. Die Viper des Lataste sollte *Vipera latastei* heißen. Ein Jahr darauf hat BOSCÁ (1879) den Fehler korrigiert. Doch wird der falsche Ausdruck aus Prioritätsgründen immer noch von fast allen Herpetologen verwendet.

Kennzeichen: *Vipera latasti* hat etwa die Länge und Gestalt einer *Vipera aspis*. Die Schnauze ist aber stärker hochgezogen, aufgestülpt, wie der Name der Otter besagt. Er bildet fast einen Zapfen, der jedoch nicht zu einem von Schuppen bekleideten Horn entwickelt ist. Daher ist das Rostrale sehr schmal und hoch. Manchmal ist es auch quer in zwei Schilder geteilt (Bilder S. 88 und 92). In der Körpermitte beträgt die Anzahl der Rückenschuppen 21, selten 23. Auf braunem, bräunlichem oder grauem Untergrund bildet die Rückenzeichnung ein meist ununterbrochenes gerundetes oder gezacktes Wellenband, das schwarz, grau oder vor allem bei Weibchen braun sein kann. Aufgehellte Rückenbänder sind oft schwarz umrandet. Manchmal trennt auch noch Weiß das Band von der Grundfarbe. Das Schwanzende ist immer schwarz. Dank der Zeichnung und der hochgezogenen Schnauze

1

2   3

Die außereuropäischen
Vertreter der *Pelias*-Gruppe

erinnert die Schlange oberflächlich betrachtet an eine *Vipera ammodytes*.
Verbreitung: Die Stülpnasenotter kommt auf der Iberischen Halbinsel und in Nordwestafrika vor. Man kann sie von der Meeresküste bis in 2500 m Höhe antreffen. Sie liebt steinige buschbewachsene Hänge und lichte Wälder, nimmt aber auch vorlieb mit vom Menschen gestalteten Lebensräumen aus Lesesteinmauern mit dazwischenliegenden Äckern.

Vipera latasti latasti BOSCÁ, 1878
Stülpnasenotter
(Bilder S. 88 und 92)

Kennzeichen: Die Nominatform wird bis zu 72 cm lang. Sie weist im Durchschnitt 141 Bauchschilder auf. Die Anzahl der Rückenschuppenreihen beträgt in der Körpermitte 21. Frontale und die Parietalia sind manchmal nicht ganz aufgelöst und noch zu erkennen.
Verbreitung: Die Stülpnasenotter kommt in Mittel- und Ostspanien vor, wo sie im Süden die Sierra de Gador erreicht. Man trifft sie auch im nördlichen Portugal.

Vipera latasti gaditana SAINT GIRONS, 1977
Südliche Stülpnasenotter
(Bilder S. 88, 90 und 92)

Kennzeichen: SAINT GIRONS hat sie von der Nominatrasse abgetrennt, weil sie durchschnittlich 131 Bauchschilder hat, zehn weniger als die nördliche Form. Die Anzahl der Rückenschuppenreihen beträgt meist 21, bei einem Fünftel der Tiere aber 23, vor allem bei algerischen Exemplaren. Frontale und Parietale sind immer vollständig aufgeteilt. Die Schlange wird bis 60 cm lang.
Vipera latasti gaditana gehört zu den schönsten Schlangen Europas.
Verbreitung: Die Otter kommt im Südwesten der Iberischen Halbinsel vor. In der Umgebung von Huelva, der Terra typica dieser Unterart, lebt sie auch auf Sanddünen, was für eine europäische Viperide etwas ganz Außergewöhnliches ist. In Nordwestafrika, wo sie nicht häufig sein soll, besiedelt sie drei, wahrscheinlich voneinander ganz getrennte Räume. In Marokko lebt sie zum einen im Riff von Tanger bis zur algerischen Grenze; zum zweiten – ebenfalls in Marokko – kommt sie in einem Gebiet des Mittleren Atlas vor. In Algerien besiedelt sie den Tell-Atlas von Algier bis zur tunesischen Grenze.

Vipera monticola SAINT GIRONS, 1953
Atlas-Zwergotter
(Bilder S. 92 und 124)

Anmerkung: SAINT GIRONS hat diese kleine Viperide 1953 als *Vipera latastei montana* beschrieben und ein Jahr später den Namen geändert in *Vipera latastei monticola.* Dabei hat er schon angedeutet, daß diese Subspecies eventuell in den Stand einer eigenen Art versetzt werden könnte. Das ist nun durchgeführt worden (BEERLI, BILLING & SCHÄTTI, 1986).
Kennzeichen: Diese Schlange ist winzig. Das größte im Freien gefundene Tier weist eine Länge von 34,5 cm auf. Die kleinste europäische Viper, die Karstotter, erreicht 48 cm. Wir können also den Atlaszwerg als den kleinsten Vertreter der Gattung *Vipera* betrachten. In der Körpermitte beträgt die Anzahl der Rückenschuppenreihen immer nur 19. Frontale und Parietalia sind sozusagen stets aufgelöst. Die Unteraugenschildchen sind normalerweise in zwei Reihen geordnet. Ausnahmsweise kann die zweite Reihe unvollständig sein oder ganz fehlen. Die Rückenzeichnung ist ein enges Zickzackband, das stellenweise in Querflecke aufgelöst ist. Das Schwanzende ist nicht schwarz.

Vipera monticola unterscheidet sich stark in der Beschuppung, in Färbung und Zeichnung von den beiden Unterarten der Stülpnasenotter. Der Kopf mit dem aufgestülpten Näschen ist im Verhältnis kleiner und schlanker als jener der beiden großen Formen, wo man doch bei einem solchen Zwerg eigentlich eher das Gegenteil erwarten müßte.
Verbreitung: Die kleine Viper lebt in den höchst unwirtlichen, baum- und sogar gebüschlosen Hochtälern des Hohen Atlas in 2000 m bis 4000 m Höhe. Sie besiedelt das Toubkal-Massiv und soll nach SAINT GIRONS (1973) vielleicht bis zum M'Goun vorkommen, der sich nordöstlich vom Toubkal im Atlas erhebt. Es ist erstaunlich, daß sich das Viperchen in den steinigen, fast pflanzenlosen Einöden durchschlagen kann. Als Nahrung kommen Heuschrecken, Echsen und junge Nager in Frage.

1

2

3

4

5

Die außereuropäischen
Vertreter der *Rhinaspis*-Gruppe

1 *Vipera ammodytes transcaucasiana* ♂: Die Rückenzeichnung deutet eher auf eine *Vipera aspis* hin. Das Band ist in Querflecken aufgelöst und besteht manchmal auch aus beliebig verteilten Flecken und Strichen. Dieses Tier stammt aus der nördlichen Türkei. Die Viper kommt außerdem im sowjetischen Transkaukasien vor, vor allem im oberen Kura-Tal.

2 Das Schwanzende ist grün oder grüngelb, wie bei diesem jungen ♂.

3 Am ♀ dieser Viper auf dem Bilde erkennen wir das sehr hohe Rostrale, über dem nur zwei Reihen Schild-chen das kurze Horn bedecken. OBST (1983) hat diese Unterart von *Vipera ammodytes* abgetrennt und betrachtet sie als eigene Art, *Vipera transcaucasiana*. Er vergleicht sie als östliche Art in ihrem Verhältnis zu *Vipera ammodytes* mit der westlichen *Vipera latasti* (Kopfbilder S. 107, Text S. 133).

4 *Vipera monticola* ♀.

5 *Vipera monticola* ♂: Das enggezackte Rückenband mit der Andeutung von Querbalken läßt eher an eine *Vipera aspis* als an eine nahe Verwandte von *Vipera latasti* denken. Die Zwergform aus dem Hohen Atlas in Marokko wird höchstens 35 cm lang und ist daher der kleinste Vertreter der Gattung *Vipera*. SAINT GIRONS (1953) hat die Viper als *Vipera lata-* *stei monticola* beschrieben. Nun ist sie zu einer eigenen Art erklärt worden (Kopfbilder S. 92, Text S. 123).

Vipera ammodytes (LINNAEUS, 1758) Sandotter

Anmerkung: LINNÉ hat offensichtlich, als er dieser Schlange den Namen gab, eine ganz andere vor Augen gehabt, die nordafrikanische *Cerastes*. Diese lebt im Wüstensand und kann in kürzester Zeit im Sande verschwinden, indem sie die Rippen spreizt und hin- und herbewegt. Das Wort *Ammodytes* bedeutet «Sandtaucher» und wäre ein vorzüglicher Name für die *Cerastes*. Altgriechisch bedeutet ἄμμος (ammos) Sand und δύτης (dytäs) Taucher, also ἀμμοδύτης Sandtaucher. Die *Cerastes*, die eigentlich *ammodytes* heißen sollte, hat über jedem Auge ein Horn. Daher raubt sie unserer Schlange auch noch den treffenden deutschen Namen «Hornotter», der für die Afrikanerin reserviert ist. So kriecht also unsere Viper als Sandotter über ihren felsigen und steinigen Lebenspfad, ob griechisch oder deutsch. – Eigenartig kommt es einem vor, daß gewisse Fische genauso bezeichnet werden. In der Nähe der Meeresufer leben die Sandaale, die bei jeder Bedrohung kopfvoran im Sand untertauchen. Der Große Sandaal, der an der europäischen Küste vorkommt, heißt bezeichnenderweise *Ammodytes lanceolatus*. Kennzeichen: Das Hauptmerkmal der *Vipera ammodytes* bildet das von keinem Knochen gestützte, daher durch fremde Einwirkung bewegliche Horn, das aufrecht stehen, aber auch nach vorn oder nach hinten geneigt sein kann. Es ist rundherum von kleinen Schuppen bedeckt. Einen Zweck in Form eines praktischen Nutzens können wir in diesem Gebilde kaum sehen. Und doch hat es einen Sinn: Es gibt dem Kopf – oder sagen wir, dem Gesicht – dieser Schlange einen ganz besonderen Ausdruck und prägt sie auf eigene Art als gefährliche Giftschlange. Der Kopf mit dem Horn auf der Nase und den überdachten Augen macht Eindruck, sehr wahrscheinlich nicht nur auf den Menschen. Solche Organe des Ausdrucks sind im Tierreich häufig. Manchmal sind sie nebenbei noch zu einer praktischen Bedeutung gelangt. Die Mähne des Löwen stellt ihn als Herrn des Rudels dar, das in Wirklichkeit von der Löwin geführt wird, schützt ihn aber auch gegen Prankenhiebe. Das Hirschgeweih dient zusätzlich als Waffe, und die wippende Haube des Wiedehopfs zeigt seine Erregung an. Gleichzeitig stellt das Horn der Sandotter das erreichte Endziel einer langen Entwicklungsreihe dar, auf das die verschiedenen Vipernarten durch immer stärkeres Hervorheben der Schnauze hinzielen, von der gerundeten Kopfform der Karst- und vieler Kreuzottern über den vorne kantigen Kopfrand von Steppen- und Kaukasusotter und auch der Balkan-Kreuzotter bis hin zur hochgezogenen Schnauze der Aspisviper und der noch auffälligeren Ausgestaltung bei der Stülpnasenotter. Und das stellt keinen Zufall dar. Die Gestalt der Schnauze entspricht jeweilen ziemlich genau dem Entwicklungsstand des ganzen Tieres. Wenn man auch nicht einen geschlossenen Entwicklungsverlauf annimmt, wo jedes Tier von einem vorhergehenden abstammt, so ergibt das Ganze doch eine Reihe, welche die Entwicklungstendenz der europäischen Vipern aufzeigt.

Die Rückenzeichnung ist fast immer ein ununterbrochenes Band, das gezackt, gerundet, gewellt oder aus Rauten zusammengesetzt sein kann. Wie bei fast allen europäischen Vipern ist in den meisten Fällen ein dunkles Band vom Auge zu den Hinterkopfseiten vorhanden. Meist begleiten Seitenflecken das Rückenband, mit dessen Ausbuchtungen sie abwechseln. Die Grundfarbe kann verschieden sein. Im allgemeinen sind die Männchen hellgrau oder grau mit kräftiger schwarzer Zeichnung, die Weibchen braun, rötlich oder schmutzigbraun, manchmal auch gelblich mit bräunlicher oder grauer Zeichnung. Diese kann vor allem bei südlichen Tieren sehr schwach oder sogar ganz aufgelöst sein. Das Aussehen zeigt daher einen auffallenden Geschlechtsdimorphismus. Die Farbe des Schwanzendes, vor allem dessen Unterseite kann Orange, Rot, Grün oder Gelbgrün sein. Sie dient auch in gewissem Rahmen dazu, die Unterart zu kennzeichnen.
Verbreitung: In Österreich kommt die Sandotter in der Steiermark und in Kärnten, in Italien in Südtirol, im Trentino und im Nordosten des Landes vor. Sie lebt in den Balkanländern, der Türkei und Transkaukasien, vielleicht auch in Syrien und im Libanon.
Als Lebensraum wählt sie trockene steini-

1   3

2   4

Die Orientalischen Bergottern I

Die außereuropäischen Vertreter der *Xanthina*-Gruppe I
(Text S. 134)

1 *Vipera xanthina* ♂: Die Viper stammt aus dem Ak-Dağ-Gebirge im südtürkischen Lykien. Sie zeichnet sich in dieser Gruppe durch die kontrastreiche Färbung aus. Das große Supraoculare ist gerundet und steht in Kontakt mit dem Auge.

2 *Vipera latifii* ♀: Diese kleine Viper kommt nur im Lar-Tal vor, einem iranischen Bergtal, das durch ein Stauwerk zum größten Teil überschwemmt wurde. Die Schlange weist die normale Vipernzeichnung auf. Es gibt auch ganz zeichnungslose Tiere und solche mit einer dünnen Längslinie auf dem Rücken.

3 *Vipera bornmuelleri* ♂: Trotz der eigenartig aufgelösten Zeichnung ist diese Viper die nächste Verwandte von *Vipera xanthina*. Wie diese hat sie auch ein langes und gerundetes Supraoculare, welches das Auge berührt. Die Schlange lebt in den Gebirgen Hermon und Libanon im Nahen Osten.

4 *Vipera latifii* ♂ zeigt den gleichen Zeichnungstyp wie das ♀ auf Bild 2, nur in kontrastreicherer Ausführung.

ge Hänge, Wiesen- und Waldränder mit Steinhaufen oder Lesesteinmauern oder lichte Wälder mit felsigem Untergrund. Ihre Hauptverbreitung dürfte zwischen 200 m und 600 m liegen. Sie kommt aber auch tiefer vor, bis auf Meereshöhe, und steigt in Dalmatien bis 1700 m, in Griechenland bis 2000 m und kommt in der Türkei auf 1500 m vor.

Sieht man von übertriebenen Aufsplitterungen ab, so kann man höchstens sechs Unterarten anführen. Die eine, *Vipera ammodytes transcaucasiana,* kommt in Europa nicht vor. Zwei in neuerer Zeit beschriebene Unterarten, *Vipera ammodytes gregorwallneri* und *ruffoi,* werden von vielen Autoren nicht anerkannt. Sie sollen hier aber vorgestellt werden. *V. a. gregorwallneri* verdient das Interesse wegen ihrer Größe, und die elegante *ruffoi* läßt sich dank ihrer besonderen Färbung leicht von den anderen unterscheiden, wodurch sie den Status einer Unterart am ehesten verdient. Schwierigkeiten macht vor allem die Unterscheidung von *Vipera anmodytes montandoni* und *meridionalis,* die BOULENGER durchgeführt hat, vor allem, wenn man sich nur mit der lebenden Schlange befaßt. Auch hier gilt, wie in anderen Fällen, die Anzahl der Bauchschilder als ein Hauptkriterium.

Zur Unterscheidung der Unterarten benutzt man die Beschuppung des Horns, den Auflösungsgrad der großen Kopfschilder, die Zeichnung von Kopf und Rumpf, die Grundfarbe und die Farbe des Schwanzendes, aber auch die Größe und das Größenverhältnis der Geschlechter, die Anzahl der Rückenschuppenreihen in der Körpermitte und (wie schon erwähnt) die Zahl der Bauchschilder und der Doppelschilder der Schwanzunterseite.

Die Reihenfolge, in welcher die Unterarten angeführt werden, soll im Norden beginnen und im Süden enden. Im europäischen Raum werden wir dabei von größeren zu kleineren Formen gelangen. Wie in vielen Tiergruppen ist es auch hier so, daß bei nahe verwandten Tieren die nördlichen die größten sind.

Vipera ammodytes gregorwallneri
SOCHUREK, 1974
Alpine Sandotter
(Bilder S. 94 und 106)

Kennzeichen: Von den zwei eigentlich außereuropäischen Vipern – *Vipera xanthina* und *Vipera lebetina* – abgesehen, die unseren Kontinent nur an wenigen Punkten erreichen, stellt diese Sandotter die größte Viper Europas dar. Die maximale Länge wird für die Männchen mit 110 cm, für die Weibchen mit 90 cm angegeben. Das Horn ist verhältnismäßig klein und einfach gebaut. Die Grundfarbe soll immer geschlechtsgebunden sein: grau beim Männchen, braun, rötlich oder beige beim Weibchen. Das Schwanzende wird stets als korallenrot und nie als orange angegeben, was aber Bild 1 S. 94 nicht zu bestätigen scheint. Die Nackenzeichnung stellt mehr oder weniger eine Lyra dar und ist immer vorhanden. Daß stets nur 21 Rükkenschuppenreihen gezählt und verhältnismäßig oft Reste von Frontale oder Parietalia beobachtet werden, könnte zusammen mit dem einfach gebauten Horn auf die Ursprünglichkeit der Schlange hinweisen.

Die Alpine Sandotter lebt heute noch als Seltenheit an ein paar Stellen in der Steiermark und ebenfalls nicht mehr häufig in Kärnten, wo sie unter Naturschutz steht. Die österreichischen Sandottern sind sicher in Gefahr, ausgerottet zu werden, und zwar durch Wegfangen von Ottern in Populationen, die an sich schon zu klein sind, durch Biotopzerstörungen infolge von Überbauungen und Aufforstungen (Mitteilung von KADEN). Zu *Vipera ammodytes gregorwallneri* zählt SOCHUREK (1976) auch «die großen und schweren Exemplare aus dem nördlichen Jugoslawien».

Vipera ammodytes ruffoi BRUNO, 1968
Südtiroler Sandotter
(Bilder S. 12, 18, 96 und 106)

Kennzeichen: Das seitliche Kopfband ist stark reduziert, nur angedeutet oder fehlt ganz. Auch der Nackenfleck kann fehlen. Die Seitenflecken am Rumpf sind zurückgebildet oder sind gar nicht mehr vorhanden. Die Grundfärbung ist bei Männchen und Weibchen ähnlich, nämlich hellgrau, beim Männchen oft fast silbern. Die Geschlechter sollen sich in der Größe nicht unterscheiden. Das höchste Maß beträgt 95 cm. Das Schwanzende ist zumindest auf der Unterseite rot; oberseits kann sich

1

3

2

4

Die Orientalischen Bergottern II

1 *Vipera raddei raddei* ♂: Die Raddei-Viper ist eine armenische Bergotter. Das dreieckige Supraoculare ragt mit seinem Ende in die Höhe und ist vom Auge durch eine Reihe von Zwischenschildchen getrennt. Die Zeichnung dieser Viper ist sehr verschiedenartig.

2 Kopfbilder von Orientalischen Bergottern:

a–d, Beginn oben links, Drehung im Sinne des Uhrzeigers.

a *Vipera bornmuelleri* ♂: Das längliche, gerundete

Supraoculare berührt das Auge.

b *Vipera latifii* ♂: Zwischen dem in die Höhe ragenden Spitzchen des Supraoculare und dem Auge erkennt man die Reihe kleiner Schildchen.

c *Vipera raddei raddei* ♀: Auch hier liegt eine Schildchenreihe zwischen Auge und Supraoculare.

d *Vipera raddei raddei* ♀: Die Viper stammt aus dem sowjetischen Armenien, sieht aber aus wie *Vipera albicornuta* aus dem Iran. Die Supraocularia sind sehr hell, das Rückenband ist regelmäßig mit mehr als 45 Windungen, die Seitenflecken sind auffallend schwarz.

3 *Vipera raddei raddei* ♀.

4 *Vipera raddei kurdistanica* ♀, die gleiche Schlange wie auf Bild 2 d, stammt aus der südosttürkischen Provinz Hakkari, direkt an der iranischen Grenze. Die Unterart ist im benachbarten Gebiet beschrieben worden (NILSON & ANDRÉN, 1986). Aufn. Harry Sigg, Egg / Zürich.

---

die dunkle Rückenzeichnung fortsetzen. Auf der hellen Grundfarbe kommt die intensive, aber im Innern oft aufgehellte Rückenzeichnung sehr schön zur Geltung. Verbreitung: Die Südtiroler Sandotter lebt in den Bergen und Hügeln an den Flanken und am mittleren Höhenzug im Etschtal von Bozen im Norden bis nach dem südlicher gelegenen Auer (italienisch: Ora). Sie kommt von der Talsohle bis auf Höhen von 1000 m vor. Ihr wichtigster Lebensraum sind die Porphyr-Geröllhalden. So lebt die hellste aller Sandottern, an der außer dem Schwanzende nichts Rotes vorkommt, auf einem ziemlich dunklen rötlichen Stein, von dem sie sich ganz prächtig abhebt. Und da spricht und schreibt man gerade bei den Sandottern so viel von «Substratrassen», also von Farbvarianten, die sich in allmählicher Anpassung durch Selektion an den sie bergenden Untergrund farblich angeglichen haben.
Die Südtiroler Sandotter ist schon aus dem Grunde in Gefahr, ausgerottet zu werden, weil sie ein so eng begrenztes Areal besiedelt.

Vipera ammodytes ammodytes (LINNAEUS, 1758)
Sandotter
(Bilder S. 98, 100 und 106)

Kennzeichen: Wer die beiden Unterarten nicht anerkennt, die oben beschrieben worden sind, muß die maximale Größe der Nominatrasse mit 110 cm angeben. Beschränken wir uns aber auf Vipern aus dem

Balkan, so dürfte es sich um Durchschnittsgrößen von 60 bis 70 cm handeln. Den Rekord hält eine Sandotter aus Cetinje in Montenegro mit 82 cm. Ein Tier von fast gleicher Größe wird vom Nanos in Nordwestslowenien gemeldet.
Die Grundfarbe der Männchen ist meist Grau in verschiedenen Tönungen; jene der Weibchen kann Braun oder Rot sein. Das Rückenband des Männchens ist oft tiefschwarz und hebt sich sehr auffällig vom Hellgrau der Färbung ab. Weibchen können auch beige gefärbt sein und ein ganz blaßgraues Rückenband aufweisen. Das Schwanzende ist rot. Gegen Süden hin sind die Ottern viel bunter. Dort kommen auch rötliche Männchen vor (Bilder 6 bis 8 S. 100). Diese Schlange führt uns mit einfachen Zeichnungselementen die Schönheit einer dalmatinischen Sandotter vor. Zudem zeigt das eine Kopfbild die ebenmäßige und vollständige Auflösung der Kopfschilder, natürlich mit Ausnahme der Überaugenschilder. Das andere Bild führt noch einmal vor, wie weit der Kopf gehoben werden kann, ohne daß der Pupillenspalt von der Senkrechten abweichen muß.
Die Anzahl der Rückenschuppenreihen beträgt meist 21, seltener 23, was man besonders im Süden antrifft. Die durchschnittliche Zahl der Bauchschilder ist 153. Etwa 20% der Tiere zeigen nicht ganz aufgelöste Frontale oder Parietalia. Das Horn hat eine Höhe von 6 bis 7 mm. Das Rostrale ist, wie auch bei der Alpinen und der Südtiroler Sandotter, mehr breit als

hoch. Es wird von den seitlich von ihm stehenden Schildchen, den Nasorostralia, die einfach oder geteilt sein können, überragt. Verbreitung: Die Nominatrasse lebt in Jugoslawien, und zwar sowohl auf dem Festland als auch auf vielen Adriainseln sowie in Nordalbanien, Südwestrumänien und Nordwestbulgarien. Im Süden Dalmatiens und in Albanien sowie in Südostjugoslawien ist die Abgrenzung gegen *Vipera ammodytes meridionalis* unklar.

Vipera ammodytes montandoni BOULENGER, 1904
Dobrudscha-Sandotter
(Bilder S. 102 und 107)

Kennzeichen: Die größte gemessene Länge beträgt 90 cm, doch dürften durchschnittliche Maße zwischen 60 und 70 cm liegen. Das Schwanzende ist grün, auf der Unterseite manchmal gelblich. Die Anzahl der Bauchschilder beträgt im Durchschnitt 155. Das Rostrale ist deutlich mehr hoch als breit, erreicht die Höhe des Canthus und überragt die Nasorostralia. Dabei gibt es auch Ausnahmen wie das Weibchen auf Bild 4 S. 102, bei dem das Rostralschild mehr breit ist als hoch. Das meist aufrechte Horn ist ziemlich kurz und weist auf der Vorderseite über dem Rostrale nur zwei bis drei Schildchenreihen auf.
Verbreitung: Den Namen Dobrudscha-Sandotter wollen wir beibehalten, weil BOULENGER 1904 eine Viper aus Greci bei Macin, östlich von Brăila in der rumänischen Norddobrudscha, beschrieben hat,

1

3

2

4

**Die außereuropäischen
Vertreter der *Lebetina*-Gruppe**

wo man allerdings heute nicht mehr den Eindruck erhält, daß hier noch Sandottern leben. Sie sind in der Dobrudscha recht selten geworden, auch im Hagieni-Wald, dem Reservat an der bulgarischen Grenze. Diese Sandotter lebt auch im nördlichen und östlichen Bulgarien und erreicht viel-leicht dem Schwarzen Meer entlang den Norden der europäischen Türkei.

Vipera ammodytes meridionalis BOULEN-GER, 1903
Südliche Sandotter
(Bilder S. 104 und 107)

Kennzeichen: Die Unterscheidung von *Vi-pera ammodytes meridionalis* und *mon-tandoni* ist nicht leicht, wenigstens nicht an lebenden Tieren. SCHWARZ (1936) hat sie abgelehnt. Das Farbenkleid der Südli-chen Sandotter ist vielgestaltiger. Neben Grau, Braun und Rötlich treten vor allem auch gelbe und beige Töne auf. Besonders bei den Weibchen kommen fast oder ganz ungezeichnete Vipern vor. Das Schwanz-ende ist grünlich. Die Vipern der Kykladen-inseln sind Zwergformen von höchstens 55 cm Länge. Die Sandottern auf dem Festland, in Griechenland und in Süd-rumänien können 70 cm, in Ausnahmefäl-len sogar 80 cm erreichen. Das gleiche kann bei Kykladen-Tieren passieren, die man unter sehr günstigen Bedingungen im Terrarium aufzieht. Die Bilder 2, 4 und 5 S. 104 zeigen ein Paar solcher Schlangen von der Insel Ios, die an Länge der Nomi-natform nicht nachstehen. So kommt man

auf den Gedanken, daß es sich bei den kleinen Inselottern um eine Art «Hunger-formen» handelt, die sich dem Nahrungs-angebot und der Enge ihres Eilandes an-passen müssen. Der Charakter dieser Zwerge läßt aber nichts zu wünschen übrig: Sie sind eher aggressiver und beiß-lustiger als ihre großen nördlichen Ver-wandten.
Wie bei *Vipera a. meridionalis* ist das Ro-strale mehr hoch als breit, wenn auch et-was weniger auffällig. Es überragt das Na-sorostrale nur wenig. Das Horn jedoch ist länger; man muß es als das größte bei allen Sandottern bezeichnen. Die Schuppen, die es bedecken, stehen vorn über dem Ro-strale in drei bis fünf Reihen. Die Anzahl der Bauchschilder beträgt 133 bis 140, im Durchschnitt 140, bei *Vipera a. montan-doni* aber 147 bis 160, im Durchschnitt 155. Es besteht also eine auffallende Dif-ferenz von 15 Bauchschienen. Diese Tat-sache vor allem hat BOULENGER zur Tren-nung der beiden Unterarten bewogen. Das ist gewiß ein gutes Merkmal für Leute im Museum. Aber die Bauchschilder einer le-benden Viper habe ich noch nie gezählt, obwohl das auch möglich wäre. Reste von Frontale und Parietalia beobachtet man nicht mehr. Die kleineren Kopfschilder sind in größerer Zahl vorhanden als bei der Dobrudscha-Sandotter. Einige Durch-schnittszahlen sollen angeführt sein nach SAINT GIRONS (1978), wobei die Angaben über *Vipera a. meridionalis* ohne und jene von *montandoni* mit Klammern angege-ben sind: Lorealia 7,6 (6,7), Periocularia

(Schilder um das Auge) 11,7 (10,6), Inter-canthalia 38–62 (37–49), Supralabialia 9–10 (9) und Sublabialia 11–13 (12).
Verbreitung: *Vipera ammodytes meridio-nalis* kommt im Süden und im Südosten Jugoslawiens und im Süden Albaniens vor. Wie schon gesagt, sind die Abgren-zungen gegen die Nominatrasse in Dal-matien, Makedonien und Albanien noch unklar. Man trifft diese Viper auch im Sü-den Bulgariens. Sie ist die häufigste Gift-schlange Griechenlands und – wenn wir von den später gezeigten Einwanderern absehen – sogar die einzige. Sie kommt auf Korfu und den Ionischen Inseln Lefkas, Ithaka und Kefallinia vor. Über die langge-streckte Insel Euböa ist es vor einer halben Million Jahren den Südlichen Sandottern möglich gewesen, auf die äußere Kette der Kykladeninseln zu gelangen. Damals, in der Periode der Mindel-Eiszeit, war das Wasser gefroren am Pol aufgeschichtet und senkte in Form der «Römer-Regres-sion» den Mittelmeerspiegel so weit ab, daß die Schlangen folgende Inseln haben erreichen können: Andros, Tinos, Syros, Mykonos, Delos, Naxos, Iraklia, Ios und Sikinos. Natürlich wäre es möglich ge-wesen, noch andere Eilande zu besiedeln. Warum das nicht geschehen ist, wissen wir nicht (vgl. S. 137). So fehlt sie auf der dem Peloponnes am nächsten gelegenen Insel-reihe von Kea bis Milos, wo zum Teil die Levante-Otter lebt, die von Asien herge-kommen ist.
Die Südliche Sandotter kommt offensicht-lich auch in der europäischen Türkei vor.

131

Die *Russelli*-Gruppe

Die Vertreter der *Russelli*-Gruppe
Text S. 141)

1 *Vipera russelli russelli* ist eine große Giftschlange, die über 1,6 m messen kann. Wegen ihrer auffälligen Zeichnung, die ihr zum Namen Kettenviper verholfen hat, ist sie mit keiner anderen Schlange zu verwechseln. Sie gehört als einziger Vertreter der Gattung *Vipera* ausschließlich den tropischen Gebieten Asiens an. Von dieser Art wird nur die Nominatrasse im Bild gezeigt.

2 Das große Nasenschild ist auf besondere Art ausgebaut. Eine Nasalgrube mündet in das große Nasenloch, das der Viper das Einholen und Ausstoßen überraschend großer Luftmengen ermöglicht und sie dadurch zu einem sehr lauten und anhaltenden Zischen befähigt. Dadurch warnt sie einen Feind eindrücklich, bevor sie zubeißt.

3 *Vipera palaestinae* ist mit der Kettenviper nahe verwandt. Ihr Kopf gleicht jenem der Kettenviper. Eine Nasengrube ist auch vorhanden. Auffallend ist ihr äußerst buntes Kleid.

4 Die ♂♂ der Palästinaviper können sehr groß werden. Jene der Zuchtpaare im Dählhölzli, dem Tierpark von Bern, messen 1,85 m. Diese Viper lebt in einem Küstenband des Vorderen Orients, von Aleppo in Syrien über Libanon, Jordanien und Palästina bis zum Gazastreifen.

5 *Pseudocerastes persicus fieldi* soll als westliche Unterart der Persischen Viper angeführt werden, welche die Halbwüsten von Westägypten bis Pakistan bewohnt. Aufgrund von anatomischen Eigenheiten im Schädelbau haben MARX & RABB (1965) *Pseudocerastes* zur Gattung *Vipera* gestellt. OBST (1983) rechnet sie folgerichtig zur Gattung *Daboia*, in welcher er die Vipern der *Xanthina*-, *Lebetina*- und *Russelli*-Gruppe vereinigt.

Einzelne Funde, die zum Teil schon vor langer Zeit gemacht worden sind, weisen darauf hin, daß diese Otter bis weit nach Süden vorkommt oder vorgekommen ist. Es gibt Funde aus der Gegend von Izmir, von Kilikien am Südabhang des Taurus im südlichen Kleinasien und von Konya, weiter im Landesinneren, sogar von Syrien und Libanon (EISELT & BARAN, 1970).

Vipera ammodytes transcaucasiana BOULENGER, 1913
Transkaukasische Sandotter
(Bilder S. 124 und 107)

Kennzeichen: Diese bis 75 cm lang werdende Schlange wird als die ursprünglichste aller Sandottern angesehen. Die Rückenzeichnung gleicht nicht der einer anderen Sandotter, sondern eher einer *Vipera aspis aspis*. Sie besteht aus Querbalken, die über den Rücken verlaufen oder in der Rückenmitte gegeneinander versetzt sind. Manchmal kann die Zeichnung auch in unregelmäßige Flecken und Striche aufgelöst sein. Das Schwanzende ist grün, auf der Unterseite gelb. Das Rostrale ist hoch und das Horn kurz und einfach beschildert. Es wird vorne über dem Rostrale von zwei bis drei Reihen Schildchen bedeckt.
OBST (1983) hebt diese Schlange in den Stand einer eigenen Art, *Vipera transcaucasiana*, und zieht in ihrem Verhältnis zu *Vipera ammodytes* Parallelen zu *Vipera latasti* (S. 121).
Verbreitung: *Vipera ammodytes transcaucasiana* kommt in der Nordtürkei vor und am Oberlauf des Kura-Flusses im sowjetischen Transkaukasien und vielleicht im nordwestlichen Iran. In der Sowjetunion steht diese Sandotter ausdrücklich unter Naturschutz.

Bastarde oder Hybriden
(Bilder S. 98)

Das kleine Kapitel über Bastarde möchte ich an dieser Stelle anschließen, weil bei den vieldiskutierten Fällen immer die Sandotter mit dabei ist, und weil in diesem Abschnitt S. 98 die Bilder eines Bastards eingefügt sind: *Vipera ammodytes* ♂ × *Vipera aspis* ♀. Ich möchte vorausschicken, daß ich nicht unbedingt dafür bin, Hybride zu züchten, wenn man Tiere zur Fortpflanzung bringen will und kann. Aber wahrscheinlich können dadurch in einzelnen Fällen wissenschaftliche Fragen gelöst werden, so etwa in bezug auf die Verwandtschaft von Arten oder auf die Vererbung; andererseits ist es auch möglich daß solche Wesen sogar in der Natur entstehen, wenn die entsprechenden Arten den Lebensraum teilen.
Die Bastardierung von Unterarten geht, wo die Fortpflanzung erreicht wird, ohne Schwierigkeiten vor sich, und die Nachkommen sind ebenfalls fruchtbar. Anders ist es bei der Kreuzung verschiedener Arten, die zu keinen Nachkommen führen und wenn, dann zu unfruchtbaren.
Innerhalb der gleichen Gruppe, sei es *Pelias* oder *Rhinaspis*, gelingt wohl fast immer die Kreuzung. Unsere Bilder stellen ein solches Beispiel dar. Das Jungtier im Kleid eines Männchens zeigt die Rückenzeichnung einer *aspis* mit einem geringen Einfluß von *ammodytes*. Das Horn ist sehr kurz und weist vorn nur eine einzige Reihe Schildchen auf. Das Rostrale steht in der Form zwischen dem hohen und schmalen der Aspis und dem breiteren und niedrigen der *Ammodytes*-Nominatrasse. Die Lücke zwischen Hörnchen und Rostrale dürfte ein kleiner Unfall als Folge der Bastardierung sein. Diese Art von Bastarden hat vor vielen Jahrzehnten schon HANS SCHWEIZER erzielt, und zwar im Freien. Als guter «Schlangenfänger» hat er alle Sandottern in dem von ihm bearbeiteten schweizerischen Juratal wieder erwischt und stolz seine Hybriden vorgeführt. Leider wird dieses Spiel in unverantwortlicher Art in Tälern des Tessins und des Berner Oberlandes immer noch getrieben, indem man Sandottern in Aspis-Populationen aussetzt. Man nimmt dabei keine Rücksicht auf die Folgen durch eventuelle Bisse, auf die Faunafälschung und bedenkt nicht die in gewissem Sinne berechtigte Schlangenjagd, die eine solche Gedankenlosigkeit zur Folge haben könnte und dabei in erster Linie die heimische Schlangenwelt treffen würde.
Bastarde zwischen je einer Art aus jeder Gruppe sind nicht so einfach zu erzielen. Gern würde ich mich KRAMER (1982) anschließen, der eine solche Möglichkeit für unwahrscheinlich hält. Doch SAINT GIRONS (1977) veröffentlicht sogar das Bild der Makrochromosomen eines weiblichen

Bastards von *Vipera seoanei* ♀ × *Vipera aspis* ♂. Ob nun dadurch die Hybriden zwischen *Vipera berus* und *ammodytes* erklärt sind, die man in Kärnten gefunden haben will, wo es Orte gibt, an denen beide Vipernarten leben, oder ob es nicht doch Sandottern mit reduziertem Horn und Resten von großen Kopfschildern sind, bleibt wohl weiterhin Ansichtssache.

C *Xanthina*-Gruppe
Orientalische Bergottern

Anmerkung: In diesem Buch, in dem alle Schlangenformen in Fotografien abgebildet sein sollten, ist es leider nicht möglich, die neu beschriebenen Arten der *Xanthina*-Gruppe in einem Bild des lebenden Tieres vorzustellen. *Vipera bulgardaghica* und *Vipera wagneri* sind nur als Museumspräparate bekannt, und *Vipera albicornuta* ist erst 1985 beschrieben worden und kommt nur im zur Zeit (1987) kriegführenden Iran vor. Von diesen Vipern sind wenigstens Zeichnungen der Rückenmuster nach NILSON & ANDRÉN (1986) beigefügt. Bis 1985 waren von der *Xanthina*-Gruppe nur vier Arten bekannt. Seither ist sie in eingehender und exakter Arbeit von NILSON & ANDRÉN (1984, 1985 a & b, 1986) revidiert worden, was zur Beschreibung von drei neuen Arten und einer Unterart geführt hat. Vielleicht wird durch weitere Untersuchungen der Status der einen oder anderen Form geändert werden. Man ist sich ja auch nicht einig über die längst bekannten Formen dieser Gruppe. So betrachten einige Autoren *Vipera latifii* als Unterart von *Vipera raddei* und nennen sie *Vipera raddei latifii* und *Vipera bornmuelleri* als Unterart von *Vipera xanthina* mit dem Namen *Vipera xanthina bornmuelleri*. Die beiden vorangehend beschriebenen Gruppen haben unter sich einen gewissen Verwandtschaftsgrad gezeigt. Nun treffen wir auf einen anderen Typus Giftschlangen. Der Körper ist schwerer, der Kopf klotzig und hinten breit, so daß er sich vom Halse stark abhebt. Die Schnauze ist vorn gerundet und zeigt keine Tendenz zur Aufstülpung oder gar zur Hornbildung. Alle Kopfschilder außer den Supraocularia sind in Schuppen und Schildchen aufgelöst und auch zwischen den Augen, meist bis zur Schnauzenspitze, gekielt. Die großen Subocularia sind betont und erlauben es, durch ihre verschiedene Gestaltung zwei Typen zu unterscheiden. Bei dem einen Typ sind die Überaugenschilder länglich mit einem gerundeten Rand und stehen nicht steil nach oben (*Vipera xanthina, bulgardaghica, wagneri* und *bornmuelleri*). Beim anderen ragen die Überaugenschilder als dreieckiges Schild mit einer Ecke oder einer Spitze steil in die Höhe. Zudem läuft die erste Subocularreihe vollständig als Ring um das Auge herum, so daß diese Schildchenreihe das Supraoculare vom Auge trennt, was für die Gattung *Vipera* einmalig ist (*Vipera raddei, latifii* und *albicornuta*).
Als Beute kommen für junge Vipern Echsen und für größere Kleinsäuger in Frage, die bei *Vipera xanthina* schon die Größe halbwüchsiger Ratten haben dürfen. Auch Vögel werden gejagt.

Vipera xanthina (GRAY, 1849)
Bergotter
(Bilder S. 110, 118 und 126)

Kennzeichen: Die Grundfarbe ist hellgrau, gelblich oder hellbraun. Die Rückenzeichnung besteht aus einem breiten, gerundeten Wellenband oder einem Rauten-Zickzackband. Stellenweise kann dieses Band in Flecken aufgelöst sein. Es hebt sich in Schwarz, Braun oder Dunkeloliv auffallend vom helleren Grunde ab. Zwei Reihen von Flecken ziehen sich den Flanken entlang. Den Hinterkopf zieren zwei nach vorn gegeneinanderlaufende Tropfenflecken. Davor liegen immer zwei kleine Tupfen. Die Anzahl der Rückenschuppenreihen beträgt in der Körpermitte meist 23. Zwei Subocularreihen liegen unter dem Auge. Die kräftig gebaute Schlange kann 1,20 m erreichen, wobei kaum ein Größenunterschied zwischen Männchen und Weibchen besteht. Die *Xanthina*-Viper ist wie alle Vertreter dieser Gruppe ovovivipar.
NILSON & ANDRÉN (1986) machen einen Unterschied zwischen einer nördlichen und einer südlichen Form, die sich durch Färbung und Zeichnung etwas unterscheiden, geben ihnen aber nicht den Status von Unterarten.
Verbreitung: In Europa kommt die *Vipera xanthina* nur im Nordosten Griechenlands, bei Makri in der Provinz Thrakien, sowie in der europäischen Türkei vor. Sie ist auf folgenden griechischen Inseln gefunden worden, die der kleinasiatischen Küste vorgelagert sind und daher tiergeographisch zu Asien gehören: Lesbos, Chios, Samos, Patmos, Lipsi (Bild einer Viper S. 110), Leros, Kalimnos und Simi (Bild einer Viper S. 110) (TIEDEMANN & GRILLITSCH, 1986). Möglicherweise wird sie noch auf weiteren Sporaden-Inseln entdeckt. Das Hauptgebiet liegt in Anatolien von der Westküste nach Osten bis etwa auf die Länge von Ankara, wobei außer am Bosporus die Schwarzmeerküste nicht erreicht wird. Die Viper lebt in steinigen Gebieten mit starker Vegetation, besonders gern in Wassernähe. Sie kommt vor allem auf den griechischen Inseln in Meereshöhe vor, steigt aber bis 2500 m, was im Namen Bergotter zum Ausdruck kommt.

Vipera bulgardaghica NILSON & ANDRÉN, 1985

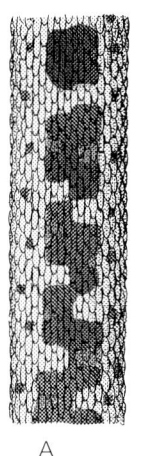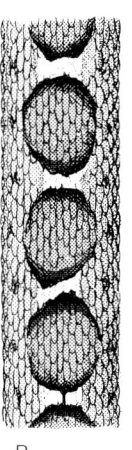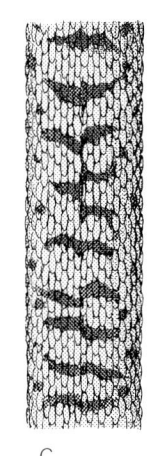

A   B   C

Zeichnung 18 aus NILSON & ANDRÉN (1986)
A Rückenzeichnung der *Vipera bulgardaghica*.
B Rückenzeichnung von *Vipera wagneri* ♀ (bekannt ist nur ein einziges ♀).
Das gleiche Muster zeigen ♀♀ von *Vipera bornmuelleri* aus dem Libanon-Gebirge.
C Rückenzeichnung von *Vipera bornmuelleri*, wie sie ♂♂ aus dem Libanon-Gebirge sowie ♂♂ und ♀♀ aus dem Hermon aufweisen.

Terra typica: Bolkar dağları im Kilikischen Taurus, südliches Mittelanatolien, auf 2500 m Höhe.

Kennzeichen: Die Beschreibung beruht auf drei Tieren, die 1897 durch HOLTZ gesammelt wurden. Das Weibchen ist 52 cm lang, das größere der beiden Männchen 59 cm. Die Rückenzeichnung ähnelt jener von Vipera xanthina und bildet ein aus Rechtecken bestehendes Zickzackband. Von der Bergotter unterscheidet sie sich hauptsächlich dadurch, daß sie nur eine Reihe von Subocularschildern aufweist statt deren zwei und daß das oberste Praeoculare das Nasalschild berührt. WERNER (1898) hatte von M. HOLTZ einige Vipern aus dem Kilikischen Taurus erhalten und zu Vipera bornmuelleri gezählt. MERTENS (1967) hat sie zu Vipera xanthina umgeteilt, während JOGER (1984) sie als noch unbenannte Form zwischen V. xanthina und V. bornmuelleri eingeordnet hat. Nun ist sie durch NILSON & ANDRÉN als neue Art Vipera bulgardaghica beschrieben worden.

Verbreitung: Die Viper ist nur von der Terra typica bekannt.

Vipera wagneri NILSON & ANDRÉN, 1984
(Zeichnung S. 134)

Terra typica: «Urmia an der armenisch-persischen Grenze» lautet die Anschrift an dem einzigen Exemplar, das WAGNER 1846 gefunden hat. Urmia ist ein großer See im Westiran, etwa 50 km östlich der türkischen Grenze. Das Gebiet liegt 1100 km östlich der nächsten Xanthina-Vorkommen und 900 km östlich vom Fundort der Vipera bulgardaghica.

Kennzeichen: Die Viper ist ein Weibchen von 29,1 cm Länge. Die Rückenzeichnung besteht aus großen rundlichen, im Innern aufgehellten Flecken, die eine Kreiszeichnung ergeben. Die Zeichnung gleicht jener der Weibchen von Vipera bornmuelleri aus dem Libanon-Gebirge, das 900 km weit in südwestlicher Richtung vom Urmia-See entfernt liegt. Von ihren Verwandten unterscheidet sich Vipera wagneri noch durch einige Beschuppungs-Merkmale.

Verbreitung: Nur von der Terra typica bekannt.

Vipera bornmuelleri WERNER, 1898
Libanesische Bergotter
(Bilder S. 126 und 128)

Kennzeichen: Die kleine Viper soll im Libanon-Gebirge wenig über 50 cm erreichen, im Hermon aber, wo sie auch etwas anders gezeichnet ist, 75 cm lang werden. Im Jugendkleid ähnelt sie einer xanthina. Später bildet sich das Innere der Flecken zurück. Nur Teile der äußeren dunkeln Ränder bleiben, so daß eine sehr unregelmäßige Zeichnung aus verschieden gekrümmten Strichen entsteht. Wie MERTENS (1967) bemerkt, gleicht der Kopf jenem der xanthina in Gestalt und Zeichnung, nur ragen die Überaugenschilder bei bornmuelleri mehr über die Augen vor. Die Zeichnung ist auch etwas weniger markant.

Verbreitung: Die Libanesische Bergotter lebt im Libanon-Gebirge und im Hermon, dem Grenzgebirge zwischen Libanon und Syrien. Sie kommt in Höhen von 1600 m bis 2000 m auf Bergweiden und, wo es diese noch gibt, in Zedernwäldern vor.

Vipera raddei raddei BOETTGER, 1890
Armenische Bergotter
(Bilder S. 128)

Kennzeichen: Das Auge ist wie bei den folgenden drei Formen vom Überaugenschild durch eine Schildchenreihe getrennt, indem die obere Reihe der Unteraugenschilder einen vollständigen Ring von 12 bis 18 Schildchen um das Auge bildet. Die zweite Reihe bildet keinen Ring um das Auge. Das Supraoculare ist groß, dreieckig und stark aufgerichtet. BOETTGER hat offensichtlich die Viper nicht lebend gesehen und, beeindruckt von diesem Schild, in seiner Erstbeschreibung angemerkt: «Supraocularschild einfach, groß, dreieckig, mit seinem konvexen Rand weit über das Auge dachförmig vorragend, im aufgerichteten Zustand als stumpfes Hörnchen senkrecht über das Auge stellbar.» Er hat also geglaubt, dieses «Hörnchen» sei beweglich und aufrichtbar, was natürlich weder bei dieser Art noch bei einer der Verwandten der Fall ist. Beim Zickzackband auf dem Rücken sind nur die seitlichen Ecken dunkel, der innere Teil

aber aufgehellt und gelb, orange oder rötlich gefärbt. Die Seitenflecken am Rumpf stehen als Barren aufrecht. Die farbige Rückenzeichnung kann auch in Flecken aufgelöst sein. Die Männchen können 1,10 m lang werden, die Weibchen 90 cm. Die Raddei-Viper lebt in Armenien, dem Grenzgebiet von Türkei, der Sowjetunion und Iran. Sie kommt vor zwischen der türkischen Stadt Kars und dem sowjetischen Sewan-See östlich von Eriwan und nach Süden bis zur sowjetischen Stadt Nachičevan. Sie berührt auch den Nordwestzipfel des Iran. Sie lebt an trockenen, steinigen und buschbewachsenen Hängen und auf Gebirgssteppen zwischen 1100 m und 2400 m Höhe.

Vipera raddei kurdistanica NILSON & ANDRÉN, 1986
(Bilder S. 128)

Terra typica: Rezaeyeh, Westaserbaidschan, Iran.

Kennzeichen: Diese Unterart zeichnet sich hauptsächlich durch ihre Vielgestaltigkeit aus. Sie zeigt die unterschiedlichsten Zeichnungsmuster. Auf dunklem Grunde kann eine helle rötliche Zeichnung stehen (Bild 4 S. 128); die Zeichnung kann sich auch kaum abheben von der Grundfärbung, so daß die Schlange einfarbig erscheint. Die Grundfarbe kann alle Abstufungen von Weißgrau bis Schwarzgrau zeigen. Kopf- und Nackenzeichnung fehlen oft oder sind stark zurückgebildet. Die Männchen scheinen bis 90 cm, die Weibchen 70 cm lang zu werden.

Verbreitung: Diese südliche Unterart der Raddei-Viper lebt in den Bergen zwischen dem Urmia-See, der in 1250 m Höhe westlich von Täbris liegt, und der osttürkischen Grenze. Sie kommt auch in der Provinz Hakkâri vor, im äußersten Südosten der Türkei, wo das abgebildete Tier herstammt und offensichtlich einen Erstnachweis für die Türkei darstellt. HARRY SIGG hat in dieser Gegend ein Paar entdeckt, fotografiert und wieder freigelassen. Die Schlangen hat er in einem weithin entwaldeten Gebiet gefunden, wo noch ein paar Büsche zwischen groben Steinbrocken ihr kärgliches Dasein fristen.

Vipera latifii MERTENS, DAREVSKY & KLEM-
MER, 1967
Elburs-Bergotter
(Bilder S. 126 und 128)

Diese Viper ist mit der *raddei* nahe verwandt. Doch gibt es klare Unterschiede.
So besteht der Schilderring, der das Auge
umschließt, aus 11 bis 16 Schildchen (im
Durchschnitt 12,7), während es bei *Vipera
raddei* 12 bis 18 Schildchen sind (im
Durchschnitt 15,1). Auch in anderen Pho-
lidose-Merkmalen zeigen sich Differenzen. Vor allem aber sind Färbung und
Zeichnung anders. Die Grundfarbe ist Beige, Gelblich oder Bräunlich, ohne Neigung, dunkel zu werden. Der Körper ist
schlanker als jener von *Vipera raddei*. Die
Rückenzeichnung besteht häufig aus einem braunen Zickzackband, wobei Seitenflecken vorhanden sein oder fehlen
können. Manchmal ist das Band in alter-
nierende, seitlich der Mittellinie liegende
Flecken aufgelöst. Die ganze Rückenzeichnung kann auch aus einer dünnen
Mittellinie bestehen oder vollständig fehlen. Die Männchen werden höchstens 80
cm, die Weibchen 70 cm lang.
Verbreitung: Diese Viper kennt man nur aus
dem oberen Lar-Tal, etwa 60 km von Teheran entfernt. Das Lar-Tal erstreckt sich in
Ost-West-Richtung nördlich vom Demawend im Elburs-Gebirge auf eine Länge
von 70 km. Das etwa 7 km breite Tal steigt
dabei von 2200 m auf 2900 m Höhe. In den
Haupttrog münden einige Nebentäler, die
offensichtlich noch nicht erforscht sind.
Die Schlange bewohnt Gebirgssteppen
und hochgelegene felsige Gebiete, sofern
sie dazu noch Gelegenheit hat. 1970 hat
man den größten Teil des Tales überflutet,
um ein riesiges Staubecken zu schaffen,
ohne daß es vorher möglich gewesen wäre,
Vipern zu fangen und auszusiedeln. Man
weiß nicht, was von der Population der *Vipera latifii* noch übriggeblieben ist und ob
sie auch Seitentäler besiedelt.

Vipera albicornuta NILSON & ANDRÉN,
1985

Terra typica: Abhar im Zanjan-Tal, 200 km
WNW von Teheran.

Kennzeichen: Der Augenring und das
Supraokulare sehen aus wie bei *Vipera
raddei* und *latifii*. Doch die Zeichnung ist
anders und im Gegensatz zu den beiden
verwandten Arten ziemlich unveränder-
lich. Von der graubraunen Grundfarbe
hebt sich ein gut ausgezeichnetes, deutlich gezacktes dunkelbraunes Rückenband ab, das eine dünne schwarze Einrah-
mung aufweist. An den Körperseiten stehen schwarze Barren. Die Kopfseite zieren
zwei schräggestellte Tropfenflecken, die
sich stark abheben. Jedes Überaugenschild trägt einen auffallend hellen,
schwarz gerahmten Flecken. Das größte
der drei Männchen, die NILSON & ANDRÉN
zur Verfügung standen, maß 66 cm.
Verbreitung: Nach LATIFI (1984) kommt
die Viper in vielen Gebieten Nordirans vor,
so im Elburs-Gebirge und in den Bergen
um das Zanjan-Tal.

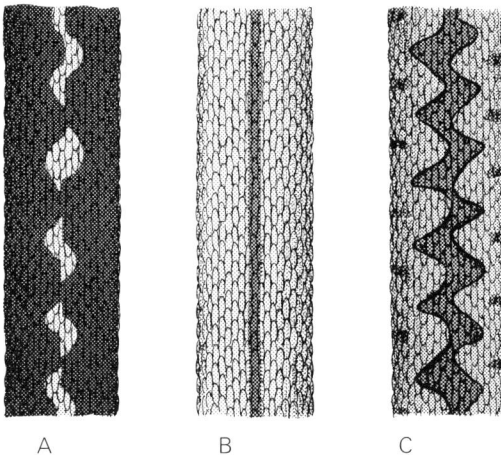

A   B   C

Zeichnung 19 aus NILSON & ANDRÉN (1986)
A Rückenzeichnung einer *Vipera raddei raddei* ♂ & ♀
aus dem Gebiet nördlich von Eriwan.
B Rückenzeichnung von *Vipera latifii*. Diese besteht
manchmal nur aus einer dünnen Mittellinie.
C Rückenzeichnung von *Vipera albicornuta*, wie sie
bei allen Vipern dieser Art beobachtet wird.

Über das Biotop liegen nach NILSON & AN-
DRÉN wenig Angaben vor. In der Umgebung des Zanjan-Tales findet man sowohl
sandige als auch trockene, mit spärlichem
Gras bewachsene, felsige Gebiete, die
stark beweidet werden.

D *Lebetina*-Gruppe
Levante-Ottern

Diese Gruppe stellt den Höhepunkt in der
Entwicklung der Gattung *Vipera* dar. Einige Vertreter erreichen Längen bis zu 1,5 m
oder mehr. Eine solche Viper, dick wie ein
Oberarm, macht ordentlich Eindruck,
wenn sie laut zischend mit gespreiztem
Hals davongleitet. Giftdrüsen und Giftzähne sind entsprechend gestaltet. Ein Biß ist
auf alle Fälle lebensgefährlich.
Neben der Größe findet man bei diesen
Schlangen ein ganz besonderes Merkmal,
das auch auf ihre Entwicklungshöhe hin-
weist: Die letzten, bisher nicht geteilten
Schilder der Kopfbedeckung, die Überaugenschilder, sind nun aufgelöst. Das
Supraoculare ist in eine Reihe von Schildchen aufgeteilt, die sich nach vorn in die
Canthusschilder fortsetzt und dadurch
dem Vorderkopf eine deutlich geschwun-
gene Seitenkante gibt. Das Nasorostrale
ist mehr oder weniger deutlich mit dem
Nasale zu einem großen Nasenschild verschmolzen. Die Zahl der Subocularreihen
beträgt zwei bis drei. Die Rückenschuppen
bilden in der Körpermitte ganz selten 21,
sonst aber 23 bis 27 Reihen. Die unterste,
die an die Bauchkanten anschließt, trägt
vielfach auch Kiele, die aber manchmal nur
schwach ausgebildet sind. Die Rückenschuppenreihen bilden für die Unterscheidung der Unterarten ein wichtiges
Merkmal.
Auch bei dieser Gruppe kann man, wie bei
der letzten, zwei Typen unterscheiden: *Vipera lebetina* und *Vipera mauritanica*. Ich
möchte KRAMER & SCHNURRENBERGER (K &
S; 1963) folgen, welche die beiden Typen,
wie es in den angeführten Namen zum
Ausdruck kommt, als zwei Arten auffassen.
Sie geben dazu die folgende Deutung: Die
räumliche Trennung auf dem Festland ist
sehr groß, von Nordwestlibyen bis Palästina, was etwa 2000 km Luftlinie entspricht. Die Einwanderung von Asien nach
Nordwestafrika kann nicht auf diesem
Wege erfolgt sein, sonst müßten eigentlich
– trotz Klimaveränderungen – irgendwelche Reliktpopulationen gefunden werden,
die sich hätten in Räume zurückziehen
können, welche den Anforderungen der

Schlangen noch genügt hätten. Im Gegensatz zur erwähnten Ansicht meint MERTENS (1951), der nur den Artnamen *lebetina* anerkennt, daß diese Otter früher einmal auch im mediterranen Bereich des nordöstlichen Afrika verbreitet gewesen und später dank der Austrocknung und Wüstenbildung verschwunden sein muß. K & S stellen sich einen anderen Weg vor. Bis gegen Ende des Pliozäns, vor etwa zwei Millionen Jahren, bestand die Ägäis aus Festland, in das auch Kreta einbezogen war. Die Nordküste des Mittelmeeres verlief damals südlich dieser großen Insel. Es gab daher für die Tierwelt einen etwas nördlicheren Landweg von Asien nach Nordwestafrika. Als dieser sich in Inseln auflöste und der Einwanderungsweg unterbrochen wurde, waren die asiatischen und die westafrikanischen Populationen, die einen gemeinsamen Ursprung hatten, isoliert und durchliefen einen eigenen Entwicklungsweg. Sie zeigen zwar noch ihre Verwandtschaft, werden jedoch als besondere Arten betrachtet.

K & S nennen verschiedene Schlangenpaare: *Coluber nummifer* (Ost) und *hippocrepis* (West), *Natrix tessellata* (Ost) und *maura* (West), *Vipera ammodytes meridionalis* (Ost) und *V. latasti* (West) und eben auch *Vipera lebetina* (Ost) und *mauritanica* (West). Während diese Trennung in zwei Arten bei all den angegebenen Paaren eine Selbstverständlichkeit ist, wird sie für *Vipera lebetina* und *mauritanica* von vielen nicht anerkannt. Für K & S ist die Aufteilung in zwei getrennte Gebiete und die lange eigenständige Entwicklung der wichtigere Punkt für die Trennung in verschiedene Arten als die kleinen Unterschiede in Körperbau und Lebensweise.

WETTSTEIN nimmt in seiner «Herpetologia aegaea» (1953) an, daß es zur Zeit, da die Ägäis Festland gewesen ist, einen Einwanderungsweg von Ost nach West, von Kleinasien über das Gebiet der heutigen Insel Naxos dorthin, wo jetzt der Milos-Archipel liegt, gegeben haben muß. Auf dieser Straße ist der Hardun, *Agama stellio*, auf die heutigen Kykladeninseln Mykonos, Delos, Naxos, Paros und Antiparos gelangt und die *Vipera lebetina* auf den Milos-Archipel und die Insel Sifnos. Eine andere Schwierigkeit ist durch diese Annahmen noch nicht beseitigt. *Vipera lebetina* kommt heute im westlichen Kleinasien nicht oder nicht mehr vor. Der Weg, den die Vipern in Richtung Westen zurückgelegt haben müssen, wird dadurch verlängert. Und warum sollten die Vipern an der Südküste Kleinasiens nicht mehr vorkommen? Vielleicht tun sie das aber doch und sind nur übersehen worden, wie einige Beobachtungen aus neuester Zeit vermuten lassen. (S. 138).

Wenn wir für die Schwankungen des Meeresspiegels die im Alpenraum gebräuchlichen Bezeichnungen verwenden, da ja das Geschehen in beiden Gebieten in zeitlichem und ursächlichem Zusammenhang stand, so hat die Überflutung und Inselbildung in der Günz-Mindel-Zwischeneiszeit vor einer halben Million Jahren und in der Mindel-Riß-Zwischeneiszeit vor 400 000 Jahren stattgefunden. Während der Mindel-Eiszeit, also zwischen den erwähnten Zwischeneiszeiten, ist es wieder zu einer Landverbindung zwischen Festlands-Griechenland und den Kykladen gekommen, während welcher *Vipera ammodytes meridionalis* von Nordwesten, von Euböa her, in die Kette der äußeren Kykladen-Inseln hat einwandern können. Diese Viper bildet auf den Inseln eine Zwergform, die aber immer noch zur gleichen Unterart wie jene des Festlandes gezählt wird.

In Anatolien ist, etwa von Ankara westwärts, heute *Vipera xanthina* daheim, die auch später in den Würmeiszeiten, vor 70 000 bis 15 000 Jahren, die griechischen Inseln hat erreichen können, welche auf dem kleinasiatischen Festlandsockel stehen.

Das wäre eine ganz kurze Zusammenfassung von Gedanken, die sich Herpetologen machen können, wenn sie versuchen, die komplizierte Verteilung der Echsen und Schlangen in der Ägäis zu verstehen. Da von den kleinen, rasch zerfallenden Überresten der Schlangen nicht viel übriggeblieben oder einfach nichts gefunden worden ist, muß man aus der heutigen Situation Rückschlüsse ziehen, sich bei Paläogeologen Rat holen und den Wegen folgen, die robustere Geschöpfe gegangen sind als Schlangen, nämlich solche, deren Knochen die Jahrtausende überstanden haben. Das sind vor allem die Zwergelefanten, die in den Kykladen und auf Kreta eingewandert sind, «wo ihre Schädel Anlaß zur Sage vom einäugigen Riesen Polyphem gegeben haben mögen», schreibt der Paläogeologe PAPP in WETTSTEIN (1953). Und wem diese Spekulationen zuviel werden, der reist in die Ägäis und freut sich darüber, daß in dieser wundervollen Inselwelt ein so herrliches Durcheinander von Echsen und Schlangen und natürlich auch von vielen anderen Tieren und von Pflanzen entstanden ist.

Wenn wir uns nun den verschiedenen Formen der *Lebetina*-Gruppe zuwenden, müssen wir leider feststellen, daß man eigentlich wenig von diesen Schlangen weiß, außer etwa von der Kykladen-Rasse. Eine Revision der Gruppe ist längst fällig und auch in Arbeit (BILLING, GUEX, KRAMER & SCHÄTTI, 1987/88 im Druck). Leider ist die Arbeit noch nicht veröffentlicht und kann nicht ausgewertet werden. Ein Punkt ist sicher: Die Autoren halten an der Trennung in zwei Arten fest und haben sie auch erhärten können. So stütze ich mich vor allem auf «Vorläufige Mitteilungen» von BILLING & SCHÄTTI (1984) und mündliche Angaben.

Verbreitung: Die Gruppe besiedelt ein gewaltiges Gebiet. Im Westen beginnt es mit *Vipera mauritanica* in Marokko und erstreckt sich über Nordafrika bis nach Tripolitanien in Nordwestlibyen. Eine Verbreitungslücke dehnt sich über Libyen und Ägypten bis nach Palästina aus und trennt diese Viper von *Vipera lebetina*. In der Levante, woher ihr Name stammt, kommt sie in Palästina, Jordanien, Libanon und Syrien vor, ebenso im Gebiet der südtürkischen Stadt Adana. Von hier aus trifft man sie weiter nach Osten bis zum Kaukasus an, durch den Iran nach Afghanistan und im Pamir, weiter nördlich bis in die Kasachische SSR. Nach Süden erreicht sie auch Pakistan. Kehren wir zurück zum Mittelmeer: Da muß man die Kykladen erwähnen und die Insel Zypern, von wo die Nominatform stammt, die LINNAEUS 1758 beschrieben hat. Bis vor kurzem ist in Kleinasien die Gegend von Adana als westlichstes Vorkommen betrachtet worden. Nun gibt es aber Meldungen von Tasucu (GOLAY, 1986 in litt.) und sogar von einer Stelle im Westen von Anamur, das 250 km westlich von Adana liegt (BÖHME, 1987). Die beiden Fundorte liegen an der Küste südlich des Kilikischen Taurus gegenüber der Insel Zypern. Einzelfunde in weit abgelegenen Gegenden wie dem südlichen Saudi-Arabien, Yemen und mitten in Ägypten bedürfen einer genauen Untersuchung. Wie auch JOGER (1984) erwähnt, der überdies annimmt, daß in Saudi-Arabien der Nordrand der Halbwüsten-Steppe den Südrand der Verbreitung bildet.

Zur Lebensweise dieser Vipern kann gesagt werden, daß die Tiere auf den Mittelmeerinseln und jene in nördlichen Gebieten oder höheren Lagen tagaktiv sind, während die nordafrikanischen und sicher auch jene in den südlichen Teilen Asiens am Tage sich weitgehend verbergen und erst in der Dämmerung und während der Nacht aktiv werden.

Vipera lebetina (LINNAEUS, 1758)
Levanteotter

Vipera lebetina schweizeri WERNER, 1935
Kykladen-Otter
(Bilder S. 112, 114, 116 und 118)

Kennzeichen: Von dieser Schlange hat man schon im Altertum berichtet. Gut bekannt geworden ist sie aber erst durch HANS SCHWEIZER, nach dessen Namen sie ja von WERNER benannt worden ist. WERNER hat aber später den Namen nicht mehr verwendet. MERTENS (1951) hat ihn dann endgültig eingeführt.

Diese Otter stellt eine Zwergform dar, wie es auf den verhältnismäßig kleinen Inseln zu erwarten ist. Längen von 1 m sind äußerst selten. Nach SCHWEIZER beträgt die durchschnittliche Länge 65 bis 75 cm. Die schwer gebaute Viper mit dem breiten Kopf weist meist nur 23 Rückenschuppenreihen auf. Die Zahl 25 kommt weniger häufig, 21 nur in ganz seltenen Fällen vor. Das große Nasale ist weitgehend mit dem Nasorostrale verschmolzen. Das Schnau-

zendach verläuft in einer Wölbung über die großen Nasalia zum Rostrale, das breiter als hoch ist. Dadurch erhält die Schlange einen bulligen Ausdruck. Die Kopfschuppen können gekielt sein bis zur Schnauzenspitze. Vor den Augen können sie auch nur schwach gekielt oder glatt sein. Die untersten Temporalschuppen auf den beiden Kopfseiten sind schwach oder nicht gekielt. Die verschiedenartige Kielung auf dem Kopfdach mit glatten, schwach oder deutlich gekielten Schuppen vor den Augen scheint bei allen Formen der Gruppe auftreten zu können. Die Grundfärbung der Vipern ist Grau, Bräunlich, Gelb, Rostrot oder sogar Rosa. Über den Rücken ziehen sich zwei Reihen mehr oder weniger verschwommener, etwa rechteckiger Flecken, die sich in der Mitte berühren und dabei alternieren oder manchmal zusammen einen Querbalken bilden. An den Flanken steht je eine Reihe von undeutlichen Barren, die in der Stellung mit den Rückenflecken abwechseln. Über den ganzen Körper sind manchmal feine Tupfen verstreut, welche die Zeichnung noch undeutlicher machen und die Schlange wie gepudert erscheinen lassen. Der Kopf ist fast immer sehr schwach gezeichnet. Sogar das Band vom Kopf zum Mundwinkel ist reduziert oder fehlt ganz. Am ehesten sind noch ein oder zwei Flecken auf den helleren Oberlippenschildern zwischen der Nase und der Stelle unter dem Auge ausgebildet. Die roten Ottern, die man in geringerer Zahl unter den normal gefärbten auf der Insel Milos findet, sind sehr schwach, meist aber überhaupt nicht gezeichnet.

SCHWEIZER hat immer wieder versucht, eine Nachtaktivität dieser Otter zu beobachten, was ihm aber nicht gelungen ist. Er hat entdeckt, daß sie Eier legt und nicht lebende Junge absetzt. Das war damals eine Überraschung, da man das Eierlegen von keiner europäischen Viper gekannt hat. Bei der Ablage sind die Eier schon so weit entwickelt, daß es bis zum Schlüpfen der Jungen nur noch sechs bis acht Wochen dauert. Diesem Eierlegen darf keine zu große Bedeutung für die Stellung der Schlange zu ihren nächsten Verwandten beigemessen werden. Denn es besteht kein großer Un-

terschied darin, ob eine Schlange Eier mit halb entwickelten Embryonen oder ob sie sie in dem Augenblick ablegt, in dem die Jungen ausschlüpfen. Das kann eine direkte Anpassung an die Gegebenheiten der Umwelt sein.

Verbreitung: *Vipera lebetina schweizeri* lebt auf den Kykladen-Inseln Milos, Kimolos, Polinos und Sifnos. Die Schlangen von Sifnos haben eine Zeitlang als Unterart gegolten, nämlich *Vipera lebetina sifnensis* WETTSTEIN, 1952. Ob die Viper auch auf den Inseln Kithnos und Antimilos vorkommt, wie etwa vermutet wird, ist sehr fraglich.

Die Schlange liebt felsige, mit Gebüsch, Krüppelbäumen und Trockenpflanzen bewachsene Hänge, vor allem Flußläufe, die im Sommer austrocknen, aber immer noch feuchte Stellen aufweisen, was für die Eiablage von Bedeutung ist. Darin besteht ja die Schwierigkeit für Schlangen, die weichschalige Eier legen, daß sie einen verborgenen Ort finden müssen, der warm, jedoch nicht zu heiß und zu trocken, aber auch feucht, doch nicht naß ist. Bild 1 S. 114 zeigt einen solchen Bachlauf, einen «Potamos» auf Sifnos, der in den Felsen im unteren Bildteil eine Vertiefung mit einer letzten Wasserlache aufweist. Genau an dieser Stelle hat die Viper auf Bild 3 S. 112 gelegen.

Immer wieder kann beobachtet werden, daß diese Vipern auf Büsche oder niedrige Bäume klettern. Vor allem tun sie das im Herbst. Natürlich denkt man zuerst an einen Temperaturausgleich; die Schlangen weichen der Bodenhitze aus und erklimmen die luftigen Zweige. Sicher spielt das eine Rolle. Dabei lauern die Schlangen aber auch Vögeln auf, die auf ihrer Herbstreise über das Mittelmeer eine Rast einschalten. Die Vipern widmen sich einer Beschäftigung, der sogar die Menschen der Insel obliegen: dem Vogelfang. Für diesen Vogelfang der Ottern gibt es direkte Beobachtungen. Die Tiere können so das Nahrungsangebot auf ihrer kargen Insel erweitern. Die Schlange läßt den gebissenen Vogel, der rasch stirbt, nicht frei wie einen Nager, der auf seinem Todeslauf Geruchspuren hinterläßt, welche die Schlange zu ihm führen.

Die Vipern kommen auch in Wiesen und Feldern, manchmal sogar in einem Garten vor. Wie es sehr viele Schlangen gerne tun, verkriechen sie sich unter Grashaufen und Garben. Die heimische Bevölkerung weiß sicher Bescheid, sonst käme es leicht zu gefährlichen Situationen. Lange Zeit ist für die Köpfe dieser Schlange eine Prämie bezahlt worden. Das ist nun vorbei. *Vipera lebetina schweizeri* steht nun unter Schutz. Eine Giftschlange, die nur auf vier kleinen Inseln vorkommt, ist stets in Gefahr, ausgerottet zu werden. Man erschlägt nicht nur die Tiere; sie fallen auch Fängern zum Opfer, die sich ihre Ferienreise verdienen oder einfach ein Geschäft machen wollen. Schreibt doch jemand in einem vielgelesenen Buch: «Im April 1966 gelang es mir, innerhalb von 4 Tagen 25 Levanteottern zu fangen.» Noch viele haben das getan, aber nicht zu Papier gebracht. In einem Rundbrief der DGHT (1986) wird folgendes berichtet: «Ein im September 1985 kurzfristig von der Polizei festgenommener Deutscher, der gerade die Insel verlassen wollte, hatte in seinem Gepäck 70 Levanteottern (u. a. 5 Exemplare der seltenen und teuer bezahlten roten Variante) im Gesamtwert von ca. 20000 DM.» Er hatte auch Adressen von Abnehmern in der Bundesrepublik, in Österreich und in der Schweiz bei sich. Man rechnet damit, daß auf Milos jährlich etwa 1000 Schlangen illegal gefangen werden. Dabei verschwindet auch die sehr selten gewordene Milosringelnatter und die hier sehr schön gefärbte Leopardnatter. Dieses äußerst verantwortungslose Verhalten einiger Leute ohne Sinn für Tier und Natur trägt viel dazu bei, daß in den «Verbraucherländern» die Gesetze über Einfuhr, Handel und Haltung von Wildtieren immer mehr verschärft werden.

Vipera lebetina lebetina (LINNAEUS, 1758)
Levanteotter
(Bild S. 130)

Kennzeichen: Die erste Otter dieser Art, die LINNÉ beschrieben hat, war ein Tier aus Zypern. Es ist eine gewaltige Schlange, die bis 1,5 m lang wird, obwohl sie auf einer Insel lebt, aber immerhin einer recht gro-

ßen. Immer wieder wird zwar behauptet, daß sie keine solche Länge erreiche wie die Form auf dem asiatischen Festland. Aber Herpetologen, die beide gut kennen, wollen keinen Größenunterschied festgestellt haben. Die Viper gleicht in Farbe und Zeichnung der Unterart von den Kykladen. Bei wenigen Tieren ist die Zeichnung recht markant, bei den meisten aber matt oder undeutlich. Rückenschuppenreihen weist sie 25 auf. Nach BILLING & SCHÄTTI (1984) beträgt die Anzahl der Bauchschilder 152 bis 156. Der herzförmige Kopf verbreitert sich hinten stark und hebt sich deutlich vom Halse ab. Die Nominatrasse legt keine Eier, sondern ist ovovivipar. BILLING & SCHÄTTI zählen auch die Ottern aus der Südtürkei, aus der Umgebung von Adana und Gaziantep, zur Nominatrasse. Diese weisen nur wenig größere Werte für die Bauchschilder auf, nämlich 156 bis 167, während bei den osttürkischen Tieren 167 bis 170 gezählt werden. Die Schwierigkeit ist allerdings die, daß von West nach Ost, also von den Schlangen auf den Kykladen über jene in Zypern und der Südtürkei zu den osttürkischen, in bezug auf diese Zahlen ein allmählicher Übergang zu beobachten ist. Die Köpfe der südtürkischen Vipern stimmen mit jenen aus Zypern überein. Wie es sich mit den weiter westlich bis Anamur vorkommenden Tieren verhält, muß erst festgestellt werden.
Verbreitung: Wie schon erwähnt, kommt *Vipera lebetina lebetina* auf Zypern und im benachbarten südtürkischen Gebiet vor. Von der Südtürkei an ost- und nordwärts trifft man auf Übergangsformen.
Eine weitere als Unterart beschriebene Form wird längst allgemein nicht mehr anerkannt: *Vipera lebetina euphratica* MARTIN, 1832. Die Beschreibung ist unklar und die Terra typica zweifelhaft: Birecik am Euphrat, 250 km östlich von Adana.

Vipera lebetina obtusa DWIGUBSKIJ, 1832
Westasiatische Levanteotter
(Bilder S. 16, 112 und 118)

Kennzeichen: Diese große Viper hat 25 bis 27 Rückenschuppenreihen in der Körpermitte. Die Anzahl der Bauchschilder beträgt nach BILLING & SCHÄTTI (1984) 167

bis 170; EISELT & BARAN (1970) geben 167 bis 173 an. Die Rückenfarbe ist Grau oder Gelblich. Die grauen Flecken erscheinen rundlich und ziemlich verschwommen. Das lateinische Wort obtusa bedeutet dementsprechend «matt», «abgestumpft». Das Augenband fehlt oft oder ist sehr schwach. Besonders bei großen Männchen, welche die Weibchen um ein Drittel und mehr an Länge übertreffen können, fällt der schlanke Kopf auf. Doch scheint dieses an sich gute Unterscheidungsmerkmal dadurch an Bedeutung zu verlieren, daß bei kleineren Schlangen der Kopf breit sein kann.
Verbreitung: Wie schon erwähnt, trifft man von der Südtürkei an nach Osten und Nordosten Zwischenformen in Richtung Nominatrasse. In der Osttürkei und in Transkaukasien, wo es noch individuenreiche Populationen und Tiere von 1,70 m Länge geben soll (ENGELMANN u. a., 1986), findet sich die typische *Vipera lebetina obtusa*. Die Terra typica, Jelisawetpol, liegt in Transkaukasien. Das weitere Gebiet umfaßt Palästina, Libanon, Syrien, Irak und Iran, weiter im Osten Afghanistan und Westpakistan. Im Kaukasusgebiet erreicht sie der Westküste des Kaspischen Meeres entlang den Fluß Terek auf der Nordseite des Kaukasus und kommt daher auch in Europa vor.
Die Levanteotter liebt steinige, mit Gebüsch bewachsene, halbtrockene Hänge. Sie lebt vor allem in Vorgebirgen und Bergtälern und steigt im Kaukasus und in der Türkei auf 1500 m Höhe. In Pakistan lebt sie in Höhen von 1000 m bis 2000 m (JOGER, 1984).
Auch diese Unterart legt wie jene auf den Kykladen Eier, aus denen nach sechs Wochen bis zwei Monaten die Jungen schlüpfen. Der Schlüpfvorgang ist auf Seite 77 beschrieben und auf Seite 16 abgebildet. Es wird etwa behauptet, daß es Populationen geben soll, in denen lebende Junge abgesetzt werden. Konkrete Angaben darüber liegen aber nicht vor.

Vipera lebetina turanica ČERNOV, 1940
Östliche Levanteotter
(Bild S. 130)

Kennzeichen: Auch diese Otter wird sehr groß. Ihre Rückenzeichnung ist markanter als die von *obtusa*. Sie besteht aus alternierenden rechteckigen Flecken, von denen einzelne durchlaufende Querbalken bilden. Die grauen Flecken können das ganze Leben hindurch so bleiben, was bei Schlangen aus Turkmenistan der Fall sein soll. Bei anderen hellen sich aber mit der Zeit die Rückenflecken im Innern auf und werden gelb bis orange. Man bezeichnet dies als Invertfärbung, eine Umkehrung der Anordnung der Färbung. Besonders die Männchen im Frühling können ein auffallendes Kleid zeigen. Auf bläulich schimmerndem hellgrauem Grund heben sich leuchtend orange, dunkel umrandete Flecken ab (OBST, Vortrag 1987). In diesem Falle ist anzunehmen, daß sich die Männchen im Frühjahr vor der Paarung häuten. Die Vermehrung geschieht durch Eier. Bei *Vipera lebetina turanica* gibt es Individuen, deren Supraocularia nicht in kleine Schildchen aufgelöst sind.
Verbreitung: Die Terra typica ist Turan, das weite ebene Land östlich vom Kaspischen Meer. Die Viper kommt vor in der Turkmenischen SSR und in der Usbekischen SSR, im Nordostiran, Nordafghanistan, Nordwestpakistan und in Kaschmir (dem nördlichen Gebiet von Pakistan und Indien).
Diese Unterart ist umstritten. Die einen nehmen an, daß sie mehrere Unterarten umfaßt (OBST, 1983), andere bezeichnen sie als Synonym von *obtusa*. Sehr weit geht JOGER (1984), der nur drei Unterarten anerkennt: die beiden auf den Kykladen und auf Zypern sowie *Vipera lebetina obtusa*, zu der er alles andere zählt von der marokkanischen *Vipera mauritanica* bis zur Viper in Kaschmir.

Vipera mauritanica
(DUMÉRIL & BIBRON in GUICHENOT, 1848)
Atlasotter

Vipera mauritanica mauritanica
(DUMÉRIL & BIBRON in GUICHENOT, 1848)
Atlasotter, (Bild S. 130)

Kennzeichen: Die Atlasotter erreicht 1,5 m, in Ausnahmefällen noch mehr. Zwischen Männchen und Weibchen besteht kein Längenunterschied. Anzahl der Rückenschuppenreihen beträgt 27. Die Rückenzeichnung besteht aus einem gerundeten Wellenband, das in runde oder ovale Flecken aufgelöst sein kann. Sie erinnert an das Rückenmuster von *Vipera aspis hugyi*. Sowohl die Zeichnung auf Rücken und Kopf als auch jene der Flanken kann sich durch die dunkle Farbe stark vom grauen oder rötlichen Untergrund abheben.
Es gibt aber auch Atlasottern, die ziemlich blaß gezeichnet sind, wie die südmarok-

kanische Viper auf Bild 4, S. 130. Vom Auge führt ein Band zum Mundwinkel und ein zweites nach unten zum Mundspalt.
Die gewaltige Viper jagt in der Dämmerung und während der Dunkelheit Säuger, Vögel und wohl auch Echsen. Tagsüber verweilt sie in Felshöhlen und verlassenen Bergwerkstollen. SCHWEIZER (1956) schreibt von seiner Atlasotter, daß sie während der acht Jahre, die sie im Terrarium verbracht hat, von 1,05 m auf 1,81 m herangewachsen ist. Zuletzt hat ihr Körperumfang 24 cm und ihr Gewicht 4,250 kg betragen. In dieser Zeit hat sie 31 Mäuse, 77 Ratten und 5 Meerschweinchen vertilgt.
Verbreitung: Die Atlasotter kommt in Marokko auch südlich des Atlas vor, lebt aber in Algerien und Tunesien nur in den nördlichen Gebieten. Sie bewohnt gern Hänge mit groben Felsbrocken und Gebüsch und hält sich auch in Steinhaufen und Kaktushecken auf. Sie legt Eier, die nach sechs bis acht Wochen schlüpfreif sind.

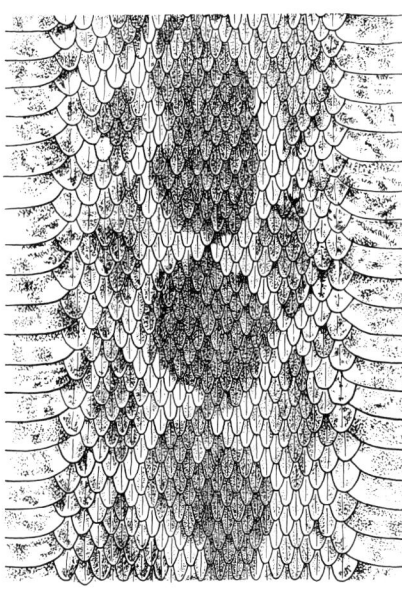

Zeichnung 20 von GARRAUX, Basel, aus KRAMER & SCHNURRENBERGER (1963)
Vipera mauritanica mauritanica, Atlasotter, von Oulmès, Marokko.
Die Zeichnungselemente sind rundlich. Auch die untersten der 27 Rückenschilderreihen zeigen gekielte Schuppen (hier läßt sich leicht das Nachzählen der Schuppenreihen in einer Diagonallinie nachvollziehen).

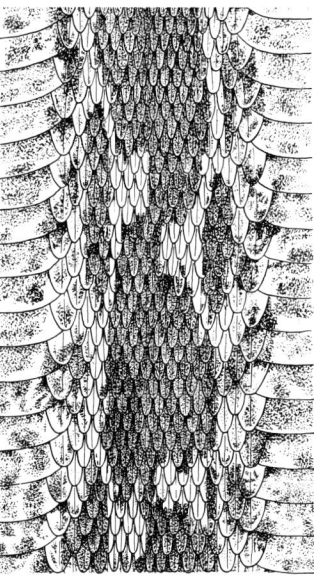

Zeichnung 21 von GARRAUX, Basel, aus KRAMER & SCHNURRENBERGER (1963)
Vipera mauritanica deserti, Saharaotter, aus der Gegend von Garian, Libyen.
Die Zeichnungselemente sind eckig. Das Rückenband nimmt einen breitern Raum ein. Die Schuppen der untersten Rückenschilderreihen sind auch gekielt.

Vipera mauritanica deserti ANDERSON, 1892
Saharaotter
(Bild S. 130)

Kennzeichen: Diese Otter ist kleiner als ihre Verwandte und wird nur etwa 1 m lang. Männchen und Weibchen können gleich groß werden. Die Männchen zeichnen sich durch auffallend lange Schwänze aus. Die Schuppen auf dem Kopf vor den Augen sind oft ungekielt, was aber auch bei *Vipera mauritanica* und *lebetina* vorkommen kann. Das Rückenband der Saharaotter ist breiter, geht also seitlich weiter nach unten. Die Flecken sind nicht rundlich, sondern mehr eckig und oft rautenförmig. Die Zeichnung tritt nie stark hervor, kann weitgehend reduziert sein oder ganz fehlen.

Verbreitung: Die Saharaotter lebt in Algerien und Tunesien auf der Südseite des Atlas. Nur in Libyen erreicht sie beim Dschabal Nafusa, also im Gebiet von Tripolitanien, die Küstengegend. Diese Viper bewohnt wie die Atlasotter felsige Orte mit Spalten als Schlupfwinkel und läßt sich tagsüber nur an schattigen, kühlen Plätzen finden, vor allem in Höhlen und Stollen. Auch in der Lebensart und in der Fortpflanzung unterscheidet sie sich nicht von ihrer größeren Verwandten.

E *Russelli*-Gruppe
Nur in Asien vorkommende *Vipera*-Arten

Die Palästinaviper lebt in einem kleinen Gebiet des Nahen Ostens, die Kettenviper in einem großen Teil des tropischen Asien. Wenn diese beiden Arten hier in nähere Beziehung zueinander gebracht werden, so deshalb, weil sie in ihrer Erscheinung weitgehend übereinstimmen. Die Palästinaviper hat einen langen Weg zurücklegen müssen, bis sie von *Vipera xanthina* abgetrennt wurde. Vollständig ist es bis heute nicht gelunden. SCHWARZ (1936) bezeichnet sie als *Vipera xanthina.* WERNER (1938) hat sie als eigene Art unter dem Namen *Vipera palaestinae* beschrieben. Seinem Aufsatz hat er den bezeichnenden Namen gegeben: «Eine verkannte Viper». Er schreibt schon damals über «die große

Otter von Palästina (die der indischen *Vipera russelli* SHAW nahesteht)». OBST (1983), der den Gattungsnamen *Daboia* für einen Teil der *Vipera*-Arten einführt (S. 143), schreibt: «Zuletzt muß ich die Frage offen halten, ob sich nicht etwa *Daboia palaestinae* lediglich als der westlichste, dem Gattungszentrum näheste Vertreter von *Daboia russelli* erweisen wird. Anlaß zu dieser Mutmaßung geben neben den zoogeographischen morphologisch, färbungsbezogen, toxikologisch und ökologisch enge Beziehungen zwischen beiden Formen.» MERTENS (1952) hat die Palästinaviper wieder als *Vipera xanthina palaestinae* bezeichnet, was KLEMMER (1963) beibehalten hat. Hier sollen *Vipera palaestinae* und *russelli* auf unverbindliche Art eine Gruppe bilden.
Die Gruppe ist als letzte der Gattung *Vipera* angeführt, weil sie in Europa nicht vertreten ist. Sicher ist sie ursprünglicher als die *Lebetina*-Gruppe und müßte vor ihr eingefügt werden.

Vipera palaestinae WERNER, 1938
Palästinaviper
(Bilder S. 132)

Kennzeichen: Diese Viper wird in beiden Geschlechtern bis gegen 1,3 m lang. Der Kopf wirkt dreieckig, da er sich nach vorn verjüngt. Das Nasenloch ist groß und liegt in einer Vertiefung des Nasale. Die Schuppen der Kopfoberseite und der Kopfseiten sind stark gekielt, wie auch jene der meist 25 Reihen des Rückens in der Körpermitte. Die Subocularia bilden zwei Reihen.
Färbung und Zeichnung wirken sehr bunt. Die Grundfarbe ist Grau, Gelblich oder Hellbraun. Auf dem Kopf hinter der Schnauze liegt ein dunkler Fleck, von dem ein Winkelband beidseitig schräg nach hinten und unten führt. Jede Kopfseite weist noch drei weitere Bänder auf. Die Rückenzeichnung besteht aus einem Wellenband, das von großen und kleinen Seitenflecken begleitet wird. Alle diese Zeichnungselemente sind dunkelbraun, im Innern oft etwas aufgehellt, und werden von einer weißen Linie eingerahmt. Die wuchtige und lebhafte Viper ist weitgehend nachtaktiv. Nach MENDELSSOHN

(1963) macht sie auf Säuger und vor allem auf Vögel Jagd. Nach JOGER (1984) bildet sie sehr große Giftmengen. Man kann sie zusammen mit der Sandrasselotter, *Echis carinatus,* und der Kettenviper als die drei Vipern des Nahen und Mittleren Ostens bezeichnen, deren Biß die größte Lebensgefahr mit sich bringt. Aufgrund ihrer Lebensweise als Kulturfolger gehen in ihrem Verbreitungsgebiet die meisten Giftschlangenbisse auf das Konto der Palästinaviper. Sie pflanzt sich durch Eier fort. Das Gelege, das bis zu 20 Eier enthalten kann, ist nach etwa acht Wochen schlüpfreif.

Verbreitung: Die Palästinaviper lebt im Vorderen Orient vom syrischen Aleppo über Libanon und Palästina bis zum Gazastreifen. Wüstengebiete meidet sie. Ursprünglich hat sie nach MENDELSOHN (1963) vor allem lichte Eichenwälder bewohnt. Man findet sie auch an felsigen, mit Gebüsch bewachsenen Hängen. Sie kommt in die Pflanzungen und dringt in Siedlungen ein, wo sie mehr Feuchtigkeit und natürlich auch mehr Mäuse und Ratten findet.

Vipera russelli (SHAW, 1802)
Kettenviper, Daboia

Kennzeichen: Diese große Viper, die 1,6 m lang werden kann, in Ausnahmefällen noch etwas mehr, hat einen deutlich dreieckigen Kopf, der nach vorn stark zusammenläuft, aber an der Schnauze gerundet ist. Das Nasale weist eine Vertiefung auf, in der das auffallend große Nasenloch liegt. Dieser Öffnung entspricht auch die Fähigkeit, sehr viel Luft einzuziehen und auszustoßen. Das Zischen der Kettenviper ist sehr laut und anhaltend und verfehlt kaum seinen Eindruck auf einen möglichen Feind. Die Rückenschuppenreihen betragen 27 bis 33 in der Körpermitte. Diese Schuppen und auch jene des Kopfes sind stark gekielt. Die Subocularia bilden drei oder vier Reihen. Die Grundfarbe ist Hellbraun oder liegt zwischen Grau und Ocker. Der Rumpf trägt drei Reihen großer ovaler oder runder Flecken. Ihre Farbe ist Dunkelbraun oder Dunkelgrau. Die Flecken sind innen aufgehellt und von einer weißen Li-

141

nie gesäumt. Die Flecken, vor allem jene der Rückenreihe, können sich berühren, wodurch der Eindruck einer Kette entsteht (daher der Name). Stellenweise können die Rückenflecken zu einem gerundeten Wellenband verschmelzen. Die Streifen- und Fleckenanordnung am Kopf entspricht etwa jener bei der Palästinaviper.

Die Kettenviper bildet von allen *Vipera*-Arten die größte Giftmenge. Sie ist eine sehr gefährliche Giftschlange. Am Tage verbirgt sie sich und jagt in der Nacht vor allem Säuger. Sie meidet Trockengebiete und sucht sich Orte mit bewachsenem Boden, mit Gras- und Buschbedeckung aus. Sie erscheint auch in angebauten Feldern. Sie ist ovovivipar.

Verbreitung: Ihr westlichstes Vorkommen liegt im Industal in Pakistan. Im Osten erreicht sie Taiwan und im Südosten die indonesische Inselwelt. Oft lebt sie im Tiefland, kommt aber auch bis auf 2000 m Höhe vor.

Vipera russelli russelli (SHAW, 1802) (Bilder S. 132)

Kennzeichen: Nach der Artbeschreibung.
Verbreitung: Pakistan, Indien, Bangladesch und Sri Lanka.

Vipera russelli siamensis SMITH, 1917

Kennzeichen: Zwischen der Fleckenreihe auf dem Rücken und jenen an den Flanken liegt je eine zusätzliche Reihe von länglichen schwarzen Flecken. An den Flanken treten auch noch unregelmäßige Flecken auf.
Verbreitung: Burma, Thailand und Südchina (Provinz Kwangtung).

Vipera russelli limitis MERTENS, 1927

Kennzeichen: Diese Unterart hat einen schlankeren Körper. Der schmale und lange Kopf ist weniger vom Hals abgesetzt. Die Seitenflecken sind klein und undeutlich und werden oben und unten von weißgesäumten Tupfen begleitet. Alle drei Hauptfleckenreihen verschmelzen am

Schwanz zu Längsbändern. Die Kopfzeichnung ist stark reduziert. In der Größe steht sie den anderen Unterarten nach.
Verbreitung: Indonesische Inseln: Java (im Ostteil), Komodo, Flores und die kleine benachbarte Insel Ende, welche die Terra typica darstellt, sowie Lomblen.

Vipera russelli formosensis MAKI, 1931

Verbreitung: Insel Taiwan.

Pseudocerastes persicus (DUMÉRIL, BIBRON & DUMÉRIL, 1854)

Anmerkung: MARX & RABB (1965) haben die Vipern der Gattung *Pseudocerastes* zur Gattung *Vipera* gestellt und die beiden Unterarten als *Vipera persica persica* und *Vipera persica fieldi* bezeichnet. Sie haben dies wegen Analogien im Schädelbau getan, obwohl diese Schlangen ganz anders aussehen als *Vipera*-Arten, schon wegen der beschuppten Hörnchen, zu welchen die Supraocularia umgebildet sind. OBST (1983) hat das übernommen und die beiden Vipern als *Daboia persica persica* und *D.p. fieldi* angegeben. Die Gattung *Pseudocerastes* wäre in diesem Falle eine Untergattung von *Daboia*.
Es folgen nun knappe Angaben über die Schlangen mit den konventionellen Namen:

Pseudocerastes persicus persicus (DUMÉRIL, BIBRON & DUMÉRIL, 1854)

Verbreitung: Diese östliche Unterart lebt in Steppen und Halbwüsten bis auf Höhen von 2000 m im Iran, in Südafghanistan, Pakistan und in Oman.

Pseudocerastes persicus fieldi SCHMIDT, 1930 (Bild 5, S. 132)

Verbreitung: Die westliche Unterart kommt vor in sandigen Stellen, in mit Gebüsch bewachsenen Gebieten und in Steinfeldern in Irak, im nördlichen Saudi-Arabien, in Jordanien, Palästina und auf der Sinai-Halbinsel (JOGER, 1984).

Kommt Bewegung in die Gattung Vipera?

Der Gattungsname *Vipera* hat schon mehr als 200 Jahre überdauert. Geprägt worden ist er 1768 von LAURENTI zur Benennung der Aspisviper als *Vipera francisci redi* und der Sandotter als *Vipera illyrica*.

Zwei Arten, die ursprünglich zu dieser Gattung gezählt wurden, hat KRAMER (1961) abgetrennt und zur Gattung *Bitis* gestellt. Heute gehören sie zur Gattung *Atheris* COPE, 1862. Sie leben in Gebieten, die mindestens 3500 km südlich vom nächsten Vorkommen eines Vertreters der Gattung *Vipera* liegen. Die eine kommt in Gebirgen in Kenia vor und heißt heute *Atheris hindii* (BOULENGER, 1910) die andere in der Gegend um den Njassasee, welche den Namen *Atheris superciliaris* (PETERS, 1855) führt. Beides sind kleine Schlangen. Sie zeigen keine Ähnlichkeit mit irgendeiner *Vipera*-Art.

OBST (1983) hat es unternommen, die Gattung *Vipera* aufzuteilen. Er nennt drei Gruppen:

Die 1. Gruppe wird als Untergattung *Vipera* LAURENTI bezeichnet und umfaßt die Arten *Vipera ursinii*, *Vipera kaznakovi*, *Vipera berus* und *Vipera seoanei*. Den Art-Status von *Vipera kaznakovi* und *Vipera seoanei* betrachtet OBST als noch nicht genügend geklärt.

Die 2. Gruppe wird als Untergattung *Rhinaspis* BONAPARTE bezeichnet. Diese umfaßt die Arten *Vipera aspis*, *Vipera latasti*, *Vipera transcaucasiana* und *Vipera ammodytes*. *Vipera transcaucasiana* wird als eigene Art bewertet und nicht wie bisher als Unterart von *Vipera ammodytes*.

Die beiden Gruppen, die Untergattungen *Vipera* und *Rhinaspis*, bilden zusammen die Gattung *Vipera*. Sie erhalten den deutschen Namen «Europäische Vipern oder Ottern». Die Verwandtschaft zwischen den beiden Gruppen ist offensichtlich.

Die 3. Gruppe wird als eigene Gattung betrachtet und mit dem Namen *Daboia* GRAY, 1842 versehen, welchen GRAY (1842) für *Daboia xanthina* verwendet hat. Zu dieser Gattung gehören *Daboia lebetina*, *Daboia xanthina*, *Daboia raddei*, *Daboia palestinae* und *Daboia russelli*, aber auch *Daboia persica*. MARX & RABB

(1965) rechnen *Pseudocerastes* zur Gattung *Vipera,* was sie dadurch begründen, daß anatomische und morphologische Übereinstimmungen zwischen *Pseudocerastes* und jenen Vipern bestehen, die OBST als 3. Gruppe zusammenfaßt und als *Daboia* bezeichnet. OBST nennt daher *Pseudocerastes* eine Untergattung von *Daboia.* So wird *Pseudocerastes persicus* zu *Daboia persica.* Dieser 3. Gruppe mit dem deutschen Namen «Orientalische Vipern oder Ottern» fehlen die verwandtschaftlichen Beziehungen zu den beiden ersten Gruppen.

Die Gattung *Daboia* scheint sich noch nicht durchzusetzen. Doch ist es eindeutig, daß zwischen den Vipern der Gattungen *Vipera* und jenen der Gattung *Daboia* große Differenzen bestehen, die früher oder später zu einer Aufteilung der großen und vielfältigen Gattung *Vipera* führen können.

Unterfamilie **Crotalinae**
Grubenottern

Die Grubenottern oder **Crotalinae** unterscheiden sich von den **Viperinae** oder Eigentlichen Vipern durch die «Grube». Die beiden Unterfamilien bilden zusammen die Familie der **Viperidae.** Diese Grube oder Lorealgrube ist eine Vertiefung zwischen Auge und Nase. Sie liegt also in jener

Atheris hindii, eine sehr kleine, höchstens 32 cm lang werdende Schlange, auf 3000 m Höhe am Mt. Kinangop in Kenia.

Agkistrodon halys caraganus
Kopf fünfmal vergrößert
Die Karagan-Halysotter ist die einzige Grubenotter, die in der Kaspischen Senke von Osten her Europa erreicht. Vor dem Auge erkennt man die Lorealgrube.

Kopfregion, die bei Vögeln und Reptilien Zügel genannt wird, ein Wort, das vom Ausdruck Pferdezügel stammt, der an diesem Kopfteil vorbeiführt. Loreal, «im Zügelgebiet liegend», kommt vom lateinischen Wort lorum, das Zügel bedeutet. Die Lorealgrube ist zu einem großen Teil in das drehbare Maxillare eingebettet. An dieser Vertiefung im Oberkieferknochen ist der Schädel einer Grubenotter sofort zu erkennen. Untersucht worden ist das Organ vor allem bei den wichtigsten amerikanischen Grubenottern, bei den Klapperschlangen. Bis vor etwa 50 Jahren hat man sich die Bedeutung und Funktion dieses Loches nicht vorstellen können. Es hat sich gezeigt, daß es sich um ein äußerst empfindliches Wärmesinnesorgan handelt, das Temperaturunterschiede von 0,003 °C feststellen kann. Diese Grube besteht aus einer Vertiefung, die durch eine dünne Membran in zwei Kammern geteilt ist. Die äußere Kammer steht mit der umgebenden Luft in direkter Verbindung und nimmt deren Einflüße auf. Die innere Kammer ist mit Luft gefüllt und dient der trennenden Membran als Wärmeisolation gegenüber den Körpergeweben. Die Wärme, die in der Membran festgestellt werden soll, darf nicht sofort abgeleitet werden. Für den Gasaustausch ist die innere Kammer durch eine Pore mit der äußeren verbunden, und zwar auf der Augenseite. Die Membran, die ein Hundertstel bis ein Fünfzigstel Millimeter dick ist, weist unter der Haut, die der Außenkammer zugekehrt ist, zahlreiche Nervenenden eines Astes des Trigeminusnervs auf, jenes Teils, der bei den Wirbeltieren die Haut der Wangengegend versorgt.

NEWMAN & HARTLINE (1982) berichten über eingehende Untersuchungen. Danach wird die Wärmeempfindung der Grube in ein Zwischenzentrum im Nachhirn geleitet und von hier über ein spezielles Relais in das Tectum opticum, den Sehhügel des Stammhirns, der zwischen Groß- und Kleinhirn liegt. Im Tectum opticum werden die optischen Eindrücke der kurzwelligen Lichtstrahlen, die das Auge meldet, und die Wärmeeindrücke der langwelligen Infrarotstrahlen, welche die Lorealgruben senden, zusammengebracht. Dadurch entsteht für die Schlange ein sehr

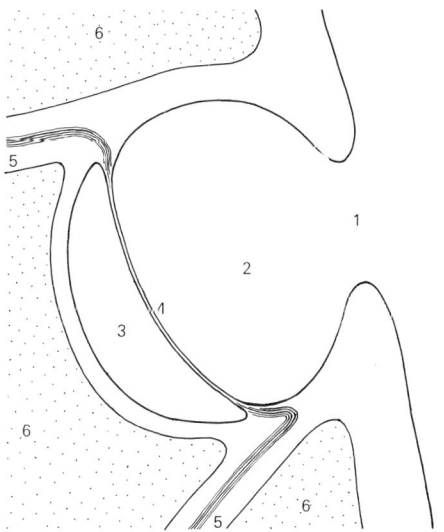

Zeichnung 22
Rechte Lorealgrube einer Grubenotter im Schema
1 Grubeneingang
2 äußere Kammer
3 innere Kammer
4 Membran
5 Äste des Trigeminusnervs
6 Knochen des Maxillare

eindrückliches Bild ihrer Umgebung, vor allem jener bewegten Objekte, für die sie sich besonders interessiert und welche Licht- und Infrarotstrahlen aussenden. Das kann z. B. eine vorbeihuschende Maus sein. Wie das Schlangenauge ein Objekt in einer bestimmten Richtung feststellt, nimmt auch die Lorealgrube die Richtung wahr, aus welcher der Infrarotstrahl kommt. Durch die verengte Außenöffnung der Grube fallen die Strahlen nur auf eine bestimmte Stelle der Membran, von der aus die Richtung erkannt werden kann. Schaut man von vorn auf den Kopf einer Grubenotter (Bild 4, S. 120), so fällt der Blick auf die Pupillen beider Augen und in beide Lorealgruben. Die Schlange erhält daher durch *beide* Augen Lichteindrücke und durch *beide* Gruben Wärmeempfindungen. Sie nimmt durch die Augen und durch die Gruben die Reize in «Stereo» auf und kann damit auf beide Arten die Entfernung zum Aussender dieser Reize feststellen.

Die Grubenotter vermag auf 30 bis 50 cm Entfernung die Wärmestrahlung eines Kleinsäugers oder der Hand eines unvorsichtigen Menschen zu spüren. Sie kennt Richtung und Entfernung und beißt gezielt gegen die Beute oder gegen den Feind, auch wenn es stockdunkel ist.

In Versuchen mit Klapperschlangen hat man festgestellt, daß die Ottern auch bei zugedeckten Augen sehr genau gegen eine Wärmequelle beißen, durch die man sie von vorn oder von der Seite reizt. In den meisten Fällen beträgt der Fehler nicht mehr als 5 Winkelgrade. Eine Maus oder eine Hand wäre in diesem Fall sicher getroffen worden.

Zusammenfassend kann man festhalten, daß die Grubenottern durch die Sinnesorgane ihres Kopfes zu großartigen Leistungen befähigt sind. Die Jacobsonschen Organe im Gaumendach erfassen die Geruchsqualität eines interessanten Objekts, dank der Zunge, welche die Geruchsspuren an ihren Spitzen hereinbringt. Die Augen halten die Größe, die Richtung, die Bewegung und den Abstand fest. Durch die Lorealgruben erhalten sie gerichtete Meldungen aus einem bestimmten Abstand, die infolge der Temperaturempfindung an-

zeigen, ob es sich um einen Säuger oder um einen kalten Lurch handelt. Denn auch Wesen, die kälter sind als die Umgebung, werden gewissermaßen durch negative Wärmemeldung festgestellt. Es gibt Lochottern, die auch Amphibien angehen, zum Beispiel amerikanische *Agkistrodon*-Arten, wie etwa die Wassermokassin-Otter, *Agkistrodon piscivorus*.

Gattung *AGKISTRODON* BEAUVOIS, 1799
Dreiecksköpfe

Agkistrodon halys caraganus (EICHWALD, 1831)
Karagan-Halysotter
(Bilder S. 120)

Kennzeichen: Die einzige Europa erreichende Grubenotter ist durch die Lorealgrube gegenüber unseren Vipern eindeutig gekennzeichnet. Sie gehört zu den ursprünglichen **Crotalinen,** was durch die neun regelmäßigen und symmetrisch angeordneten Schilder der Kopfbedeckung zum Ausdruck kommt. Der Pileus gleicht daher dem einer **Colubride.** Die Grube ist durch ein Schild von den Oberlippenschildern getrennt. Das dritte Oberlippenschild erreicht das Auge. Dieses ist sehr groß wie auch das vierte, das durch ein Supraoculare vom Auge getrennt ist. Die Schlange, die etwa 70 cm lang wird, zeigt eine graue oder bräunliche, ausnahmsweise auch eine rote Grundfärbung. Den Rücken ziert eine Längsreihe von Querflecken. Die Flanken weisen je eine Reihe von kleineren Seitenflecken auf. Ganz auffallend ist das starke Zittern des Schwanzes bei jeder Erregung, das im dürren Laub ein Rascheln hervorruft. Die Hauptnahrung dürften Kleinsäuger und Echsen sein.
Verbreitung: Die Schlange bewohnt Steppen, von der Mündung der Wolga ins Kaspische Meer bis an die Ostgrenze der Kasachischen SSR.
Anmerkung: HOGE & ROMANO HOGE (1978/79) lassen den Gattungsnamen *Agkistrodon* nur für amerikanische Arten gelten. Für die eurasischen Arten führen sie unter anderen den Gattungsnamen *Gloy-*

dius ein, nach dem Namen des amerikanischen Herpetologen HOWARD H. GLOYD. Es sind dies die folgenden Arten: *Gloydius blomhoffii, caliginosus, halys, himalayanus, monticola, saxatilis* und *strauchi*.

Fachausdrücke

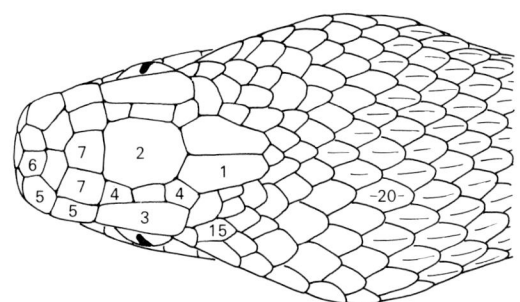

Zeichnung 23–25

1	Parietalia	Scheitelschilder
2	Frontale	Stirnschilder
3	Supraocularia	Überaugenschilder
4	Parafrontalia	Zwischenschilder
5	Canthalia	Kantenschilder
6	Apicalia	Schnauzenspitzen-schilder
7	Intercanthalia	Zwischenkantenschilder

1–7	Pileus	Schilder der Kopfbedeckung
8	Subocularia	Unteraugenschilder
9	Praeoculare	Voraugenschild (oberstes)
10	Lorealia	Zügelschilder
11	Nasale	Nasenschild mit Nasenloch
12	Postocularia	Hinteraugenschilder

13	Supralabialia	Oberlippenschilder
14	Sublabialia	Unterlippenschilder
15	Temporalia	Schläfenschilder
16	Nasorostralia	Vornasenschilder
17	Rostrale	Schnauzenschild
18	Aussparung im Rostrale zum Züngeln	
19	Mentale	Kinnschild
20	Dorsalia	Rückenschilder in Reihen

---

adult bedeutet geschlechtsreif, erwachsen.

anachronistisch sind in bezug auf die Zeit nicht passende Eigenschaften, die einer früheren Entwicklungsstufe angehören.

anaphylaktischer Schock ist ein Zustand von akutem Kreislaufversagen, ausgelöst durch eine heftige Reaktion zwischen körperfremden Stoffen (z. B. Serum) und durch den Körper vorgebildeten Antikörpern (s. dort).

Antikörper sind durch den Körper gebildete Abwehrstoffe gegen eingedrungene körperfremde Stoffe.

Antivenin bedeutet Gegengift, z. B. gegen Schlangengift.

attraktiv ist ein paarungsbereites ♀, das ♂♂ anlockt. Juvenile ♀♀ und solche, die sich im entsprechenden Jahr nicht vermehren, sind *unattraktiv*.

Chromosomen enthalten als Teile der Zellkerne die Gene (s. dort).

endemische Arten und Unterarten sind in ihrem Vorkommen auf ein begrenztes Gebiet beschränkt.

elektrophoretisch untersucht man Proteine z. B. von Schlangengiften, um deren Eigenheiten und Verwandtschaften untereinander festzustellen.

Ethologie bedeutet Verhaltensforschung.

Enzyme oder *Fermente* sind Sekrete von Körperdrüsen, die Eiweißstoffe verändern, ohne selbst abgebaut zu werden.

Gene sind Träger von Erbeigenschaften.

Geschlechtsdimorphismus zeigen jene Tiere, bei denen ♂♂ und ♀♀ verschiedenartig aussehen.

Hämolyse bedeutet eine Zerstörung der roten Blutkörperchen.

Hemipenis: Das Begattungsorgan von Echsen und Schlangen ist zweigeteilt in die *Hemipenes* (= Pluralform). Bei der Begattung tritt nur einer in Funktion.

Herpetologie («Kriechtierkunde») befaßt sich mit Reptilien und Amphibien, die früher als eine einzige Klasse gegolten haben.

histologisch bedeutet bezogen auf den Bau eines Körpergewebes.

immun heißt unempfindlich gegen ein bestimmtes Gift, hier gegen das Gift einer Schlangenart.

Jacobson'sches Organ nennt man die beiden Riechgruben im Gaumendach von Reptilien.

Kloake heißt die Körperöffnung von Wirbeltieren (ohne Beutler und Säuger), welche Ausführgänge von Darm-, Harn- und Geschlechtsorganen vereinigt.

Kommentkampf heißt das nach strengen Regeln ablaufende Turnier unter Artgenossen, wobei meist ♂♂ um ein ♀ kämpfen. Ernsthafte Verletzungen kommen dabei selten vor.

konservativ ist bewahrend, noch mit Eigenheiten einer früheren Entwicklungsstufe behaftet.

Kreislaufkollaps zeigt sich durch starkes Abfallen des Blutdrucks an, wobei auch das Bewußtsein beeinträchtigt sein kann.

Melanismus nennt man die Schwarzfärbung von Einzelindividuen bei normalerweise nichtschwarzen Tierformen.

Mikroklima kann vorteilhaft auf kleinstem Raume herrschen, in dem sich z. B. eine Schlange aufhält, im Gegensatz zum rauhen Allgemeinklima.

Nekrose ist eine Gewebezerstörung; ein Absterben des Gewebes wird etwa auch als «Brand» bezeichnet.

Nominatrasse oder *-form* heißt jene von mehreren Unterarten, die den Artnamen trägt. z. B. *Vipera berus berus*: berus ist Art- und Unterartname.

Ökologie untersucht die Beziehungen zwischen den Lebewesen und ihrer Umwelt.

ovipar bedeutet eierlegend.

ovovivipar: Die Jungen schlüpfen während, kurz vor oder nach dem Ablegen der Eier.

Pholidose ist die Beschreibung der Beschuppung eines Kriechtiers.

polyvalent nennt man ein Antivenin-Serum (s. dort), das gegen mehrere Giftschlangen, gewöhnlich gegen alle eines bestimmten Gebietes, wirksam ist.

Population umfaßt alle Individuen einer Art oder Unterart in einem begrenzten Raum, dem Biotop.

progressiv bedeutet fortschrittlich, der Entwicklung in einzelnen Punkten vorausgreifend.

reproduzierend nennt man ein ♀, das im laufenden Jahr sich paart und Junge bekommt.

Sonar nennt man ein akustisches Ortungssystem, das Echolot verwendet. Es kommt bei Fledermäusen und Walen, z. B. bei Delphinen, vor.

species heißt Art: *sp. n.* bedeutet *species nova,* eine neu entdeckte und neu beschriebene Art.

Spermiogenese nennt man den Reifungsvorgang der Samenzellen, vom Vorstadium der *Spermatozyten* bis zum befruchtungsfähigen *Spermium.*

subspecies heißt Unterart: *ssp. n.* bedeutet *subspecies nova,* eine neu entdeckte und neu beschriebene Unterart.

Terra typica ist der Fundort einer neu entdeckten Tierform und wird bei Erstbeschreibungen angegeben.

vivipar nennt man eine Tierart, die lebende Junge zur Welt bringt. Bei Reptilien wird vivipar häufig statt *ovovivipar* verwendet.

Anmerkung: Fachausdrücke, die nur vereinzelt vorkommen und an der entsprechenden Stelle erklärt sind, werden hier nicht aufgeführt. Die Namen von Schädel- und Zahnteilen, der Zahnformen und der Giftorgane findet man im Kapitel «Die Giftorgane der Schlangen», S. 33, und bei den Zeichnungen 1–9.

Literatur

ANDRÉN, C. (1986): Courtship, mating and agonistic behaviour in a free-living population of adders, *Vipera berus* (L). – Amphibia-Reptilia, Brill, Leiden, 7: 353–383.

ANDRÉN, C. & G. NILSON (1979): *Vipera latifii,* an endangered viper from Lar Valley, Iran, and Remarks on the sympatric herpetofauna. – J. Herpet., Riverside, 13 (3): 335–341.

ANDRÉN, C. & G. NILSON (1981): Reproductive success and risk of predation in normal and melanistic colour morphs of the adder, *Vipera berus.* – Biol. J. Linn. Soc. 15: 235–246.

ANGEL, F. (1946): Faune de France, Reptiles et Amphibiens. – Lechevalier, Paris, 204 S.

ANTHONY, J. (1955): Essai sur l'évolution anatomique de l'appareil venimeux des ophidiens. – Ann. Sci. nat. Zool. et Bio. animale, Masson, Paris, 17 (11): 7–53.

BAUMGART, G., G. PARENT & R. THORN (1983): Observations récentes de la vipère péliade, *Vipera berus,* dans le Massif Vosgien. – Ciconia, 7 (1): 1–23.

BEA, A. & S. BAS, F. BRAÑA & H. SAINT GIRONS (1984): Morphologie comparée et répartition de *Vipera seoanei* LATASTE, 1879, en Espagne. – Amphibia-Reptilia, Brill, Leiden, 5: 395–410.

BEERLI, P., H. BILLING & B. SCHÄTTI (1986): Taxonomischer Status von *Vipera latasti monticola* SAINT GIRONS, 1953. – Salamandra, Bonn, 22 (2/3): 101–104.

BELLAIRS, A. & andere (1971/72): Reptilien. – In Enzyklopädie der Natur, Rencontre, Lausanne, 2 Bde. I: 132–383, II: 386–768.

BIELLA, H.J. (1980): Untersuchungen zur Fortpflanzungsbiologie der Kreuzotter. – Zool. Abh. Mus. Tierk. Dresden, 36 (6): 117–125.

BIELLA, H.J. (1983): Die Sandotter, *Vipera ammodytes.* – Neue Brehm-Büch. Nr. 558, 84 S.

BILLING, H. (1983): Polymorphismus bei *Vipera berus seoanei.* – Herpetofauna, Weinstadt, 5 (24): 31–33.

BILLING, H. (1985): Beschreibung eines weiteren Exemplares von *Vipera ursinii anatolica* EISELT & BARAN, 1970. – Salamandra, Bonn, 21 (1): 95–97.

BILLING, H., G. GUEX, E. KRAMER & B. SCHÄTTI (1988): Über die *Lebetina*-Gruppe *(Vipera lebetina & Vipera mauritanica);* z. Z. in Arbeit.

BILLING, H. & B. SCHÄTTI (1984): Vorläufige Mitteilung zum Subspezies-Problem bei *Vipera lebetina* (LINNAEUS, 1758). – Salamandra, Bonn, 20 (2/3): 65–69.

BOETTGER, O. (1890): Eine neue Viper aus Armenien, *Vipera raddei n. sp.* – Zool. Anz., Leipzig, 13: 62–64.

BÖHME, W. (Hrsg.) (ab 1981): Handbuch der Reptilien und Amphibien Europas. – Aula, Wiesbaden. (1988). Bd. 3/I, Schlangen, Serpentes. Im Druck.

BÖHME, W. (1987): Mitteilung über *Vipera lebetina* in der Türkei. – Salamandra, Bonn, 23 (2/3).

BÖHME W. & U. JOGER (1983): Eine neue Art des *Vipera berus*-Komplexes aus der Türkei. – Amphibia-Reptilia, Brill, Leiden, 4: 265–271.

BOULENGER E.G. (1915): On a coloubrid snake *(Xenodon)* with a vertically movable maxillary bone. – Proc. zool. Soc., London, 1915: 83–85.

BRAÑA, F. & S. BAS (1983): *Vipera seoanei cantabrica ssp. n.* – Munibe, 35: 93–94.

BRODMANN, P. (1972): Eine Kreuzotter mit runder Pupille. – Salamandra, Frankfurt a. M., 8 (3/4): 186.

BRODMANN, P.(1982): Die Reptilien Mitteleuropas. Dia-Serie (50 Farbdias) mit Kommentar. – Schweizer Tierschutz, Basel, 56 S.

BRUNO, S. (1968): *Vipera ammodytes ruffoi.* – Mem. Mus. civ. Stor. nat., Verona, (1967) 15: 311.

BRUNO, S. (1985): Le Vipere d'Italia e d'Europa. – Edagricole, Bologna, 269 S.

BRUNO, S. & ST. MAUGERI (1977): Rettili d'Italia, Vol. II Serpenti. – Giunti Editore, Firenze, 208 S.

CAMBENSY, J. (1984): Vorkommen der Aspisviper, *Vipera aspis aspis* (LINNAEUS, 1758) in Baden-Württemberg. – Salamandra, Frankfurt a. M. 20 (1): 56–58.

DUGUY, R. (1972): Notes sur la Biologie de *Vipera aspis* L. dans les Pyrénées. – La Terre et la Vie, Paris, 26 (1): 98–117.

DUGUY, R. & H. SAINT GIRONS (1970): Etude morphologique des Populations de *Vipera aspis* (L., 1758) dans l'ouest et le sud-ouest de la France. – Bull. Mus. nat. Hist. nat. Paris, Ser. 2, 41 (5): 1069–1090.

EIDG. BUNDESKANZLEI (Hrsg.) (1986): Artenschutz. Übereinkommen über den internationalen Handel mit gefährdeten Arten freilebender Tiere und

Pflanzen (Washingtoner Abkommen vom 3.3.1973). – 110 S.

EIDG. DEP. DES INNERN (Hrsg.) (1982): Übereinkommen über die Erhaltung der europäischen wildlebenden Pflanzen und Tiere und ihrer natürlichen Lebensräume (Berner Konvention vom 19.9.1979). – 91 S.

EIDGENÖSSISCHES VETERINÄRAMT: s. SWISS FEDERAL VETERINARY OFFICE.

EISELT, J. & I. BARAN (1970): Ergebnisse zoologischer Sammelreisen in der Türkei: **Viperidae.** – Ann. nat. hist. Mus., Wien, 74: 357–369.

ENGELMANN, W., J. FRITZSCHE, R. GÜNTHER & F. J. OBST (1985): Lurche und Kriechtiere Europas (Bestimmungsbuch). – Enke, Stuttgart (1986), 420 S.

FREYVOGEL, T. A. & J. MEIER (1982): Giftschlangen und Schlangengifte. – Mitt. Österr. Ges. Tropenmed. Parasitol. 4: 7–19.

FRITZSCHE, J. & F. J. OBST (1966): *Vipera berus bosniensis* BOETTGER auch in Ungarn. – Zool. Abh. Mus. Tierk., Dresden, 28 (18): 281–283.

FUHN, I. E. (1986): Melanism şi anomalii ale folidozei la un exemplar de *Vipera ammodytes ammodytes* (L., 1758) din împrejurimile oraşului Reşiţa. – St. cerc. biol. Seria biol. anim., Bucureşti, 38 (1): 7–10.

FUHN, I. E. & ST. VANCEA (1961): Fauna Republicii Populare Romîne, Reptilia. – Acad. Rep. Popul. Romîne, Bucureşti, 352 S.

GRAY, I. E. (1842): Monography of the Vipers on the family **Viperidae.** – (1849): Cat. snak. brit. Mus., London, 24.

GROOMBRIDGE, B. (1986): Phyletic relationship among **viperine** snakes. – Studies in Herpetol., Roček, Prague, 219–222.

HEDIGER, H. (1969): Wie gefährlich sind die Giftschlangen der Schweiz? – Schweiz. med. Wschr., Schwabe, Basel, 99(29): 1063–1066.

HOGE, A. R. & R. HOGE (1978/79): Poisonous snakes of the world. Genera of Agkistrodontini. – Mem. Inst. Butantan, 42/43: 186–199.

JOGER, U. (1983): Tübinger Atlas des Vorderen Orients, **Viperidae:** Karten II–IV. – Reichert, Wiesbaden.

JOGER, U. (1984): The venomous snakes of the Near and Middle East. Beiheft zum Tübinger Atlas des Vorderen Orients. – Reichert, Wiesbaden, 115 S.

KJAERGAARD, A. J.(1981): Udbredelsen af sort Hugorm i Danmark. – Flora och Fauna, 87: 27–29.

KLEMMER, K. (1963): Liste der rezenten Giftschlangen. – Behringwerk-Mitt., Elwert, Marburg/Lahn, 255–464.

KRAMER, E. (1961): Variation, Sexualdimorphismus, Wachstum und Taxionomie von *Vipera ursinii* (BONAPARTE, 1835) und *Vipera kaznakovi* NIKOLSKIJ, 1909. – Revue suisse Zool., Genève, 68 (41): 627–723.

KRAMER, E. (1970): Revalidierte und neue Rassen der europäischen Schlangenfauna. – Lavori della Società Italiana di Biogeografia. Valbonesi, Forlì, I: 666–676.

KRAMER, E., A. LINDER & B. MERMILLOD(1982): Systematische Fragen zur europäischen Schlangenfauna. – Vertebrata Hungarica, 21: 195–201.

KRAMER, E. & H. SCHNURRENBERGER (1963): Systematik, Verbreitung und Ökologie der libyschen Schlangen. – Revue suisse Zool., Genève, 70 (3): 473–567.

KRAMER, E. & O. STEMMLER (1986): Schematische Verbreitungskarten der Schweizer Reptilien. – Revue suisse Zool., Genève, 93 (3): 779–802.

KRAMER, E. & O. STEMMLER (1988): Unsere Reptilien. – Nat. hist. Mus., Basel, 5, im Druck.

KRETZ, J. (1972): Über *Vipera kaznakovi* NIKOLSKIJ, 1909, aus Nordostanatolien. – Jahrb. nat. hist. Mus., Bern, 4: 125–134.

HARDING, K. & K. WELCH (1980): Venomous snakes of the World, a Checklist. – Pergamon Press, Oxford, 188 S.

MAKI, M. (1931): A Monograph of the snakes of Japan. Mit *Vipera russelli formosensis ssp. n.* – Dai-ichi Shobo, Tokyo.

MAMONOV, G. (1977): Case report of envenomation by the mountain racer *Coluber ravergieri* in USSR. – The Snake, 9: 27–28.

MARX, H. & G. RAAB (1965): Relationships and Zoogeography of the **Viperine** snakes. – Fieldiana, Zool., Chicago, 44: 161–206.

MEBS, D. (1986): Vorsicht beim Umgang mit *Rhabdophis subminiatus.* – Rundbrief Nr. 88, Salamandra, Bonn, 27–28.

MÉHELY, L. (1911): Systematisch-philogenetische Studien an **Viperiden.** – Ann. Mus. Nat. Hungarici, 9: 186–245.

MEIER, J. (1987): Biologische Bedeutung, chemische Zusammensetzung und Wirkungsweise von Schlangengiften. – Verhandl. Naturf. Ges., Basel, 97: 43–58.

MENDELSSOHN, H. (1963): On the biology of the venomous snakes of Israel, Part I. – Isr. J. Zool. 12: 143–170.

MERTENS, R. (1951): Die Levante-Otter der Zykladen. – Senck. biol., Frankfurt a. M. 32 (1/4): 207–209.

MERTENS, R. (1956): Die Viper von Montecristo. – Senck. biol., Frankfurt a. M., 37 (3/4): 221–224.

MERTENS, R. (1967): Über *Lachesis libanotica* und den Status von *Vipera bornmuelleri.* – Senck. biol., Frankfurt a. M., 48 (3): 153–159.

MERTENS, R., I. S. DAREVSKY & K. KLEMMER (1967): *Vipera latifii,* eine neue Giftschlange aus dem Iran. – Senck. biol., Frankfurt a. M., 48 (3): 161–168.

MERTENS, R. & H. WERMUTH (1960): Die Amphibien und Reptilien Europas. Dritte Liste, Stand 1.1.1960. – Kramer, Frankfurt a. M., 264 S.

MOSER, A., C. GRABER, & T.A. FREYVOGEL (1984): Observations sur l'Ethologie et l'Evolution d'une population de *Vipera aspis* (L.) au Nord du Jura Suisse. – Amphibia-Reptilia, Brill, Leiden, 5: 373–393.

NEUMEYER, R. (1984): Ökologische Untersuchungen an Kreuzottern, *Vipera berus,* in einem Bündner Bergtal. – Diplomarbeit, Uni. Zürich.

NEWMAN, E. & H. HARTLINE (1982): Infrarotsehen bei Schlangen. – Spektrum der Wissenschaft, Mai 82: 106–115.

NILSON, G. & C. ANDRÉN (1984): Systematics of the *Vipera xanthina* complex. II. An overlooked viper within the *xanthina* species-group in Iran. Bonn. zool. Beitr. 35: 175–184.

NILSON G. & C. ANDRÉN: (1985 a): Systematics of the *Vipera xanthina* complex. I. A new Iranian viper in the *raddei* species-group. – Amphibia-Reptilia, Brill, Leiden, 6: 207–214.

NILSON, G. & C. ANDRÉN (1985 b): Systematics of the *Vipera xanthina* complex. III. Taxonomic status of the Bulgar Dagh [Bolkar dağları] viper in South Turkey. – J. Herpetol., Riverside, 19 (2): 276–283.

NILSON, G. & C. ANDRÉN (1986): The mountain vipers of the Middle East – The *Vipera xanthina* complex. – Bonn. zool. Monogr. Nr. 20, 90 S.

OBST, F. J. (1983): Zur Kenntnis der Schlangengattung *Vipera.* – Zool. Abh. Mus. Tierk., Dresden, 38 (13): 229–235.

PHISALIX MARIE (1922): Animaux venimeux et venins. Tome 2, Serpents – Masson, Paris, S. 221–462.

POZIO, E. (1980): Contributo alla sistematica di *Vipera aspis* (L.) mediante analisi elettroforetica delle proteine contente nel veleno. – Natura, Milano, 71: 28–34.

RADOVANOVIĆ, M. (1966): Phylogenie und Evolution der Giftschlangen. – Zool. Anz., Leizig, 179 (3/4): 199–229.

SAINT GIRONS, H. (1971): Die Vipern Westeuropas. – In BELLAIRS, A.: Reptilien, Bd. 11 der Enzyklopädie der Natur. Rencontre, Lausanne, S. 609–636.

SAINT GIRONS, H. (1973): Nouvelles données sur la Vipère naine du Haut Atlas, *Vipera latastei monticola.* – Bull. Soc. Sci. nat. phys., Maroc, 53: 111–118.

SAINT GIRONS, H. (1976): Les différents types de cycles sexuels des mâles chez les Vipères européennes. – C. R. Acad. Sc., Paris, série D, 282: 1017–1019.

SAINT GIRONS, H. (1977 a): Systématique de *Vipera latastei latastei* BOSCÁ et description de *Vipera latastei gaditana, ssp. n.* – Revue suisse Zool., Genève, 84 (3): 599–607.

SAINT GIRONS, H. (1977 b): Caryotypes et évolution des Vipères européennes. – Bull. Soc. Zool. France, Paris, 102 (1): 39–52.

SAINT GIRONS, H. (1978): Morphologie externe comparée et systématique des Vipères d'Europe. – Revue suisse Zool. 85 (3): 565–595.

SAINT GIRONS, H. (1980): Le cycle de mues chez les Vipères européennes. – Bull. Soc. Zool. France, Paris, 105 (4): 551–559.

SAINT GIRONS, H. & R. DUGUY (1976): Ecologie et position systématique de *Vipera seoanei* LATASTE, 1879. – Bull. Soc. Zool., France, Paris, 101 (2): 325–339.

SAINT GIRONS, H. & E. KRAMER (1963): Le cycle sexuel chez *Vipera berus* (L.) en montagne. – Revue suisse Zool., Genève, 70: 191–221.

SCHIEMENZ, H. (1985): Die Kreuzotter, *Vipera berus.* – N. Brehm-Büch. Nr. 332, 108 S.

SCHREIBER, E. (1912): Herpetologia europaea. – Fischer, Jena, 950 S.

SCHWARZ, E. (1936): Untersuchungen über Systematik und Verbreitung der europäischen und mediterranen Ottern und ihrer Gifte. Behringwerk-Mitteilungen 7, Elwert, Marburg/Lahn, 159–362.

SCHWEIGER, M. (1983): Die Folgen eines schweren Bisses von *Vipera lebetina obtusa;* seine medizinische Behandlung und Spätfolgen. – Herpetofauna, Weinstadt, 5 (26): 14–16.

SCHWEIZER, H. (1956): Die Levante-Otter von Nordwestafrika, *Vipera lebetina mauritanica* (GUICHENOT). DATZ, Kernen, Stuttgart, 9 (7): 190–192.

SCHWEIZER BUND FÜR NATURSCHUTZ (Hrsg.) (1982): Rote Liste der gefährdeten und seltenen Amphibien und Reptilien der Schweiz. – 112 S.

SMITH, M. (1943): The Fauna of British India, Reptilia and Amphibia, Vol III Serpentes, **Viperinae.** – Taylor & Francis, London, S. 481–494.

SOCHUREK, E. (1974): *Vipera ammodytes gregorwallneri n. ssp.* – Herpetol. Bl., Wien. (1): 1.

SOCHUREK, E. (1976): Zur systematischen Stellung der Alpinen Hornotter. – Carinthia, Klagenfurt, II, 86: 447–452.

STAHEL, E., R. WELLAUER & T. A. FREYVOGEL (1985): Vergiftungen durch einheimische Vipern *(Vipera berus & Vipera aspis).* – Schweiz. med. Wschr. 115 (26): 890–896.

SWISS FEDERAL VETERINARY OFFICE (Bundesamt für Veterinärwesen; Hrsg.) (1985): Annual report. International trade in endangered species of wild Fauna and Flora. – 123 S.

THOMAS, E. (1969): Jungtierkämpfe bei *Vipera ammodytes ammodytes.* – Salamandra, Frankfurt a. M., 5 (3/4): 141–142.

TIEDEMANN, F. & H. GRILLITSCH (1986): Zur Verbreitung von *Vipera xanthina* (GRAY 1849) in Griechenland. – Salamandra, Bonn, 22 (4): 272–275.

TRUTNAU L.: Schlangen im Terrarium. – Ulmer, Stuttgart.
(1979): Bd. 1: Ungiftige Schlangen, 200 S.
(1982): Bd. 2: Giftschlangen, 200 S.

VANCEA, ST., H. SAINT GIRONS, I. E. FUHN & B. STUGREN (1985): Systématique et répartition de *Vipera ursinii* (BONAPARTE, 1835) en Roumanie. – Bijdragen tot de Dierkunde, 55 (2): 233–241.

VIITANEN, P. (1967): Hibernation and seasonal movements of the viper, *Vipera berus berus* (L.) in Southern Finland. – Ann. Zool. Fenn., Helsinki, 4: 472–546.

WERNER, F. (1898): Über einige neue Reptilien und einen neuen Frosch aus dem cilicischen Taurus (u. a. *Vipera bornmuelleri n. sp.).* Zool. Anz., Leipzig, 21: 217–223.

WERNER, F. (1938): Eine verkannte Viper *(Vipera palaestinae n. sp.).* – Zool. Anz., Leizig, 122: 313–318.

WETTSTEIN, O. (1953): Herpetologia aegaea. – Österr. Akad. Wiss. math. naturw. Kl., Wien, Sitzungsberichte, Abt. 1, 162: 651–833.

WITTMANN, B. (1954): Europas Giftschlangen. – Hyppolit, Wien, 220 S.

ZAREWSKIJ, S. TH. (1917): Formes nouvelles du genre *Vipera,* trouvées dans l'Empire Russe: *Vipera tigrina sp. n. (Vipera ursinii renardi)* et *Vipera berus sachalinensis* var. nova? (Text russisch, Zusammenfassung in Latein). – Annuaire Mus. zool. Acad. Imp. Sci., Petrograd, (1916): 21: 34–39.